光明社科文库

国宪精要

李伯超　李云霖◎著

光明日报出版社

图书在版编目（CIP）数据

国宪精要 / 李伯超，李云霖著 . -- 北京：光明日
报出版社，2021.6
ISBN 978 - 7 - 5194 - 6076 - 1

Ⅰ.①国⋯ Ⅱ.①李⋯ ②李⋯ Ⅲ.①宪法学—研究
—中国 Ⅳ.①D921.01

中国版本图书馆 CIP 数据核字（2021）第 086835 号

国宪精要

GUOXIAN JINGYAO

著　　者：李伯超　李云霖

责任编辑：郭思齐　　　　　　　　责任校对：傅泉泽
封面设计：中联华文　　　　　　　责任印制：曹　净

出版发行：光明日报出版社
地　　址：北京市西城区永安路 106 号，100050
电　　话：010 - 63169890（咨询），63131930（邮购）
传　　真：010 - 63131930
网　　址：http://book.gmw.cn
E - mail：gmrbcbs@ gmw.cn
法律顾问：北京市兰台律师事务所龚柳方律师

印　　刷：三河市华东印刷有限公司
装　　订：三河市华东印刷有限公司
本书如有破损、缺页、装订错误，请与本社联系调换，电话：010 - 63131930

开　　本：170mm × 240mm
字　　数：253 千字　　　　　　　印　　张：16
版　　次：2021 年 6 月第 1 版　　　印　　次：2021 年 6 月第 1 次印刷
书　　号：ISBN 978 - 7 - 5194 - 6076 - 1

定　　价：95.00 元

序言一

大约十年前，伯超跟我说起这本书的写作构想时，我当即表示肯定和支持。2011年初稿出来后，我希望尽快修改出版。几年过去了，作者根据党的十八届四中全会决定和十三届全国人大一次会议通过的宪法修正案，对全书内容做了修改和补充。现在书要正式出版了，请我作序，我自然高兴地答应了。

《国宪精要》篇幅不长，也没有对传统宪法学的基本概念、基本范畴和基本理论做过多的思辨和论述，而是突出"问题意识"与"中国意识"，强化宪法研究的中国特色。

在我国，中国共产党章程和党内条例是现代国家政党内部规范，但它又不同于一般政党规范，是由我国宪法支持和确认的特殊政治规范，是国家公权力配置和运行的重要依据，在国家政治、经济、社会生活中具有根本性，这是不争的事实。党的章程和党内条例，客观上无疑是我国宪法性规范的重要渊源。党的十八届四中全会通过的《中共中央关于全面推进依法治国若干重大问题的决定》已经明确把党内法规体系纳入社会主义法治体系，因此，如何把国家宪法和党的章程以及党内条例纳入统一的学术范畴，是我国宪法学面临的一个重大课题。作者批判地吸收了英国著名宪法学家戴雪《英宪精义》关于宪法的"真性质"的合理解释，又很好地借鉴了该书中文版译者序言中关于为何要用"英宪精义"作为中文版书名的精到论述，充分利用宪法学的本土资源，精心选择"国宪"这一概念，旧词新用，将其定义为"宪法性规范的总称"，并从法理上分析了"国宪"与一般宪法概念的区别，进而把国家宪法和党的章程、党内条例纳入统一的学术范畴，其在理论上的创新价值是不言而喻的。

作者对传统宪法学框架体系和研究内容进行了认真反思，主张中国宪法学研究应该要涉及党的组织机构、干部选拔任用、议事决策制度等内容，同时在框架结构上设置"国家政制""基本国策"与"执政体系"等专章，并对相关命题之间的关系进行了比较充分的论证，对于拓展中国宪法学的研究思路和研究领域、完善中国宪法学理论具有重要的学术价值。

在具体论述中该书也不乏新见，如对国家政治结构的特点、国家权力结构模式、国家权力运行机制等方面的分析和概括，是富有新意和说服力的。

力求客观简洁，显然是作者的一种良好预期。书中看不到长篇大论，也很少见主观抽象的评价，有的只是对中国宪制现实和政治图景的一种客观真实的素描。这相对于学术著作的通行写法而言，也许显得有点"淡"，有点"素"，甚至有点"轻"。

书中的个别观点，可能会引起一些争论。果真如此，那也是一件幸事。

李龙

2018 年 12 月于珞珈山

序言二

在我国，党的章程和重要党规是我国公权力配置和运行的重要依据，是我国宪制结构的重要组成部分，这是一个不争的事实。有鉴于此，用西方近现代立宪主义的话语体系就很难甚或根本无法描述和解释我国的宪制结构，通用而经典的"宪法"概念也不能涵盖我国的根本性规范。要建设中国特色社会主义法治体系，首要的任务就是将党的总章程和国家的总章程纳入一个统一的学术范畴，实现党内法规和国家法律的有机对接，进而在宪法层面上构建起能够实现党的领导、人民当家做主和依法治国三者有机统一的制度平台。唯此，法治中国建设方有更为可靠的理论支持和制度支撑。

橘生淮南则为橘，橘生淮北则为枳。诚哉，斯言！

是为序。

李伯超

2021 年 7 月于湘潭大学

目　录
CONTENTS

一、国宪释名

（一）"国宪"的词源考察

1. 据大型权威辞书《辞源》和《汉语大词典》的考释，"国宪"一词最晚在汉代就已出现。《辞源》中"国宪"词条的释文是："国家的法制刑律。《汉书·叙传》（一〇〇下）：'释之典刑，国宪以平。'张释之，汉文帝时曾任廷尉，掌刑狱。"①《汉语大词典》对"国宪"的解释略有差异，该词条下有两个义项。①国家的法制或礼仪。《汉书·叙传下》："释之典刑，国宪以平。"按，张释之，汉文帝时廷尉。《后汉书·曹褒传》："孝章永言前王，明发兴作，专命礼臣，撰定国宪，洋洋乎盛德之事焉。"隋卢思道《北齐兴亡论》："迁鼎旧邺，国命惟新。朝章国宪，灿然毕举。"②即宪法。梁启超《中国专制政治进化论》第三章："各国国宪之变动，往往因此'埃士梯德'（Estates）之关系而起。"② 显然，第二个义项是近现代义，第一个义项是古代义，与《辞源》的解释基本相同。同一个词语在两部辞书中所含的义项之所以不同，是因为两部辞书的收词标准和采集语料的范围不同。《辞源》仅限于古代汉语，而《汉语大词典》则兼顾了近现代汉语。

2. 现有宪法学论著或教材对"宪"字的解释大多出自《辞源》。该书"宪"字条下有四个义项："①法令。《书·说命》（下）：'鉴于先王成宪，

---

① 辞源：第一册［M］．修订本．北京：商务印书馆，1979：576.
② 罗竹风．汉语大词典：卷三［M］．上海：汉语大词典出版社，1989：646.

其永无怨。'《管子·立政》：'宪既布，有不行宪者，谓之不从令，罪死不赦。'②效法。《诗·大雅·崧高》：'王之元舅，文武是宪。'③布告。《周礼·地官·乡大夫》：'正岁，令群吏攷法于司徒以退，各宪之于其所治国。'④封建社会属吏称上司为宪，如称'大宪''宪台'。"① 这是从现有古代文献语料中概括出来的，并非就是"宪"字的原始义或最初义。

东汉许慎《说文解字》："宪，敏也。从心从目，害省声。许建切。"②"宪"的繁体为"憲"，依许慎的解释应为形声字。从后来《唐韵》《集韵》《韵会》及《康熙字典》的解释来看，"害"为声旁，兼表意，"目"和"心"为形旁。又见《说文解字》："敏，疾也。从攴每声。眉殒切"③。"疾，病也。从疒矢声。秦悉切"④。"疾""病"与"害"均有语义关联。可见，"宪"的初始义是"敏"，其意义范围应是"疾""病""害"。这样，"宪"的最初字义与其在古代文献中的语用义有了较为合理的连接。

后来的字书也都采用了《唐韵》的说法。《康熙字典》"宪"字条下在接引《唐韵》《集韵》和《韵会》的释文之后，又多引书证对"宪"字做了进一步的注解："《周礼·天宫·小宰》：'宪禁于王宫。'注：宪谓表悬之，若今新有法令也。《诗·大雅》：'文武是宪。'笺：宪，表也。言为文武之表式也。因宪为表式之义，故人之取法亦谓之宪。《书·说命》：'惟圣时宪。'传：宪，法也。言圣王法天以立教于下也。《礼·内则》：'五帝宪。'注：法其德行也。又《说文》：'敏也。'《礼·学记》：'发虑宪。'注：言发计虑当拟度于法式。徐锴曰：'目与心应为敏也。'"⑤

可见，在先秦时"宪"字多用为动词，意指法度。法禁之事，具有明显的权威性。法禁之事于人于社会当是有害无利，因此《说文解字》的解释应是"宪"的原始义，与文献语境中的词义有关联，但差别也很大了。直至近代宪法运动兴起，"宪法"一词在思想界、学术界和政界已广为人知，"立宪""行宪"中"宪"即等同于近代意义上的"宪法"。

---

① 辞源：第二册 ［M］. 北京：商务印书馆，1980：1164.
② 许慎. 说文解字：十下 ［M］. 北京：中国书店，1989.
③ 许慎. 说文解字：十下 ［M］. 北京：中国书店，1989.
④ 许慎. 说文解字：七下 ［M］. 北京：中国书店，1989.
⑤ 康熙字典：第1册 ［M］. 卯集上，心部. 成都：成都古籍书店，1980.

3. "国""宪"二字连用，在古代并没有产生"国家根本法"或"国家最高法"这样的义项，而以"国"字作为前缀构成的同义或近义词却很丰富，如"国体""国章""国常""国纪""国度""国律""国法""国典""国维"等。但到了20世纪初叶，随着"西法东渐"和"法律移植"，"国宪"一词被赋予新的特定含义，几乎成为与"宪法"一样时髦的政治法律术语。

据学者研究和考证的材料来看，是日本学者在翻译西方法学著作时首先借用汉语的"国宪"一词来翻译英文中的constitution。明治初期，日本学者津田真道翻译的《泰西国法论》（1868年）和加泰弘之翻译的《立宪政体略》（1872年）中已经开始将constitution译为"国宪"，这一译法随着两部译著的刊行而得到广泛传播①。1876年，天皇赐予元老院议长有栖川宫炽仁亲王的诏敕中有"国宪创定，乃国家千载之伟业"之语，天皇饬令元老院成立"国宪调查委员会"，进行"国宪编纂"，后公布《国宪编纂建议书》②。1879年3月到1880年4月，日本著名宪法学家小野梓连载《国宪论纲》，同时小野梓参加了元老院"国宪调查委员会"，其著作成为国宪调查委员会进行"国宪编纂"的参考资料。1878年和1880年"国宪调查委员会"公布的两个宪法草案分别称为《日本国宪案》和《国宪》。由此可见，在当时日本的学术界和政界，"国宪"已是通用的宪法学用语③。从1882年到1885年，小野梓在《国宪论纲》的基础上，为在明治宪法的起草过程中发挥学术影响力而完成的三卷本学术巨著《国宪泛论》陆续出版，1885年10月合订本出版。作者在《国宪泛论》中开宗明义，对"国宪"的基本含义做了解释："国宪以普通义释之，即国法之谓也。……然予所谓国宪者，则微殊于此。盖此篇意义，全取之于建国法耳。……夫国宪即建国法，亦称之谓大本之法。究其本意，所以正主治者之职分，固被治者之权利，而定官民之分限也。……民刑诸法，所以治民间与民间交涉之法律也。若夫国宪，则为政府

① 胡锦光，韩大元. 中国宪法 [M]. 北京：法律出版社，2004：20-21.
② 李步云. 宪法比较研究 [M]. 北京：法律出版社，1998：8.
③ 吴欢. 安身立命：传统中国国宪的形态与运行 [M]. 北京：中国政法大学出版社，2013：48-49.

与民间权限之法律也。"① 由这段话可以得出两点结论：一是日文早从汉文中借用了"国宪"这个词语，而且用法与汉文基本相同，指的是"国法"，即国家的法制或法律；二是作者匠心独运，将"国宪"提升到一个更高的位阶，即"大本之法"，实际上就是通常所说的"根本法"。"国宪"的这一用法极富创意，对20世纪初叶中国的宪法理论与实践产生了重要影响。

由陈鹏翻译的中文版《国宪泛论》三卷本于1903年由上海广智书局全部出版。当时正值"日文中译"热潮兴起之际，该书的出版对当时中国的立宪思潮产生了较大影响。上海《新民丛报》第十号（1920年6月）登载的刊行汉译《国宪泛论》上、中卷"广告文"推介说："宪法为立国之本，稍有文明思想者，皆能知之矣。此书为日本名士小野梓先生所著。其所以为优于群书者，以此书之著在日本未开国会以前，当时东人犹未具知宪法之真相，著者乃繁征博引、条分缕析，搜列各国名儒学说而折中其是非，遍引各国宪法成例而剖断其得失。日本人能成为立宪国国民，受此书之赐居多焉。而今日之中国人，读之尤为适当矣。因亟丞译之以饷同胞，原著博大浩瀚，今先将上中卷出版以供先睹之快焉。"② 韩大元在《国宪泛论》中译本2009年再版序言中说："学术界一般认为，中国宪法学的历史起点是十九世纪末二十世纪初。一九四九年前的中国宪法学发展大体经历了三个阶段：宪法学的'输入'期（一九〇二年至一九一一年）；宪法学的形成期（一九一一年至一九三〇年）；宪法学的成长期（一九三〇年至一九四九年）。在中国宪法学的形成与发展过程中，外国宪法学，尤其是日本宪法学理论产生了重要影响。"③《国宪泛论》中译本的传播对"国宪"一词在20世纪初叶的"复活"起了重要作用。

4. 真正促成"国宪"一词"复活"的，是1920年前后的"联省自治运动"和"联邦主义"思潮的兴起。1920年夏，国民党人谭延闿主张"湘人

---

① 吴欢. 安身立命：传统中国国宪的形态与运行［M］. 北京：中国政法大学出版社，2013：2.

② ［日］小野梓. 国宪泛论·序言二［M］. 陈鹏译，丁相顺，勘校. 北京：中国政法大学出版社，2009：16.

③ ［日］小野梓. 国宪泛论·序言三［M］. 陈鹏译，丁相顺，勘校. 北京：中国政法大学出版社，2009：18.

治湘",发表"祃电"主张"施行地方自治",随后通电全国表示湖南率先自治,掀开了"联省自治"的帷幕。1921 年夏,浙江总督卢永祥发表"豪电",主张"先以省宪定自治之基础,继以国宪保统一之旧规"。"豪电"发出后在全国引起强烈反响,孙中山、陈炯明等军政要人纷纷表示支持。湖南、浙江、广东三省都制定"省宪",成为"联省自治"的示范。南方其他各省纷纷跟进,或由省议会公布"宪法会议组织法",或由行政当局宣布"制宪自治",或由专门知名人士起草"宪法";北方的奉天政府也起而响应,发表"联省自治宣言"。与此同时,章太炎、胡适、张君劢、李剑农等学者和社会活动家积极发表言论和著作,支持"联省自治"运动。

在政治力量和学术精英的推动下,1922 年在上海召开的"国是会议"以"中华民国八个团体国是会议国宪草议委员会"的名义发布"劝告各省速制省宪之通电",提出"切望各省已成省宪者赶速实行,未成省宪赶速制宪,以为将来国宪根本",并发表"宪法草案之通电"称:"由是以国是会议之名,预拟国宪草案以供全国人民采择。"① 国是会议国宪草议委员会委托章太炎、张君劢负责起草国宪草案(实际上是由张君劢一人起草了两份宪法草案,一份是张君劢自己主张的采用内阁制的草案,一份是章太炎主张的采用委员制的草案)。张君劢起草国宪草案时,觉得"各问题应加以说明",乃著《国宪议》。该书中的许多见解,即使在今天看来,也仍然不失精辟而且高明。

很显然,在"联省自治"运动中异常活跃的"国宪"一词实际是"省宪"一词的匹配物,也就是为了和"省宪"对举连用的,而非 Constitution 概念的专属表达形式,因为在当时"宪法"一词或许用得更为普遍。准确地说,"国宪"指的是与"省宪"相对而言的"联邦宪法",与小野梓《国宪泛论》中的"国宪"已有差别。

5. 国事多变,随着"联省自治"运动的无疾而终,"国宪"一词很快也就销声匿迹,成为历史,因此,现代汉语权威辞书——《现代汉语词典》没有收录"国宪"词条。相反,"宪法"一词则"一枝独秀",显示出强大的生命力,最终完全取得统治地位。从《辞源》对"宪法"的解释和所举书证

---

① 吴欢. 安身立命:传统中国国宪的形态与运行 [M]. 北京:中国政法大学出版社,2013:56 – 57.

来看，"宪法"的出现要早于"国宪"，而且具有"根本法"或"最高法"的含义。① 在古代，以"宪"作前缀构成的、与"宪法"同义或近义的词语同样也很丰富，如"宪令""宪典""宪则""宪章""宪禁""宪纲""宪制""宪命""宪矩""宪律""宪度""宪纪"等。及至清末民初，随着宪政思潮和宪政运动的兴起，只有"宪法"一词成为时代"宠儿"和言论焦点，被学术界和政界广泛运用。20世纪20年代末以后，"宪法"与"国宪"的命运完全不同，在中国立宪主义者心中，"宪法"一词俨然成了立宪主义语境中的语言"图腾"，神圣不可替代。

（二）"国宪"的时代新解

1. "国宪"一词在当代中国的再次"复活"，既是推动中国特色社会主义法治体系建设的重大而迫切的现实需要，又是破解中国宪制研究法理困局的重大而迫切的理论需求。建设中国特色社会主义法治体系，首要的任务就是将党的总章程和国家的总章程纳入一个统一的学术范畴，实现党内法规与国家法律的有机对接。同时，要推动国家法治建设，必须要对我国的宪制情况有一个清晰的描述和合理的解释，并在此基础上，紧密结合时代改革和发展的实际，谋求理论和制度上的突破与创新，进而探索建立有中国特色的社会主义宪法理论体系和制度体系。

2. 用西方近现代立宪主义的话语体系很难甚或根本无法描述和解释我国的宪制结构，通用而经典的"宪法"概念也不能涵盖我国的根本性规范。我国宪法确认了中国共产党对国家和人民的领导地位，党的最高权力机关和最高决策机关对国家政治、经济和社会生活中的重大事项拥有最终的决策权和决定权，党的领导权在国家公权力体系中居于最高的、最核心的地位。因此，有关领导权行使的党内规范在国家政治生活中无疑具有根本性，应当纳入最高法的范畴之中。中国的宪法学如果在理论体系和知识结构上不涉及党

---

① 《辞源》"宪法"条："国法，根本大法。《国语·晋》九：'赏善罚奸，国之宪法也。'《管子·七法》：'有一体之治，故能出号令，明宪法矣。'"

的组织机构、干部选拔任用、议事决策制度、党内监督和党纪处分等方面的内容，那就不仅仅是残缺的宪法学，而且在科学逻辑上也是解释不通的。

党的章程和重要党规是我国公权力配置和运行的重要依据，是我国宪制结构的重要组成部分，可以统称为党内典章。党内典章中的宪法性规范毕竟不是通过宪法典或单行的宪法性法律文件表达出来的，它们既不同于一般意义上的政党内部规范，也不同于通常所说的宪法规范，而是一种有宪法支持并具有根本法效力的特殊政治规范。它们依赖于宪法，但又没有涵盖在宪法之中，具有明显的两重性。因此，必须寻找一个与"宪法"直接关联又深具本土法律文化色彩的词语，将党内典章与国家宪法连接并统一起来，使之成为一个有机的整体。我们认为，"国宪"一词是最好的选择。

3. 我们可以将"国宪"定义为中国特色社会主义法律体系与法治体系中根本性原则和规范的总称。根本性原则和规范在社会主义法律体系与法治体系中具有最高性和权威性，其存在范围除了《中华人民共和国宪法》和其他宪法性法律文件以外，还包括中国共产党党内典章。我们认为，这些都是中国宪法学的研究范围。

在中国宪法学史上，这样的处理也有过先例。王世杰、钱端升所著的《比较宪法》在学界享有盛誉，该书在最后一章论述当时"中华民国"政制时，也曾专设"党治"一节，将中国国民党的组织、权力机构及权力运行情况纳入其研究范围，这也是从当时"中华民国"的政制现状出发，在研究内容上所做的一种合理安排。①

4. 我们主张复活"国宪"一词，还得益于《英宪精义》中译本译者序言的启示。《英宪精义》系英国著名宪法学家戴雪（Albert Venn Dicey）的旷世名作，原名 *Introduction to the Study of the Constitution*，简称 *The Law of the Constitution*。译者雷宾南先生将其译为"英宪精义"，是颇有深意的。雷先生在中文版的译者序言中详细论述了他选择这个译名的深刻道理，我们认为很有必要在这里加以引用：

> 倘若从字面逐译，汉译本应称为《英吉利宪法的初步研究》，简称

---

① 王世杰，钱端升. 比较宪法 [M]. 北京：商务印书馆，1999：482 - 492.

《英吉利宪法》。但一就内容仔细推究，此类称谓实有未当。诚以原书在宪法学上之最大贡献，是在于将英宪（The Constitution of England）所有规则区分为两大部分：其一部分是宪法的法理及法规，故应属于宪法的本部；其他是典俗、成训及惯例，故应属于宪法的别部。前者被戴雪称为英宪的法律（the law of the constitution）；后者为英宪的典则（the convention of the constitution）。简言之则为"宪法"与"宪典"。至于两者之所有区别只以有无"实效力"为标准。不过宪典本身虽不具有责效力，然而它们仍然可以得到法律的夹辅；故在间接上尽可得法院的扶持，在实际上即可以推行有效于英国。不宁惟是，英吉利民族素来是富有政治经验的民族；英格兰一向是饶有政治习惯的国家：因之，为着作出分类作界的工作起见，在英宪的研究中著者诚不能不先将宪典区别于宪法以外；但为着彻底探讨英宪的内容起见，与彻底明白英宪的妙用起见，英宪的研究仍不能专攻法律部分，而弃却典则部分。惟其如是，戴雪在原著中实揭橥三条大义以研究英宪。第一大义是"巴力门的主权"，第二大义是"法律主治"，第三大义是"宪典依赖宪法以得到绩效力"。由此观之，我们可见戴雪的研究工作初不限于英宪的法律。倘若只以"英吉利宪法"一名迻译，我以为不但易惹起误会而且易变成不信。倘若以《英吉利宪法的初步研究》一名迻译，我以为不但是不信，而且是不雅。……综合以上种种理由，我斟酌再四，最后特为我的译本取名曰《英宪精义》。"英宪"云者所以明英宪的研究，虽侧重宪法，但仍不弃置宪典也。精义云者所以表示这部书的著作艺术虽以研究三条大义为重心，但每一大义之中的仍蕴蓄许多精理，故最后实以研究英宪的全部原理及规则为主旨也。①

译者说得非常清楚，中文版书名如果用"英吉利宪法"或"英国宪法"，显然不能符合原书的内容，也不能揭示英国的宪法规则体系，而用"英宪"则看似含混，实则极富概括力。字里行间也流露出译者在辛勤劳作后的得意之情。戚渊先生对雷宾南的译法极为推崇，他在该书的中文再版序言中称赞道："通读全书，不免感到，雷译是名副其实的'研译'，表现在：第一，力

---

① ［英］戴雪. 英宪精义 ［M］. 雷宾南，译. 北京：中国法制出版社，2001：1-2.

求达到领略英宪的实质。雷译本对于书中的词旨，悉心体会，斟酌再四。比如，原书名直译应为《英吉利宪法的初步研究》（Introduction to the Study of the Law of the Constitution）。雷氏认为，英国宪法不仅包括有直接实效力的宪法性文件（法律部分），还包括具有'间接'责效力的宪典（宪典依赖宪法获得效力），仅将 Constitution 译为宪法，不但不'信'，而且不'达'，而简译为'英宪'，既含宪法，也有宪典……表明译者对自然法背景下的英国法理念怀有深刻的认识，并达到与作者同等水平的理解。"①

5. 重新使用"国宪"概念，并不是要用它来取代"宪法"，两者完全可以同时选用，并行不悖。这种情况在近现代中国和日本宪政都曾有过，只不过这里的"国宪"被赋予了新的含义。从概念逻辑来讲，两者有包含关系，"国宪"是上位概念，"宪法"是下位概念；但从法理来讲，两者的本质属性是一致的，都是国家政治生活中的根本法则，没有位阶高低的差别。中国宪法学不仅要研究《中华人民共和国宪法》和其他宪法性法律，同时还必须研究中国共产党党内典章以及它们之间的关系②，这样才能构成一个完整的理论知识体系。

6. 中国宪法学研究要取得突破和创新，必须强化研究的"中国意识"和"问题导向"，必须植根于民族法律及传统和社会现实生活的土壤之中。我们认为，如何看待和确认中国共产党党内典章的法律地位，如何从学理和法理上阐明中国共产党党内典章与我国宪法的关系，是当代中国宪法研究和社会主义法治建设所面临的首要而重大的"中国问题"。术语或概念是最基本的理论元素，理论上的重大突破，首先必须提出和确立丰富深刻的新内涵，外延宽广周全的科学术语或核心概念。因此，在当代中国语境下，"国宪"一词的"复活"有着特殊的理论价值。首先，经典"宪法"概念与中国宪制结构之间无法兼容的理论困局可借此得到破解。其次，可以拓展中国宪法学的研究范围，丰富中国宪法学的研究内容。最后，通过发掘和利用中国传统法律文化资源，积极探索建立有中国特色的宪法学研究的话语体系。

---

① ［英］戴雪. 英宪精义［M］. 雷宾南，译. 北京：中国法制出版社，2001：12 - 13.
② 李伯超，刘建湘. 党内典章的二重性及其研究的宪法学意义［J］. 湖南科技大学学报（社会科学版），2019（1）.

二、国宪渊源

（一） 国宪的历史渊源

1. 国宪的历史渊源是指国宪的历史继承关系。考察国宪的历史渊源有两条线索：一条是中华人民共和国宪法的历史渊源，另一条是中国共产党章程的历史渊源。由于建党和立国的特殊历史背景，无论是考察宪法的历史渊源，还是考察党章的历史渊源，都有两条线索：一条是国内的，另一条是国际的。

2. 从国内历史渊源关系上看，我国宪法的直接源头应是 1949 年 9 月 29 日中国人民政治协商会议第一次全体会议通过的《中国人民政治协商会议共同纲领》（以下简称《共同纲领》）①。《共同纲领》虽然没有冠上宪法的名称，实际上却起着宪法的作用。它明确了中华人民共和国成立的政治基础、国家性质和政权性质，是新政权取得政治正当性和政治合法性的宪法来源；同时它还规定了公民的权利和自由，公民对国家的义务，国家的经济政策、文化教育政策、民族政策、外交政策和军事制度。因此，《共同纲领》在内容上显然已具有根本法的性质，与后来的宪法一脉相承，是 1954 年共和国宪法产生的基础。从形式上比较也可以看出 1954 年宪法对《共同纲领》的继承关系。比如说，在结构序列上均采用先序言、总纲部

---

① 国宪的历史渊源实际上还应该包括党内典章的历史渊源，为精要起见，本节这部分内容从略。

分，然后再是其他各章。

中华人民共和国宪法诞生于 1954 年，由第一届全国人民代表大会第一次会议通过。此后分别于 1975 年、1978 年、1979 年、1980 年、1982 年、1988 年、1993 年、1999 年、2004 年、2018 年进行修改，前后共 10 次。由于前三次的修改方式与后面七次修改的方式不一样，政界、学界及社会其他各界对修宪的性质做出不同的界定，前三次修改后的宪法均被视为新宪法，而后面七次修宪则被视为对宪法个别条款的修改，不影响宪法典的现行性质。故此，宪法学界有一种普遍认同的观点，即新中国成立以来共有过四部宪法，现行宪法是 1982 年宪法①。然而仔细推敲，这种公认的观点其实是站不住脚的。对此，我们将在下一节中加以讨论。

3. 我国宪法还有一个不容忽视的源头，便是苏联宪法。将《共同纲领》和 1954 年宪法与苏联社会主义宪法进行比较我们不难发现，苏联宪法对我国宪法产生过很大的影响，宪法移植的迹象非常明显。俄国十月革命胜利后，于 1918 年 7 月 10 日由第五次全俄苏维埃代表大会通过《俄罗斯社会主义联邦苏维埃共和国宪法（根本法）》。苏联成立后至 1954 年我国宪法诞生前，苏联先后颁布过两部宪法，即 1924 年 1 月 31 日第二次全苏联苏维埃代表大会批准的《苏维埃社会主义共和国联盟根本法（宪法）》和 1936 年苏联苏维埃代表大会第八次非常会议通过的《苏联宪法（根本法）》，从总体上看，在立宪宗旨、国家性质、政权性质、政治经济制度乃至技术风格等方面，我国宪法与苏联的这三部社会主义宪法有着极深的渊源关系，当然，在制度的具体设计和许多细节方面仍然有着较大的差别②。造成这种情况的原因不难理解：同属社会主义阵营，苏联又是社会主义革命的先驱国，是国际共产主义运动的领头羊，中国向其借鉴立宪经验是顺理成章之事。其实，从世界法制发展史来看，宪法移植现象在资本主义国家中也相当普遍。

4. 纵向来看，党章的直接源头是中国共产党第一次全国代表大会通过的《中国共产党纲领》（以下简称"一大党纲"）。一大党纲结构比较简单，共

---

① 笔者所见的宪法学教材和论著均持这种观点。

② 何勤华，李秀清. 外国法与中国法——20 世纪中国移植外国法反思［M］. 北京：中国政治大学出版社，2003：173 - 201；戴学正，等. 中外宪法选编：上册［M］. 北京：华夏出版社，1994：205 - 278.

15 条（现存 14 条，缺第十一条），但明确提出了党的政治主张，规定了党的奋斗目标、组织原则、党的纪律，以及共产党与其他政党和组织的关系，实际上是一个党章的雏形。中国共产党第一部党章诞生于 1922 年，即党的第二次全国代表大会通过的《中国共产党章程》（以下简称"二大党章"）。二大党章规定了党内生活和党内关系的基本准则，共有党员、组织、会议、纪律、经费、附则六章共 29 条。此后到中华人民共和国成立以前，中国共产党相继召开第三次、第四次、第五次、第六次、第七次全国代表大会，其中党的三大、四大、五大没有制定新的党章，只是通过了两次修正章程和一次修正章程决案。党的六大是在"大革命"失败后的特殊背景之下，于 1928 年 6 月至 7 月在苏联莫斯科召开的。大会通过了党的第二部党章，完善了民主集中制，为党的建设提供了制度上的保障。七大的党章从形式到内容已臻于成熟和完善。形式上，第一次设立了作为党章灵魂的"总纲"，为以后历部党章提供了范例。内容上，它对党的建设的各个方面都做了明确的规定，特别是第一次明确地规定了党的性质，第一次确定了毛泽东思想在全党的指导地位，并明确规定了党员的义务和权利，科学表述了民主集中制的内涵。

中华人民共和国成立以后，1956 年 9 月召开的中国共产党第八次全国代表大会，通过了中国共产党成为执政党后的第一部党章。八大党章充分体现了执政党建设的新特点，明确提出了执政条件下党的建设的新要求，是党在执政初期探索执政党建设规律的总结。八大之后，除了十三大通过的《中国共产党章程部分条文修正案》，历次党的代表大会都修改了新的党章，其中十五大、十六大、十七大、十九大相继将邓小平理论、"三个代表"重要思想、科学发展观和习近平新时代中国特色社会主义思想确立为党的指导思想。从一大到十九大，中国共产党共制定了一部党纲、十四部党章，还做过四次部分条文的修正。

5. 横向来看，党章的历史渊源还有一个是国外的，即受过苏联共产党党章的影响，特别是从一大制定的纲领到六大通过的党章，这种影响就比较明显，其中尤以六大通过的党章最为突出。由于党的六大是在莫斯科召开的，共产国际对整个会议进行了直接干涉，因而六大通过的党章突出了中国共产党与共产国际的紧密联系，整部党章中共有 17 次提到了共产国际。在规定党的组织原则时，也强调要与共产国际的其他支部一样，与共产国际保持一致。同时，将共产国际代表大会的决议与党的代表大会或党内指导机关所提出的决议并列起来，要求党员无条件执行。六大党章还规定，党的全国代表大会的召集，不是由中央委员会自行决定；而必须"由中央委员会得共产国际同意后召集之"；全国代表大会的临时大会的召集，则必须经过共产国际执行委员会的批准，就连在秘密条件下各省党的委员会派遣全国代表大会的代表，也必须首先经过共产国际委员会的同意。类似的规定，在六大党章的条款中还有体现①。因此，党史学界一般将一大的纲领到六大的党章归纳为建党初期的党章体系，它们共同的特点是接受过共产国际的指导，而共产国际实际上是由苏联共产党所主导的。

（二）国宪的现实渊源

1. 国宪的现实渊源是指现行国宪原则和国宪规范的存在形式或存在范围，实际上也就是国宪的研究对象和范围。《中华人民共和国宪法》是我国宪法原则和宪法性规范的主要渊源。经多次修改后的这部宪法典，除"序言"部分外，共 4 章 143 条。在先后 10 次修宪中，1982 年整体修改，以及1993 年、1999 年、2004 年和 2018 年的局部修改在我国宪法发展史上都具有重大的历史进步意义。与 1978 年修订后的宪法相比，1982 年的修宪，从结构安排到宪法内容均做了重大修改。在结构形式方面，将公民的基本权利和义务部分调整到国家机构之前，至少从形式上凸显了宪法观念的变化。在内容方面，删除了有关"文革"的内容和提法，增设了"国家主席"和"中央军事委员会"两大国家机构，重新划定了不同国家机构之间的职权范围，等等。实际上，1982 年修宪是以 1954 年宪法创制本为基础，而不是以 1978年的修订本为基础。对此，彭真委员长在所做的《关于中华人民共和国宪法修改草案的报告》中有清楚的说明②。1993 年修宪，将中国特色社会主义理

---

① 肖林芳. 中国共产党党章历史发展研究［M］. 湖南：湖南大学出版社，2006：11 -
12.

② 彭真. 关于中华人民共和国宪法修改草案的报告［N］. 人民日报，1982 - 12 - 06.

论纳入宪法，同时对国家的经济体制和经济政策做了重大调整，明确规定："国家实行社会主义市场经济"。1999 年修宪，确定了建设社会主义法治国家的奋斗目标。2004 年修宪，增加了人权保障条款，明确规定"国家尊重和保障人权"。2018 年修宪，增加了"习近平新时代中国特色社会主义思想""中国共产党领导是中国特色社会主义最本质的特征""国家工作人员就职时应当依照法律规定公开进行宪法宣誓""中华人民共和国主席、副主席每届任期同全国人民代表大会每届任期相同""设区的市的人民代表大会和它们的常务委员会，在不同宪法、法律、行政法规和本省、自治区的地方性法规相抵触的前提下，可以依照法律规定制定地方性法规，报本省、自治区人民代表大会常务委员会批准后施行""监察委员会产生、运行与监督"等相关规定。此外，调整充实了中国特色社会主义事业总体布局和第二个百年奋斗目标的内容，如"推动物质文明、政治文明、精神文明、社会文明、生态文明协调发展，把我国建设成为富强民主文明和谐美丽的社会主义现代化强国，实现中华民族伟大复兴"；完善了依法治国和宪法实施举措，如"健全社会主义法治"，将宪法宣誓制度在宪法中确认下来，将"全国人大法律委员会"更名为"全国人大宪法和法律委员会"。①

这里有一个重大问题需要厘清，即现行宪法到底是 1982 年宪法，还是 1954 年宪法？实际上也就是新中国成立以来共制定过 1 部宪法还是 4 部宪法？我们认为，中华人民共和国宪法自 1954 年诞生以来，虽经多次修改，但从来没有被废止过。1975 年、1978 年、1982 年 3 次大的宪法变迁，其性质都是修改宪法，而不是制定新的宪法。共和国宪法史上，只制定过 1 部宪法，而不是 4 部宪法，现行宪法是经过 1982 年修改的 1954 年宪法。主要理由如下②：

首先，从党的最高领导机关和国家最高权力机关确认的变迁形式看，1975 年、1978 年、1982 年 3 次宪法变迁都明确是修宪，而不是制宪。总体而言，这 3 次修宪的方式基本相同，都是由专门成立的宪法修改委员会对当

---

① 《中华人民共和国宪法修正案》（2018 年 3 月 11 日第十三届全国人民代表大会第一次会议通过）[N]．人民日报，2018 - 03 - 12.
② 李伯超，邹琳．共和国宪法变迁史研究中的几个重要问题 [J]．湘潭大学学报，2010（2）.

时的宪法文本进行整体修改，形成宪法修改草案，整体提交全国人民代表大会审议通过并公告后，产生当时宪法新的文本形式，即宪法修订本。历次宪法变迁也都明确是修宪。

其次，从程序上看，1975 年、1978 年、1982 年 3 次大的宪法变迁并没有启动制宪程序，都是走的修宪程序。即先在中共中央内部酝酿并形成共识后，再以中共中央名义正式向全国人大常委会或全国人大会议主席提出修改宪法建议，获同意后，即由专门成立的宪法修改委员会主持修改宪法，提出宪法修改草案，经民主讨论程序后，形成宪法修改草案正式稿，提交全国人大讨论通过后，再以会议主席团的名义向社会公布。

再次，从内容上看，1954 年宪法在 1975 年、1978 年和 1982 年 3 次大的变迁中，其根本内容并没有发生改变，国家的性质、人民代表大会制度、生产资料的所有制形式等这些立国的根本制度和立宪的基本原则一直得到坚持与维护，即使是 1975 年的修宪中也没有被废弃。同时，国家名称、国旗、国徽等国家的象征也没有发生任何变化。

最后，从宪法名称来看，一直都是使用"中华人民共和国宪法"这个名称，未做任何改动，这也是一个重要标志。纵观世界宪法史，可以发现，一个国家如果发生宪法立废的情况，通常在名称上会有所区别。比如说，"中华民国"成立后历次宪法变迁的情况和法国宪法变迁的情况就非常典型。

综上所述，尽管 1975 年、1978 年、1982 年 3 次修宪中对宪法文本做了整体的修改，具体内容也有较大的变动，但修宪的性质不会因此发生变化。我们不能因为修宪的方式不同，而将本来属于修宪的活动认定为制宪。新中国成立以来只有过 1 部宪法，即《中华人民共和国宪法》，它诞生于 1954年，虽然经过不同方式的修订，但仍然是我国的宪法。

2. 宪法性法律是我国根本性规范的重要渊源。主要有《中华人民共和国全国人民代表大会和地方各级人民代表大会代表法》《中华人民共和国全国人民代表大会和地方各级人民代表大会选举法》《中华人民共和国全国人民代表大会组织法》《中华人民共和国国务院组织法》《中华人民共和国人民法院组织法》《中华人民共和国人民检察院组织法》《中华人民共和国地方各级人民代表大会和地方各级人民政府组织法》《中华人民共和国立法法》《中华人民共和国民族区域自治法》《中华人民共和国国籍法》《中华人民共和国集会游行示威法》《中华人民共和国戒严法》《反分裂国家法》等。

我国宪法性规范还有一种特殊渊源，就是《中华人民共和国香港特别行政区基本法》和《中华人民共和国澳门特别行政区基本法》。宪法第三十一条规定："国家在必要时得设立特别行政区。在特别行政区内实行的制度按照具体情况由全国人民代表大会的法律规定。"基于1984年12月19日，中国政府和英国政府签署关于香港问题的联合声明，确认中华人民共和国政府于1997年7月1日恢复对香港行使主权，第七届全国人民代表大会第三次会议于1990年4月4日通过《中华人民共和国香港特别行政区基本法》，1990年4月4日中华人民共和国主席令第26号公布，于1997年7月1日起施行；同样，基于1987年4月13日，中国政府和葡萄牙政府签署关于澳门问题的联合声明，确认中华人民共和国政府于1999年12月20日恢复对澳门行使主权，第八届全国人民代表大会第一次会议于1993年3月31日通过《中华人民共和国澳门特别行政区基本法》，1993年3月31日中华人民共和国主席令第3号公布，于1999年12月20日起实施。

根据这两个基本法的规定，香港和澳门两个特别行政区实行高度自治，享有行政管理权、立法权、独立的司法权和终审权，中央人民政府只负责管理与香港、澳门特别行政区有关的外交事务以及这两个特别行政区的防务。同时，按照"一个国家，两种制度"的方针，香港和澳门两个特别行政区不实行社会主义制度和政策，保持原有的资本主义制度和生活方式50年不变。在此之后，全国人大及其常委会又通过多个决定，充实和丰富了香港、澳门特别行政区的相关内容。如在《中华人民共和国香港特别行政区基本法》"附件三"中增加全国性法律《中华人民共和国国歌法》①，在《中华人民共和国澳门特别行政区基本法》"附件三"中增加全国性法律《中华人民共和国国歌法》②。

---

① 全国人大常委会关于增加《中华人民共和国香港特别行政区基本法》附件三所列全国性法律的决定（2017年11月4日第十二届全国人民代表大会常务委员会第三十次会议通过）［N］．人民日报，2017－11－05.
② 全国人大常委会关于增加《中华人民共和国香港特别行政区基本法》附件三所列全国性法律的决定（2017年11月4日第十二届全国人民代表大会常务委员会第三十次会议通过）［N］．人民日报，2017－11－05.

3. 有关国家政制结构和公权力配置与运行的政治典章也是我国根本性规范的另一个重要渊源。如前所述，基于我国政制结构和公权力体系的独特性，中国共产党党内的重要典章制度不能等同于一般意义上的政党内部规章，而是获得宪法支持的特殊政治典章，其中许多规范具有根本法效力，应当纳入根本性规范的体系之中。这些重要的政治典章包括《中国共产党党内监督条例》《中国共产党中央委员会工作条例》《中国共产党地方委员会工作条例》《中国共产党党组工作条例》《中国共产党组织工作条例》《中国共产党党和国家机关基层组织工作条例》《中国共产党巡视工作条例》《中国共产党地方组织选举工作条例》《中国共产党基层组织选举工作条例》等。

宪法确认了中国共产党的领导地位，赋予其领导国家和人民的权力。中国共产党的领导地位自然是通过其对国家和人民的领导权来体现的。在我国的公权力体系中，从中央到地方，无论是纵向的还是横向的，党的组织始终都处于领导核心的地位。这种权力配置模式和运行机制，在我国宪法和法律中并没有明确的规定，而恰恰是通过《中国共产党章程》和《党政领导干部选拔任用工作条例》来加以明确和规范的。《中国共产党章程》除总纲部分外，共有十一章五十五条，其中有九章四十条与权力组织和权力运行有关，可见其根本法属性再明显不过。《党政领导干部选拔任用工作条例》的适用范围非常广泛，除军事机关外，选拔任用中共中央、全国人大常委会、国务院、中央纪律检查委员会的工作部门或者机关内设机构的领导成员，最高人民法院、最高人民检察院的领导成员（不含正职）和内设机构的领导成员、监察委员会的领导成员（不含正职）和内设机构的领导成员；县级以上地方各级党委、人大常委会、政府、政协、纪委监委、人民法院、人民检察院及其工作部门或者机关内设机构的领导成员；上列工作部门的内设机构的领导成员，都适用该条例。此外，选拔任用县级以上党委、政府直属事业单位和工会、共青团、妇联等人民团体的领导成员，选拔任用非中共党员领导干部，选拔任用处级以上非领导职务，也都参照该条例执行。各级党政领导干部是我国公权力的实际行使者，因此，该条例的根本法属性也是毋庸置疑的。《中国共产党纪律处分条例》和《中国共产党党内监督条例》，事关权力监督与制约的政制问题，无疑也应视为我国根本性规范的渊源。

4. 宪法惯例也是国宪的重要渊源。综观当今世界，无论是成文宪法的国家，还是不成文宪法的国家，宪法惯例的存在都是十分普遍的。宪法惯例是在宪法实施活动中由特定主体创设并经国家认可、反复适用，被公众承认与遵守，主要以不成文的形式活跃在宪法实施活动中的有一定程度拘束力的习惯和传统的事实的总和。宪法惯例的形成主要有理性的有限性与社会生活无限性的矛盾、宪法规范的稳定性与社会变迁的矛盾以及宪法规范的局限性与宪法惯例补充、引导与修正功能的契合等原因。宪法惯例具有以下几个特征：①特定主体创设并反复适用的形成特征。②重大国家政治制度的内容特征。宪法惯例起到了创设宪法制度、弥补宪法空白的作用，承载着许多应由文本宪法或宪法性法律调整的重要事项，因此，其内容是具有根本性的重大国家政治制度。③不成文的形式特征。绝大多数的宪法惯例都是不成文的，其表现的形式多样，可通过会议决议、政党纲领等形式表现出来。④符合宪法实施法理的价值特征。宪法惯例须合乎该国的宪法实施理念与精神。⑤不同程度拘束力的效力特征。宪法惯例对国家政制与社会成员都有一定程度的拘束力，但是其程度大小不同。

我国是一个成文宪法国家，在社会转型时期和现行宪法实施体制下，国家和社会生活中的有些问题不宜在宪法中直接进行规定，或在宪法中规定的条件尚未完全成熟，在国家和社会生活有关领域的活动只有援遵先例，久而久之便生成宪法惯例，主要涉及宪法修改、政党活动方式、立法及选举等领域。如中共中央行使修宪建议权；宪法修改采取宪法修正案形式；宪法修正案由全国人民代表大会公告公布施行；中共中央就大政方针和国家政治生活中的重大问题、国家机关及人民政协的重要人事安排与各民主党派中央领导人及无党派爱国民主人士代表交换意见、协商讨论；各民主党派、无党派人士担任各级、各类国家机关副职；每届全国人大开会时，全国政协会议也同时进行，并且政协全国委员会委员全体列席全国人大的有关会议；中华人民共和国中央军事委员会主席，习惯上由中国共产党中央军事委员会主席兼任。①

---

① 周叶中. 宪法 [M]. 北京：高等教育出版社，2020：109；章志远. 宪法惯例的理论及其实践 [J]. 江苏社会科学，2000（5）.

　　国宪除上述现实渊源外，还有宪法解释、国际条约与国际习惯。宪法解释是指在制定和修改宪法过程中，对宪法条文、规范、原则、结构、功能及其相关法律关系所做的分析、说明和补充，可以分为立宪解释、行宪解释、违宪司法审查解释和监督解释四种类型。[①] 国际条约是指国际法主体之间就权利义务关系缔结的一种书面协议，而国际习惯则指各国在相互交往中形成的一种有法律约束力的行为规则。国际条约和国际习惯成为国内法和宪法的渊源，是现代国家之间交往与合作的基本条件和必然结果。[②] 在西方国家，宪法渊源还有宪法判例与权威性宪法著作等。

① 李步云. 宪法比较研究［M］. 北京：法律出版社，1998：255.
② 周叶中. 宪法［M］. 北京：高等教育出版社，2020：109.

三、国宪原则

国宪原则可以作三种解释。一是指国宪制定和实施的基本原则。二是指国宪本身所确定的基本原则。三是指宪法学者根据近现代世界各国的宪法实践所概括、抽象出来的普遍原则。我们认为,国宪原则是在制定和实施国宪过程中必须遵循的基本准则和国宪本身所确定的基本原则,体现了立宪和行宪的基本精神。国宪原则具有宏观指导作用,是判断公权力和政治组织行为合法性与正当性的依据,是国宪的灵魂。

(一) 人民主权原则

人民主权的基本内涵是国家权力源自人民,人民拥有国家最高权力,对国家事务具有最终的决定权。我国宪法第二条明确规定:"中华人民共和国的一切权力属于人民。"并通过人民代表大会制度这一根本性政治制度来保证人民主权的实现。具体表现在以下几个方面:第一,宪法规定,人民行使权力的机关是全国人民代表大会和地方各级人民代表大会;第二,宪法确定全国人民代表大会为国家最高权力机关,国家元首、国家行政机关、国家监察机关、国家司法机关、国家军事机关均由最高权力机关产生;第三,宪法规定,地方各级人民代表大会是地方国家权力机关,地方政府、地方司法机关和地方监察机关均由地方权力机关产生;第四,宪法规定,各级权力机关有权罢免经由它们产生的国家机关的负责人或组成人员;第五,宪法规定,全国人民代表大会和地方各级人民代表大会都由民主选举产生,对人民负责,受人民监督。选民或选举单位都有权罢免自己选出的代表。

由于不同国家的国体、政体以及宪法实施现实的不同，人民主权的具体内涵也会有所区别。我国宪法确认的人民主权原则，其中的"人民"是个政治概念，具有特定的含义，而且在不同的历史时期表达不同的内容。宪法并未对"人民"的概念进行专门的界定，但从宪法序言的相关表述中还是可以对"人民"的概念范围做出较为清晰的判断。宪法序言说："在我国，剥削阶级作为阶级已经消灭，但是阶级斗争还将在一定范围内长期存在。中国人民对敌视和破坏我国社会主义制度的国内外的敌对势力和敌对分子，必须进行斗争。""社会主义的建设事业必须依靠工人、农民和知识分子，团结一切可以团结的力量。在长期的革命和建设的过程中，已经结成由中国共产党领导的，有各民主党派和各人民团体参加的，包括全体社会主义劳动者、社会主义事业的建设者、拥护社会主义的爱国者和拥护祖国统一的爱国者的广泛的爱国统一战线，这个爱国统一战线将继续巩固和发展。"2018年宪法修正案"包括全体社会主义劳动者、社会主义事业的建设者、拥护社会主义的爱国者、拥护祖国统一和致力于中华民族伟大复兴的爱国者的广泛的爱国统一战线"[1]。可见，"人民"这一概念包括的对象是国内全体社会主义劳动者、社会主义事业的建设者、拥护社会主义的爱国者、拥护祖国统一和致力于中华民族伟大复兴的爱国者，其中依靠的对象是工人、农民和知识分子，排除的对象是国内敌视和破坏社会主义制度的敌对势力和敌对分子。

人民主权学说是西方启蒙思想家对国家学说和人类政治文明所做出的重大贡献，也是欧洲资产阶级革命高举的一面旗帜，并成为西方资产阶级民主思想的核心内容。马克思主义经典作家批判地吸收了资产阶级的人民主权理论，形成了马克思主义的人民主权学说，从而使人民主权思想成为人类共同的精神财富。现代世界各国宪法，无论是资本主义国家的宪法，还是社会主义国家的宪法，无不确认和体现了人民主权原则。

---

① 中华人民共和国宪法修正案［N］. 人民日报，2018 – 03 – 12.

（二）人权保障原则

人权思想源远流长，人权概念的内涵丰富而又深刻。从政治层面讲，在我国"人权"一词曾长期被视为西方资产阶级的专用词语，遭到强烈的排斥；从宪法层面讲，我国宪法自 1954 年制定以后到 1999 年以前的历次修宪，尽管形式上没有写入"人权"一词，但人权保障原则和人权的具体内容，则一直体现在宪法所规定的公民的基本权利和义务之中。2004 年修宪时，采用多数国家的做法，在宪法中明文确认人权保障原则。宪法第三十三条第三款规定："国家尊重和保障人权。"这无疑是我国宪法史上的一个里程碑。在公开确认这一原则的基础上，我国宪法第二章还对我国公民的基本权利做了充分的列举，其主要内容可纳入基本人权的范畴。概而言之有公民的政治权利和政治自由、公民的人身自由权、公民的通信自由权、公民的劳动权、公民的休息权、公民的生活保障权等。同时，我国宪法在"总纲"部分第十三条中还规定："公民的合法的私有财产不受侵犯。""国家依照法律保护公民的私有财产权和继承权。"同时，《中国共产党章程》规定，"尊重和保障人权"，"切实保障人民管理国家事务和社会事务、管理经济和文化事业的权利"。可以说，我国公民应当享有的基本人权是平等而又广泛的。事实上，随着经济和社会的发展，我国公民的人权状况也得到了普遍的改善。当然，我国人权事业的进步，既有赖于经济社会的进一步发展，也迫切需要更好规范和约束国家权力，防止因国家权力的异化而造成对公民基本人权的侵害。

西方启蒙思想家的人权学说论是欧洲资产阶级革命的另一面重要旗帜，在人类历史上曾起到过巨大的进步作用，并成为资产阶级宪法的重要理论依据。资产阶级人权理论法律化的重要标志是美国 1776 年的《独立宣言》和 1787 年宪法（包括 1791 年的宪法修正案），以及法国 1789 年的《人权与公民权宣言》和 1791 年宪法。由杰弗逊负责起草的美国《独立宣言》被誉为第一个世界性人权宣言，极富文采与激情。该宣言公开宣称："我们认为这些真理是不言而喻的；人人生而平等，他们都是从他们的'造物主'那里被赋予了某些不可转让的权利，其中包括生命权、自由权和追求幸福的权利。

为了保障这些权利，所以在人们中间成立政府。"法国《人权与公民权宣言》以美国《独立宣言》为基本，以"天赋人权"为理论基础，宣称人人生而平等，享有自由、财产、安全和反抗压迫等不可剥夺的权利，强调"自由传达思想和意见是人类最宝贵的权利之一"，提出了主权在民、实行代议制和三权分立、法律面前人人平等、罪刑法定、无罪推定等著名原则。1791年法国第一部完整的成文宪法诞生时，就是以该宣言作为序言。此后尽管法国宪法多次变更，但该宣言一直作为法国宪法的序言而长期保留。

（三）法治原则

法治思想同样源远流长。一般认为，古希腊著名思想家亚里士多德是法治思想的奠基者，他关于法治的著名论断至今仍然闪耀着思想的光芒。他提出："法治应包含两重含义：已成立的法律获得普遍的服从，而大家服从的法律又应该是良好的法律。"① 近代西方法治的思想与实践均源于英国，其奠基者是哈林顿和洛克。他们关于法治的核心思想是：法律一方面要保护个人的自由和权利，同时又要限制政府权力，防止独裁和专制。到了19世纪，英国著名的宪法学大师戴雪在其代表作《英宪精义》中，更是把英国的法治思想和法治传统系统地概括为"法律主治"（或"法的统治"），并形成了一个关于法治的思想体系，即在该书中阐述的关于英国法治的三要素理论②。当然，美国宪法的缔造者围绕制宪问题展开的争辩和论战，以及孟德斯鸠、卢梭等法国启蒙思想家的理论成果，也为丰富和发展法治理论做出了不朽的贡献。

世界上第一部成文宪法——1787年的美国宪法和欧洲第一部成文宪法——1791年的法国宪法均体现了法治原则，尽管都没有直接使用"法治"一词。实际上，这是近代以来法治理论，同时也是人权理论和人民主权理论

---

① ［古希腊］亚里士多德. 政治学［M］. 北京：商务印书馆，1965：199.
② ［英］戴雪. 英宪精义［M］. 雷宾南，译. 北京：中国法制出版社，2001：227 – 246.

的直接产物。法治原则在现代民主宪法中体现得更为明确和具体。

我国宪法第五条明确规定："中华人民共和国实行依法治国，建设社会主义法治国家。"宪法确认的社会主义法治原则具有丰富而深刻的内涵。而正确理解社会主义法治原则的基本内涵，对于科学认识和准确把握我国的法治进程具有十分重要的意义。

实行依法治国，标志着在治国理念和治国方略上将彻底摒弃长久以来的人治传统，国家的政治生活、经济生活和社会生活从此逐步走上制度化、法律化的轨道，这是坚持和体现社会主义法治原则的基本要求。江泽民在中国共产党第十五次全国代表大会所做的报告中明确指出："依法治国就是广大人民群众在党的领导下，依照宪法和法律的规定，通过各种途径和形式，管理国家事务，管理经济文化事业，管理社会事务，保证国家各项工作都依法进行，逐步实现社会主义民主的制度化、法律化，使这种制度与法律不因领导人的改变而改变，不因领导人的看法和注意力的改变而改变。"① 这段话充分体现了邓小平的依法治国思想，揭示了依法治国的主体与客体、前提和目的。②

从法理上说，依法治国的主体是人民，客体或对象是国家权力。我国宪法规定："中华人民共和国是工人阶级领导的、以工农联盟为基础的人民民主专政的社会主义国家。""中华人民共和国的一切权力属于人民。"国家是人民的，国家机关的一切权力都是人民赋予的，因此，依法治国的主体只能是全体人民，而不是任何单位和个人，这是我国国体所决定的，也是人民主权原则的内在要求。人民当家做主，依法治国，但不是直接管理国家事务，而是通过人民授权产生的国家机关去直接管理国家事务，这样直接管理国家事务的权力不是在人民手中，而是在国家机关及其工作人员手中，因此，依法治国在很大程度上就是一个依法定权、依法治权的问题，也就是通过法律来规范权力、制约权力和监督权力的问题，将权力真正置于法律之下。可见，依法治国的客体或对象是天生具有扩张性的国家权力。

依法治国的前提是必须坚持中国共产党的领导，而不能脱离或削弱中国

---

① 党的十五大报告学习读本［M］.北京：中共中央党校出版社，1997：12.
② 李龙.宪法基础理论［M］.武汉：武汉大学出版社，1999：90－96.

共产党的领导，这是中国人民的选择，是一种历史逻辑和现实逻辑，也是我国宪法精神和国家性质的内在要求。依法治国的目的在于保证国家各项工作都依法进行，逐步实现社会主义民主的制度化和法律化，真正树立起宪法和法律权威。当法律权威与领导人的意志发生冲突时，必须使领导者的个人意志服从于法律权威，而不是相反。法治与人治的主要分水岭也正在于此。

社会主义法治国家自然不同于资本主义法治国家，但不论何种性质的法治国家，都必须达到法治的一般要求，而且理论上社会主义法治国家的法治水平应该高于资本主义法治国家。至于什么样的国家才称得上法治国家，这恐怕无法找到一个统一的绝对的标准。但综合近现代思想家的法治理论和现代法治国家的实践情况来看，法治国家至少应当具有下列条件：①有一个良好而又完备的法律体系；②有一套公开、平等的民主制度；③国家权力受法律规范和控制，公民的自由和权利得到切实保障；④司法独立；⑤广大公民有法律信仰，能自觉守法。

基于中国的基本国情和历史传统，实行依法治国，建设社会主义法治国家必将是一个长期的渐进的过程。1997年9月，中国共产党第十五次全国代表大会正式提出要实行依法治国。1999年3月15日，第九届全国人民代表大会第二次会议通过中华人民共和国宪法修正案，将"中华人民共和国实行依法治国，建设社会主义法治国家"作为宪法第五条第一款载入宪法，具有里程碑式的历史意义。理论界特别是法学界，围绕我国社会主义法治模式问题进行了广泛的探讨，取得不少的共识。就我国宪法的内容而言，法治原则主要体现在以下几个方面：一是在总纲中明文规定："国家维护社会主义法制的统一和尊严。""一切国家机关和武装力量，各政党和各社会团体、各企业事业组织都必须遵守宪法和法律。一切违反宪法和法律的行为，必须予以追究。""任何组织或者个人都不得有超越宪法和法律的特权。"二是在宪法第二章"公民的基本权利和义务"中公开宣示："国家尊重和保障人权""中华人民共和国公民在法律面前一律平等"。并确认了公民的言论自由、人身自由、宗教信仰自由、人格尊严、通信自由、住宅权等基本权利和自由。三是宪法第三章第八节第一百三十一条规定："人民法院依照法律规定独立行使审判权，不受行政机关、社会团体和个人的干涉。"第一百三十六条规定："人民检察院依照法律来规定独立行使检察权，不受行政机关、社会团体和个人的干涉。"第一百四十条规定:"人民法院、人民检察院和公安机关办理刑事案件,应当分工负责,互相配合,互相制约,以保证准确有效地执行法律。"

中国共产党第十八次全国代表大会以后,中国的法治建设进入了一个新的时代,2014 年 10 月,中国共产党十八届四中全会讨论并通过了《中共中央关于全面推进依法治国若干重大问题的决定》,这在中华人民共和国的历史上是从未有过的。该文件将法治建设提到了一个新的高度:"依法治国,是坚持和发展中国特色社会主义的本质要求和重要保障,是实现国家治理体系和治理能力现代化的必然要求,事关我们党执政兴国,事关人民幸福安康,事关党和国家长治久安。"① 并明确了全面推进依法治国的总目标是建设中国特色社会主义法治体系,建设社会主义法治国家。具体来说,就是"在中国共产党的领导下,坚持中国特色社会主义理论,形成完备的法律规范体系、高效的法治实施体系、严密的法治监督体系、有力的法治保障体系,形成完善的党内法规体系,坚持依法治国、依法执政、依法行政共同推进,坚持法治国家、法治政府、法治社会一体建设,实现科学立法、严格执法、公正司法、全民守法,促进国家治理体系和治理能力现代化"②。习近平在中国共产党第十九次全国代表大会所做的报告中强调:"全面推进依法治国是国家治理的一场深刻革命,必须坚持厉行法治,推进科学立法、严格执法、公正司法、全民守法。成立中央全面依法治国领导小组,加强对法治中国建设的统一领导。加强宪法实施和监督,推进合宪性审查,维护宪法权威。推进科学立法、民主立法、依法立法,以良法促进发展、保障善治。"③2018 年修改宪法时,将"健全社会主义法制"修改为"健全社会主义法治"④。当然,从总体上看,我国法治体制尚未臻于完善。

---

① 中国共产党第十八届中央委员会第四次全体会议文件汇编 [M]. 北京:人民出版社,2014:17 - 18.
② 中国共产党第十八届中央委员会第四次全体会议文件汇编 [M]. 北京:人民出版社,2014:21.
③ 党的十九大报告辅导读本 [M]. 北京:人民出版社,2017:38.
④ 中华人民共和国宪法修正案 [N]. 人民日报,2018 - 03 - 12.

（四）中共领导原则

坚持中国共产党的领导地位，是我国宪法制度设计和国家权力配置的一个根本原则，也是维护我国国体的内在要求。

我国宪法第一条明确规定："中华人民共和国是工人阶级领导的、以工农联盟为基础的人民民主专政的社会主义国家。"工人阶级对国家的领导是通过其先锋队中国共产党的领导来代表和实现的。中国共产党是中国工人阶级的先锋队，同时也是中国人民和中华民族的先锋队。从国际共产主义运动史来看，工人阶级政党是马克思主义同工人运动相结合的产物。1847 年 6 月，马克思、恩格斯创立了世界上第一个工人阶级政党——共产主义者同盟，次年制定了第一个共产党的纲领——《共产党宣言》。列宁根据工人阶级政党的阶级基础，首次把共产党的性质规定为"工人阶级先锋队"或"无产阶级先锋队"，并强调："国家政权的一切政治经济工作都由工人阶级觉悟的先锋队共产党领导。"继苏联之后的所有社会主义国家都把工人阶级的领导作为自己的政治基础。

认真研读我国宪法就会发现，阐明中国共产党将长期领导国家和人民的正当性是我国宪法的逻辑起点。宪法设长篇序言，从历史和现实两个角度阐述了坚持中国共产党领导地位的正当性。

首先，中国近现代史已经证明，中国新民主主义革命的胜利和社会主义事业的成就，是中国共产党领导中国各族人民，在马克思列宁主义毛泽东思想的指引下，坚持真理，修正错误，战胜许多艰难险阻而取得的，中国共产党在中国的领导地位是历史的选择，也是中国各族人民的选择。宪法序言指出，1840 年以后，封建的中国逐渐变成半殖民地半封建国家，中国人民为了国家独立、民族解放和民主自由进行了前仆后继的英勇奋斗。1911 年孙中山先生领导了辛亥革命，废除了封建帝制，创立了"中华民国"，但是，中国人民反对帝国主义和封建主义的历史任务并没有完成。1949 年，以毛泽东主席为领袖的中国共产党领导中国各族人民，推翻了帝国主义、封建主义和官僚资本主义的统治，取得了新民主主义革命的伟大胜利，建立了中华人民共和国。从此，中国人民掌握了国家的权力，成为国家的主人。中华人民共和国成立后，逐步实现了由新民主主义向社会主义的过渡，生产资料私有制的社会主义改造已经完成，社会主义制度已经确立；工人阶级领导的以工农联盟为基础的人民民主专政得到巩固和发展；中国人民战胜了帝国主义和霸权主义的侵略、破坏、武装挑衅，维护了国家的独立和安全；经济建设取得了重大的成就，独立的、比较完整的社会主义工业体系已经基本形成，农业生产显著提高；教育、科学、文化等事业有了很大的发展，广大人民的生活有了较大的改善。历史的逻辑和结论是：中国共产党在长期的革命和建设过程中，为中华民族和中国人民建立了巨大的历史功绩，尽管也遭遇过挫折，但是其领导地位是历史形成的，是中国人民的自觉选择，因而是不可动摇的，也是不可替代的。

其次，从现实逻辑看，我国将长期处于社会主义初级阶段，国家的根本任务是，沿着中国特色社会主义道路，集中力量进行社会主义现代化建设。要完成这一根本任务，就必须继续坚持中国共产党的领导，坚持人民民主专政，坚持社会主义道路，坚持改革开放，通过不断完善社会主义的各项制度，发展社会主义市场经济，发展社会主义民主，健全社会主义法治，来逐步实现工业、农业、国防和科学技术的现代化，推动物质文明、政治文明、精神文明、社会文明、生态文明协调发展，把我国建设成为富强民主文明和谐美丽的社会主义现代化强国，实现中华民族伟大复兴。因此，现实的逻辑和结论是：基于社会主义初级阶段的社会条件，国家的现代化过程不能脱离中国共产党的领导。

从现代宪法的理论与实践来看，1982 年修宪时，中国共产党已连续执政超过 30 年，要在宪法中确认中国共产党在中国继续长期执政的地位，就必须解决一个正当性的问题。宪法序言从历史和现实两个角度来阐述这个问题，应该说是完全必要的，也是非常明智的。1949 年中国共产党通过革命方式夺取政权，其领导地位是不言而喻的。1954 年制定宪法时，朝鲜战争结束不久，国内政局才基本稳定，国家建设和政权建设刚刚起步，无论主、客观两个方面，都不可能产生共产党长期执政的正当性问题。因此，宪法的序言和总纲中对此没有加以强调和论述。

1975 年和 1978 年两次修宪时，中国共产党连续执政已近 30 年，但由于长期的相对闭关锁国和极左路线的影响，不会自觉思考共产党继续长期执政的正当性问题。因此，这两次修宪尽管在序言和总纲中强调了中国共产党的领导，但缺乏自觉、严密的阐述。党的十一届三中全会以后，随着思想解放运动的开展和改革开放政策的推行，国内形势和条件发生了很大的变化，1982 年修宪时确认中国共产党继续长期执政并阐明其正当性就显得十分必要了。因为，中国共产党的领导是中国特色社会主义最本质的特征，是中国特色社会主义制度的最大优势。① 2018 年宪法修改中，加入了"中国共产党领导是中国特色社会主义最本质的特征"的规定。② 中国共产党如何领导国家和人民，宪法中并未做出明确规定，也没有通过专门的立法来具体规定，只在《中国共产党章程》中有概括的表述。十九大修改后的《中国共产党章程》做了进一步的规定：党政军民学，东西南北中，党是领导一切的。党要适应改革开放和社会主义现代化建设的要求，坚持科学执政、民主执政、依法执政，加强和改善党的领导。③ 在各种组织中，党必须按照总揽全局、协调各方的原则，在同级各种组织中发挥领导核心作用。在经济建设方面，党必须集中精力领导经济建设，组织、协调各方面的力量，同心协力，围绕经济建设开展工作，促进经济社会全面发展。在法治方面，党必须在宪法和法律的范围内活动，党必须保证国家的立法、司法、行政、监察机关，经济、文化组织和人民团体积极主动地、独立负责地、协调一致地工作。在群团组织方面，党必须加强对工会、共产主义青年团、妇女联合会等群团组织的领导，使它们保持和增强政治性、先进性、群众性，充分发挥作用。此外，党必须适应形势的发展和情况的变化，完善领导体制，改进领导方式，增强执政能力，以更好地领导国家和人民。④

---

① 中国共产党章程［N］. 人民日报，2017 - 10 - 29.
② 中华人民共和国宪法修正案（2018 年 3 月 11 日第十三届全国人民代表大会第一次会议通过）［N］. 人民日报，2018 - 03 - 12.
③ 中国共产党章程［N］. 人民日报，2017 - 10 - 29.
④ 中国共产党章程［N］. 人民日报，2017 - 10 - 29.

（五）民主集中制原则

民主集中制既是我国宪法明确规定的一个基本原则。我国宪法第三条规定："中华人民共和国的国家机构实行民主集中制的原则。"民主集中制的基本内涵是民主基础上的集中，集中指导下的民主。民主集中制是我国国家机构的组织原则和活动方式，主要体现在《中华人民共和国全国人民代表大会和地方各级人民代表大会代表法》《中华人民共和国全国人民代表大会和地方各级人民代表大会选举法》《全国人民代表大会常务委员会关于县级以下人民代表大会代表选举的若干规定》《中国人民解放军选举全国人民代表大会和县级以上各级人民代表大会代表的办法》等选举法和《中华人民共和国全国人民代表大会组织法》《中华人民共和国国务院组织法》《中华人民共和国人民法院组织法》《中华人民共和国人民检察院组织法》《中华人民共和国地方各级人民代表大会和地方各级人民政府组织法》等国家机构组织法之中。同时，宪法第三条之第二款、第三款、第四款的规定也是民主集中制原则的具体体现。

以国务院的组织制度为例。依国务院组织法的规定，国务院由总理、副总理、国务委员、各部部长、各委员会主任、秘书长组成。国务院实行总理负责制，总理领导国务院工作。副总理、国务委员协助总理工作。但该组织法同时又规定，国务院工作中的重大问题，必须经国务院常务会议或者国务院全体会议讨论决定。也就是说，国务院的决策机构是国务院常务会议和国务院全体会议。国务院全体会议由国务院全体成员组成，国务院常务会议则由总理、副总理、国务委员和秘书长组成。总理主持国务院全体会议和国务院常务会议。简而言之，国务院总理有最后的决策权，但重大事项必须经会议集体讨论决定。这种领导制度和决策方式，就是根据民主集中制原则具体设计出来的。

民主集中制又是中国共产党的根本组织原则和领导制度。《中国共产党章程》第二章"党的组织制度"第十条规定："党是根据自己的纲领和章程，按照民主集中制组织起来的统一整体。"并把民主集中制的基本原则概括为如下六条：①党员个人服从党的组织，少数服从多数，下级组织服从上级组织，全党多个组织和全体党员服从党的全国代表大会和中央委员会。②党的各级领导机关，除它们派出的代表机关和在非党组织的党组外，都由选举产生。③党的最高领导机关，是党的全国代表大会和它所产生的中央委员会。党的地方各级领导机关，是党的地方各级代表大会和它们所产生的委员会。党的各级委员会向同级的代表大会负责并报告工作。④党的上级组织要经常听取下级组织和党员群众的意见，及时解决他们提出的问题。党的下级组织既要向上级组织请示和报告工作，又要独立负责地解决自己职责范围内的问题。上下级组织之间要互通情报、互相支持和互相监督。党的各级组织要按照规定实行党务公开，使党员对党内事务有更多的了解和参与。⑤党的各级委员会实行集体领导和个人分工负责相结合的制度。凡属重大问题都要按照集体领导、民主集中、个别酝酿、会议决定的原则，由党的委员会集体讨论，做出决定；委员会成员要根据集体的决定和分工，切实履行自己的职责。⑥党内禁止任何形式的个人崇拜。要保证党的领导人的活动处于党和人民的监督之下，同时维护一切代表党和人民利益的领导人的威信。

国家机构实行的民主集中制与中国共产党党内的民主集中制在本质上是一致的。实际上，在中央和地方国家机关，中国共产党均设有党组。依据《中国共产党章程》第四十八条的规定，国家机关中的党组发挥领导核心作用，负责贯彻执行党的路线、方针、政策，加强对本单位党的建设的领导，履行全面从严治党责任；讨论和决定本单位的重大问题；做好干部管理工作；讨论和决定基层党组织设置调整和发展党员、处分党员等重要事项；团结党外干部和群众，完成党和国家交给的任务；领导机关和直属单位党组织的工作。可见，所有国家机关讨论和决定本单位的重大问题和干部人事问题，都要贯彻和执行中共党内的民主集中制。

按照民主集中制原则组建无产阶级政党的思想源于马克思主义创始人。马克思、恩格斯在领导创立无产阶级政党之初，就提出了民主集中制思想，列宁在创建新型无产阶级政党的过程中，进一步明确提出了民主集中制的概念，将此作为无产阶级政党的根本组织原则，载入俄国社会民主工党党章。1920年7月，共产国际接受列宁的建议，把实行这一原则作为加入共产国际的必要条件。从此，民主集中制成为各国马克思主义政党公认的组织原则。社会主义国家宪法也都确认了这一基本原则。

四、国家政制

（一） 政制的基本内涵

1. 政制是指一个国家政权的宏观架构或基本格局。在现代，一个国家的政制需由宪法来确认并做出安排。一国政制的形成主要取决于四个因素，或者说一国政制的内部结构要素主要有四个方面：一是国家主权的归属，它是政权主体或政权享有者产生的依据或前提；二是政权的主体或享有者；三是政权的具体组织形式；四是国家结构形式。一般而言，国家主权的归属决定政权主体的产生方式，即政权的归属，政权的归属决定政权的性质，政权的性质决定政权的组织形式，而政权的构成形式又在很大程度上决定着国家结构形式。可见这四个方面的因素相互关联，共同构成一国政制的基本格局。

2. 国内宪法学界通常有国体和政体的区分。大多数学者认为，国体指的是国家性质或国家的阶级本质，即国家政权的阶级归属。这种看法源自毛泽东的《新民主主义论》。但是也有人认为不能把国体等同于国家本质或国家的阶级本质。如周叶中教授提出应把宪法学上的国家性质与政治学上的国家性质区别开来。他认为，在政治学上，国家性质和国家本质、国体等是同义语，指的是国家的阶级本质。在宪法学上，国家性质指的是通过特定的宪法规范和宪法制度所反映的一国在政治、经济、文化方面的基本特征，它反映着一个国家所实行的社会制度的根本属性。也就是说，宪法上的国家性质一般是指国家的根本制度。从各国宪法的一般规定来看，目前世界上主要存在三大类不同性质的国家，即资本主义国家、社会主义国家和民族民主主义国家①。通常所说的国体实际上就是国家政权的主体或者享有者，反映的是国家政权的归属或性质。政体问题当然也从一个方面体现了国家的性质，近代西方的许多学者都对此进行讨论过。如英国著名思想家洛克认为"政体、政府的形式以最高权力，即立法权的隶属关系而定"②，并据此将政体分为民主政体、寡头政体和君主政体。法国著名思想家孟德斯鸠在《论法的精神》中也根据国家最高权力的归属，将政体分为共和政体、君主政体和专制政体。法国著名思想家卢梭则说："凡是实行法治的国家——无论其行政形式如何——我都称之为共和国。"③ 马克思主义经典作家也反复论述过政体问题。马克思、恩格斯曾经指出："国家内部的一切斗争——民主政体、贵族政体和君主政体相互之间的斗争……不过是一些虚幻的形式，在这些形式下进行着多个不同阶级间的真正的斗争。"④ 列宁也指出，在奴隶制国家里"已经有君主制和共和制、贵族制和民主制的区别。君主制是一人掌握权力，共和制是不存在任何非选举产生的权力机关，贵族制是很少一部分人掌握权力，民主制是人民掌握权力"⑤。很显然，马克思主义经典作家对洛克、孟德斯鸠等人的论述有所借鉴，都是从国家权力归属的宏观角度来论述政体问题的。毛泽东在《新民主主义论》中则认为，政体"那是指的政权构成的形式问题，指的一定的社会阶级取何种形式去组织那反对敌人保护自己的政权机关"。长期以来，国内法学界特别是宪法学界绝大多数学者都在沿用毛泽东的说法。当然也有学者持不同看法。如何华辉主张应将政体与政权组织形式区别开来⑥，李龙教授、周叶中教授赞成这一看法，并对两者的区别做了具体论述。他们认为，政体着重于实现国家权力的体制，后者则着重于实现国家权力的机关组织。不仅政体的内涵比政权组织形式更加丰富，而且政体与

---

① 周叶中. 宪法［M］. 北京：高等教育出版社，2020：179.
② ［英］洛克. 政府论：下册［M］. 北京：商务印书馆，1983：81.
③ ［法］卢梭. 社会契约论［M］. 北京：商务印书馆，1982：51.
④ 马克思，恩格斯. 马克思恩格斯全集：第3卷［M］. 北京：人民出版社，1960：38.
⑤ 列宁. 列宁选集：第4卷［M］. 北京：人民出版社，1995：32.
⑥ 何华辉. 比较宪法学［M］. 武汉：武汉大学出版社，1988：144.

政权组织形式实际上分属两个不同的层次，政体是对政体组织形式的抽象和概括，是宏观的国家政权架构，而政权组织形式则是政体的具体化，是宏观政体架构的微观体现。①

国家政制与通常所说的国体和政体无疑有着十分密切的关系，或者可以说，通常意义上的国体和政体实际上就是国家政制的核心内容。王世杰、钱端升所著的《比较宪法》一书，在其最后一章专门论述了当时"中华民国"的国家政制，内容主要涉及国民党的党治、国民政府、五院及五权、国民参政会等，既体现了当时政权的宏观架构，又对政权的具体内容做了客观描述，对本书理解和使用政制一词实有助益。

（二）我国政制的构成要素

1. 作为国家的最高权力，主权的归属是一国政制产生或形成的前提。国家主权是为绝大多数人所拥有，还是由少数人甚至个人所掌握，这决定着一国政制的性质。如前所述，我国宪法明确规定，"中华人民共和国的一切权力属于人民"，确认了人民主权原则，国家的主权当然属于全体人民。这决定了我国政制具有社会主义民主的性质。

2. 国家主权属于人民，那么由谁来掌握国家政权，这当然得由人民来做出选择和决定。中国共产党领导人民建立了中华人民共和国，历史和人民选择了中国共产党来领导国家，赋予中国共产党治理国家的权力。因此，1954年宪法第一条就明确规定："中华人民共和国是工人阶级领导的、工农联盟为基础的人民民主国家。"而工人阶级领导则是由其先锋队组织中国共产党来实现的。在其后多次大的修宪中，工人阶级的领导地位是始终没有动摇的，特别是宪法历次修订本的序言中都要反复阐明坚持中国共产党领导的正当性和必要性。毫无疑问，中华人民共和国的政权由中国共产党掌握，充分体现和切实维护中国共产党的领导是我国政制的一个显著标志。

---

① 李龙．宪法基础理论［M］．武汉：武汉大学出版社，1999：152-153；周叶中．代议制度比较研究［M］．武汉：武汉大学出版社，1995：150-151．

3. 宪法学界都认为，我国的政权组织形式是人民代表大会制度。宪法第二条第二款规定："人民行使国家权力的机关是全国人民代表大会和地方各级人民代表大会。"宪法第三条第三款规定："国家行政机关、监察机关、审判机关、检察机关都由人民代表大会产生，对它负责，受它监督。"宪法第六十二条还规定，由全国人民代表大会选举中央军事委员会主席，根据中央军事委员会主席的提名，决定中央军事委员会其他组成人员的人选。可见，包括国家权力机关在内的所有国家机关都是经由人民代表大会制度产生的。从这个意义上说，人民代表大会制度是我国政权的组织形式无疑是正确的。但是，人民代表大会制度毕竟只是我国国家机关产生的制度依据，它本身并不能完全代表我国政权的各种具体的组织形式。因此，我们认为，人民代表大会制度是我国政权的根本或基本的组织形式，而不是全部。我国政权的组织形式应当是人民代表大会制度以及经由它产生的全体国家机关。

4. 国家结构形式是指国家与其组成部分之间、中央政权与地方政权之间的法律关系。国家政权乃至国家主权的运行方式和运行状态与国家结构形式密切相关。因此，开国者必须根据政权建设和国家发展的需要，妥善处理好国家整体与其组成部分之间、中央政权与地方政权之间的关系，并通过宪法和法律，将这种关系固定下来，以利于政权的长期稳定和国家的长远发展。从各国的情况来看，国家结构形式主要有两种类型：一是单一制，一是联邦制。单一制国家的共同特点是：全国只有一部宪法，一个中央国家机关体系，中央与地方之间有直接的行政隶属关系。联邦制国家的共同特点是：联邦有统一的宪法和国家机关体系，成员单位也有自己的宪法和国家机关体系，联邦与其成员单位之间没有直接的行政隶属关系。很显然，单一制国家和联邦制国家，其内部结构的紧密程度是不一样的，前者要紧密一些，后者则相对要松散一些。

从整体而言，我国是单一制国家。1954 年宪法第三条第一款规定："中华人民共和国是统一的多民族国家。"1982 年修订本第三条第四款规定："中央和地方的国家机构职权的划分，遵循在中央的统一领导下，充分发挥地方的主动性、积极性的原则。"我国采用单一制形式，既有现实的原因，也有历史的原因，既有政治的因素，也有经济、文化等方面的因素。

香港和澳门两个特别行政区的先后设立，没有改变我国单一制结构形式的性质，但在中央政权与地方政权的关系上，创建了一个新的模式。

（三）　我国政制的主要特征

从比较和综合的角度来看，我国政制有五个明显的特征：一是党国融合，二是政治协商，三是众权归一，四是中央总揽，五是一国两制。

1. 党国融合是我国政制的一个最显著的特征。纵向来看，中国共产党的组织从中央国家机关一直延伸到最基层的社会组织。《中国共产党章程》第三十条规定：企业、农村、机关、学校、科研院所、街道社区、社会组织、人民解放军连队和其他基层单位，凡是有正式党员三人以上的，都应当成立党的基层组织。[①] 从横向来看，所有的国家机关，包括立法机关（权力机关）、行政机关、监察机关、审判机关、检察机关、军事机关，所有的企业组织、事业单位、人民团体、群众组织，都设有党的组织。真正做到了纵向到底，横向到边，形成一个严密的组织体系。党的组织发挥着领导核心或者政治核心的作用。党国融合的政治体制有利于实现党对国家的领导。

2. 政治协商是我国政制的一个传统和重要特征，中国共产党领导的多党合作和政治协商制度与人民代表大会制度构成了具有中国特色的社会主义民主制度。中华人民共和国成立以来，在决定国家大政方针时，同各民主党派和无党派人士协商，是中国共产党的优良传统，并已成为我国的一个重要的宪法惯例。1993 年第八届全国人民代表大会第一次会议通过的《中华人民共和国宪法修正案》把中国共产党领导的多党合作和政治协商制度作为我国重要政治制度写进了宪法。该修正案第四条规定："中国共产党领导的多党合作和政治协商制度将长期存在和发展。"同时宪法序言还规定："在长期的革命、建设、改革过程中，已经结成由中国共产党领导的，有各民主党派和各人民团体参加的，包括全体社会主义劳动者、社会主义事业的建设者、拥护社会主义的爱国者、拥护祖国统一和致力于中华民族伟大复兴的爱国者的广

---

① 中国共产党章程［N］. 人民日报，2017 - 10 - 29.

泛的爱国统一战线，这个统一战线将继续巩固和发展。"十八大以来，政治协商所体现的协商民主被提高到更重要的位置：社会主义协商民主是中国社会主义民主政治的特有形式和独特优势，是党的群众路线在政治领域的重要体现，是深化政治体制改革的重要内容。① 在十九大通过的党章中强调，发展更加广泛、更加充分、更加健全的人民民主，推进协商民主广泛、多层、制度化发展，切实保障人民管理国家事务和社会事务、管理经济和文化事业的权利。② 中国人民政治协商会议是我国的爱国统一战线组织，是实现中国共产党领导的多党合作和政治协商的重要机构。人民政协不是国家机关，也不同于其他社会团体，其主要职能是政治协商、民主监督和参政议政。人民政协在社会主义民主政治建设中具有独特的优势和显著的特点。由于人民政协的组成人员是按界别协商产生的，并以界别为单位开展活动，因而具有组织上最广泛的代表性和政治上最大限度的包容性，充分体现了全体社会主义劳动者、拥护社会主义和拥护祖国统一的爱国者的大团结、大联合。人民政协所实行的民主协商方式，有助于充分吸纳各民主党派和无党派人士的意见，使中国共产党的领导作用和民主党派的参政议政作用同时得到很好的发挥。完全可以说，政治协商会议是我国民主政治建设的一大创造，也是我国政制的一大特色。

3. 众权归一也是我国政制的一个重要特征。在我国整个国家机构中，全国人民代表大会是最高国家权力机关，行使国家立法权和决定国家生活中的一切重大问题，同时，其他中央国家机关都经由它产生，并对它负责，受它监督。③ 宪法明确规定：国务院是我国的最高行政机关，即中央人民政府，同时它又是最高国家权力机关的执行机关，要对全国人民代表大会负责并报告工作，在全国人民代表大会闭会期间，要对全国人民代表大会的常设机构全国人民代表大会常务委员会负责并报告工作；中央军事委员会领导全国武装力量，实行主席负责制，中央军事委员会主席对全国人民代表大会和全国人民代表大会常务委员会负责；最高人民法院和最高人民检察院对全国人民

---

① 关于加强社会主义协商民主建设的意见［N］．人民日报，2015 - 02 - 10.
② 中国共产党章程［N］．人民日报，2017 - 10 - 29.
③ 李伯超，李云霖．"最高国家权力机关"论析——基于宪法第57条的讨论及其展开［J］．政治与法律，2016（6）.

代表大会和全国人民代表大会常务委员会负责。由此可见，全国人民代表大会在我国国家机构体系中居于最高地位，其他国家机关则居于从属地位，不能与之并列。全国人民代表大会通过的法律和形成的决议，其他国家机关都必须遵守和执行，都要保证它的实施。地方国家权力机关与其他国家机关之间的关系也是如此。可见，一般意义上的立法权、行政权、监察权、司法权、军队都归于一体，这种政制安排有利于实现党的集中统一领导。而在世界许多国家，行政、司法是独立于立法机关之外的，国家元首是三军统帅，领导全国武装力量。

4. 中央总揽是我国政制的又一个显著特点。我国是单一制国家，地方必须服从中央的统一领导。从国家层面说，中央不仅拥有对立法、行政、监察、司法、军事、外交、财政、经济、文化、教育等多个方面的领导权，而且还拥有对副省级以上干部的直接任免权。从党来说，全党各个组织和全体党员必须服从党的全国代表大会和中央委员会。因此，党的中央委员会是全党和整个国家的领导核心。

5. "一国两制"也应该视为我国政制的一个重要特征。"一国两制"的构想是党的十一届三中全会以后逐步形成的。1979 年元旦，全国人民代表大会发表的《告台湾同胞书》，1981 年国庆前夕，时任全国人民代表大会常务委员会委员长叶剑英发表的《关于台湾回归祖国，实现和平统一的方针政策》的讲话，就已体现了"一国两制"的基本思路和内容。1982 年 9 月，邓小平在会见时任英国首相撒切尔夫人时指出，关于收回香港问题，可以采用"一个国家，两种制度"的办法解决。这是第一次明确使用"一国两制"的概念。它精确地概括了党的十一届三中全会以后形成的关于祖国和平统一问题的基本政策，明确了实现祖国统一后，港澳台地区在统一国家中的地位及其制度的特殊性。1982 年修宪时将"一国两制"正式确认下来。

"一国两制"是一个国家两种制度的简称。"一国"是指国家结构形式的单一性和国家主权的统一性，中国是单一制国家，中华人民共和国是中国主权的唯一主体。"两制"是指在中华人民共和国领域内大陆实行社会主义制度，香港、澳门和台湾实行资本主义制度。应该说，这是我国政制的一个重大突破。因此，在香港和澳门两个特别行政区成立以后，有关特别行政区的宪法问题以及中央与特别行政区的关系问题，还有必要加以进一步的探讨，比如说，宪法在特别行政区的适用问题，特别行政区的权力来源问题，特别行政区基本法的解释权归属问题，国家主权与特别行政区的自治权的划界问题，等等。这些问题的妥善解决，有利于维护国家主权的统一行使和特别行政区的长期繁荣发展。

五、基本国策

（一）基本国策的内涵与效力

1. 关于基本国策的含义，学界有不同的观点。莫纪宏教授认为："基本国策是指规范国家整体发展的基本方向和基本原则，它是国家施政的基础和根本。基本国策不仅是所有行使国家权力的机构都必须遵循的义务，而且是全国上下必须共同努力的目标。这些基本国策与一般的政策不同，它们一旦纳入宪法之中，就表明政府与人民要永远遵守，更具有理想主义色彩，'宣示'和'政治口号'的意味也更浓。"① 温辉教授认为基本国策是指国家制定一切方针、政策所应遵循的行动准则，是全国上下共同努力的目标，被誉为"国家发展的指针"②。林治波教授认为，基本国策就是中央制定的那些对国家经济建设、社会发展和人民生活具有全局性、长期性、决定性影响的重大谋划和政策。可见，基本国策对于我们的国家、社会和人民生活具有非同一般的重要性。③ 我国台湾地区的学者对基本国策有较深入的研究。陈新民认为，基本国策是规范国家整体发展的基本方向与原则，作为"国家发展的指针"，所有的国家权力均有遵循之义务，是宪法中国家机关与人权规定以外的"第三种结构"④。林明锵提出，基本国策是指国家发展的指针，让

---

① 莫纪宏. 宪法学［M］. 北京：社会科学文献出版社，2004：215.

② 温辉. 男女平等基本国策论略［J］. 法学杂志，2011（1）.

③ 林治波. 究竟什么是基本国策［J］. 人民论坛，2007（9）.

④ 陈新民. 宪法学导论［M］. 台北：三民书局，1996：429.

国家依其能力去实践所指示的目标，不仅指示立法机关具体立法方向，也提供宪法解释的理论依据。① 台湾地区的通说则认为基本国策是指国家整体发展的基本方向与行动方针规定。这些定义都从其各自不同的层面界定了基本国策的内涵，具有重要的借鉴价值。

我们虽然难以确定基本国策的名称在我国出现的最早时间，但1946年中华民国宪法中的基本国策条款来自德国魏玛宪法的启发是学界的共识。所以，要准确理解基本国策的意涵，就有必要追本溯源，去探究德国当时法学界是如何界定基本国策的。成文宪法中首先引入基本国策的是魏玛宪法。德国第一次世界大战战败后，国家与社会的重建急迫需要具有强烈理想主义与社会福利思想的宪法，这是其外在根据。国家观念的转变，则是基本国策入宪的内在根据。该宪法在规定国家机关权力及其运行与权利保障的传统宪法内容之外，增添了许多国家发展方向与国家任务的新规定，国家担起了社会调和与协助社会正义形成的新使命。这一新使命在形式上的表现就是基本国策的出现。魏玛宪法第二篇"德国人民的权利与义务"五章中，大量规定了国家对于共同生活、教育文化与经济生活的任务而成为国家方针（目标）条款，在魏玛宪法时期，德国法学界普遍认为基本国策这类规定只是对立法者单纯的立法指示，不具有实质及直接的规范效力。② 但是，如果单纯作为国家施政方针，会形成宪法效力空洞化的现象，进而造成人民对宪法不信任的基本国策困境。因此，到基本法时期这种观念已经改变。易卜生（1907—1998）在对《基本法》进行解释时，认为基本国策是指具有法拘束力的宪法规范。③

我国宪法中没有"基本国策"的名称，但是在党章、法律以及一些重要文件中，基本国策常常与我国的某项制度相关联。以十八大、十九大分别修改后的党章为例，就有"要坚持对外开放的基本国策""坚持节约资源和保

---

① 林明锵. 论基本国策［M］//现代国家与宪法：李鸿禧教授六秩华诞祝寿论文集. 台北：元照出版公司，1997：1468.
② 陈新民. 论宪法委托之理论［M］//宪法基本权利之基本理论：上. 台北：元照出版公司，2002：38－44.
③ Vgl. Karl － PeterSommermann, StaatszieleundStaatszielbestimmungen, Tübingen1997, S. 350.

护环境的基本国策"等表述。① 在法律以及一些重要文件中,有"要坚持对外开放的基本国策,吸收和借鉴人类社会创造的一切文明成果","实行计划生育,是我国的一项基本国策","保护和改善生产环境与生态环境、防治污染和其他公害,是我国的一项基本国策"等阐述。上述与基本国策相联系的制度在宪法中也都可以找到相应但不一定相同的表述。如宪法序言中规定"坚持改革开放",第二十五条规定"国家推行计划生育,使人口的增长同经济和社会发展计划相适应",第二十六条规定"国家保护和改善生活环境和生态环境",等等。

综上所述,我们认为基本国策是为了国家根本、长远、共同的利益,持续规范或指引国家行为并通过宪法典与政治典章等表现出来的基本方向与行动纲领,是制(修)宪者预设国家发展蓝图的政策性指示。基本国策所指引的国家目标,其内容可以为现在与未来的国家行为设定任务与方向,不仅由立法者于立法过程中具体实现,甚至该目标要求国家必须积极作为时,还可以经由行政机关、司法机关基于对社会整体观察,有计划地实践基本国策所设立的国家目标。

2. 关于基本国策的效力,大抵上可分为"相对否定说"与"区分肯定说"。

"相对否定说"基本上都认为基本国策仅是对政府立法或施政的指导原则,国家立法或施政若与之抵触,不能一律解释为违宪。蔡业成认为,基本国策为对国家立法、施政的一般指导原则。虽然违反基本国策不能向法院请求解释违宪,或强制执行,但此种司法责任的免除并不表示本章规定无强行性,因为国家尚负有政治责任,亦即仍不能免于对议会的责任。② 谢瀛州认为,基本国策的规定仅是国家立法、行政的指针,属指示目标之规定,不具强行性质。国家立法与行政纵与之抵触亦不能解释为违宪。然而政府所定之施政方针不能显然与之相反。基本国策的规定虽非实时生效条文,但仍具有

---

① 中国共产党章程 [N]. 人民日报,2012 – 11 – 19;中国共产党章程 [N]. 人民日报,2017 – 10 – 29.

② 蔡业成. 宪法基本国策的强行性论 [M] //中国五权宪法学会. 五权宪法之研究与讨论:二. 台北:帕米尔书店,1981:246 – 247.

指导施政的作用，不可视为具文。① 葛克昌表示，"基本国策"一章的规定，或仅具宣示性，或仅为立法义务提示，立法者仍得斟酌社会经济条件享有立法裁量权，并未具有强制拘束力。② 宪法作为一国之根本大法，否定基本国策的规范效力，忽略宪法文本中的部分规范，这对宪法的尊严与威信不无伤害。

肯定基本国策效力的学者大都持"区分肯定说"，具体有"二分说"与"四分说"之别。

"二分说"。管欧以为，基本国策为国家施政目标所在，为政府努力的方向。若目前暂时无法实现，乃过渡时期的必然现象，不发生违宪的问题。但若政府的立法、施政与基本国策规定的主旨不符，或目的相反，则为违宪。③ 李惠宗认为，基本国策的法律性质，不能一概而论，需视其规范内容而定。其将基本国策的法律性质分为方针条款与立法裁量界限二类，并认为除具有宪法委托的立法裁量界限性质外，皆属方针条款。④ 林明锵认为，基本国策的性质为国家目标条款，既非法律条款，也非方针条款。法律条款是直接具有法拘束力的规定，而方针条款则仅是一种期盼性规定，本身未课以任何人任何义务。基本国策的效力介于二者之间，其虽非道德上之期盼性规定，但其拘束力亦不似法律条款具有直接法的拘束力及于一般人民，而仅对国家机关产生拘束力。在基本国策课予国家作为义务中，国家一时无法履行并不违宪。但当国家欲履行该作为义务时，所采取的方法不能与基本国策相违，否则仍属违宪。⑤ 这相当程度地修正了方针条款无拘束性的见解。这样的看法其实与德国基本法时期提出的国家目标规定基本符合。

"四分说"。学者李震山、陈新民与吴庚尝试将基本国策予以分类，依据其不同性质而分别赋予不同的法规范效力。李震山认为，基本国策可以分为

① 谢瀛州. 中华民国宪法论 [M]. 上海：上海监狱印制，1947：274.
② 葛克昌. 社会福利给付与租税正义 [M] //国家学与国家法，台北：月旦出版公司，1996：49.
③ 管欧. 中华民国宪法论 [M]. 台北：三民书局，1994：316.
④ 李惠宗. 宪法要义 [M]. 台北：元照出版公司，2001：660 - 663.
⑤ 林明锵. 论基本国策 [M] //现代国家与宪法：李鸿禧教授六秩华诞祝寿论文集. 台北：元照出版公司，1997：1468.

四类，分别是作为释宪依据、作为课予立法义务依据、作为人民公法请求权基础与作为方针条款等①。陈新民认为基本国策效力不能一概而论，而可分为方针条款、宪法委托、制度性保障及视为公法权利四种不同条款。② 吴庚将基本国策细分如下：①仅为理想或遥远的国家目的，例如有关外交宗旨之最终目标为提倡国际正义、确保世界和平，以一国之力便极难实现；②有明确的规范对象，具有宪法委托性质，例如保护劳工及农民之法律、劳资关系之法律等，立法机关皆有依宪法各该意旨制定法律的义务；③属于实施时最低程度的规定，如基本教育；④指示行政及立法方针性质，同时亦为解释宪法问题时重要的基准。③

以类型化的方式来说明基本国策的规范效力或功能固然必要，但分类的标准与理由有更深入探讨的必要。基本国策效力分为方针条款、宪法委托、制度性保障是很可取的；至于公法权利，只有儿童教育权，应该可以直接归入基本权利之下。同时我们认为，某一基本国策效力往往是三者的综合，只是侧重点不同而已。首先，内容上，宪法委托、方针条款、制度性保障有相当程度的重叠关系。宪法委托虽然以立法者为行为义务的承担者，行政与司法机关不直接受到拘束，但宪法委托在规范内容上是对某特定问题设定国家的目标与方向，司法与行政机关行使职权、适用法律时仍应盱衡宪法委托所彰显的价值决定，做出符合宪法委托所设定的目标取向决定。其次，作用上，宪法委托与方针条款、制度性保障有相当程度的重叠关系。法具有告示、指引、评价、预测、教育和强制等规范作用，还具有由法律的遵守和适用所确保完成的直接功能以及体现在人们行为的态度、情感、意见和风尚之中的法律试图获得的间接功能。最后，功能实现上，宪法委托与方针条款、制度性保障有内在联系。宪法委托是指宪法在其条文内，仅为原则性的规

---

① 李震山．宪法未列举基本权保障之多元面貌——以宪法第 22 条为中心［M］//多元、宽容与人权保障——以宪法未列举权之保障为中心．台北：元照出版公司，2005：28 - 29.

② 陈新民．宪法学导论［M］．台北：三民书局，1996：905 - 908；许育典．宪法［M］．台北：元照出版公司，2006：388 - 392.

③ 吴庚．宪法的解释与适用［M］．台北：三民书局，2004：67.

定，而委托其他国家机关（特别是立法者）特定的、细节性的行为来贯彻。① 基本国策作为宪法的一部分，具有宪法拘束力是毋庸置疑的，因此成为国家方向的指引。其他国家机关特定的、细节性的行为主要部分体现为制度，成为制度性保障的内容。总之，三者之间具有内在的紧密联系。

（二）我国的基本国策

我国宪法中没有"基本国策"的明确表述，但是"基本国策"存在的事实，无论在学者之间或是实务部门之间已经形成共识。周叶中教授指出，作为国家的总章程，宪法不仅规定了国家制度和社会制度的基本原则，而且规定了有关国家生活各个方面的基本国策。② 莫纪宏教授认为，宪法上"基本国策"的外延要大于"国家基本政策"，既涵盖"国家基本政策"，又包括国家指导思想（通常说的"社会意识形态"）。③ 但哪些属于基本国策，至今没有完整准确的说法。

我们认为，对"基本国策"的认定除了考虑"根本性""可持续性""中立性""规范性"之外，还要考虑相关法律规定或重要政治性文件中的表述，前者如宪法、法律法规，后者如全国人大批准的国民经济和社会发展规划、党的代表大会报告或文件、政府工作报告、政府白皮书等。特别应该关注党的代表大会报告或文件，由于中国的国家性质和执政党对国家的领导地位，中国执政党的政策，尤其是转化为国家政策的执政党政策，往往就是基本国策的来源。

1. 对外开放的基本国策。对外开放的基本国策是在党的十一届三中全会以后逐步形成的。1978 年召开的十一届三中全会确定了解放思想、开动脑筋、实事求是、团结一致向前看的指导方针，做出了把党和国家工作中心转

---

① 陈新民. 论宪法委托之理论［M］//宪法基本权利之基本理论：上. 台北：元照出版公司，2002：39；陈爱娥. 自由·平等·博爱：社会国原则与法治国原则的交互作用［J］. 台大法学论丛，1997（2）.

② 周叶中. 宪法［M］. 北京：高等教育出版社，2020：23.

③ 莫纪宏. 宪法学［M］. 北京：社会科学文献出版社，2004：215.

移到经济建设上来、实行改革开放的重大战略决策，指出要"在自力更生的基础上积极发展同世界各国平等互利的经济合作，努力采用世界先进技术和先进设备"①。十一届三中全会虽然提出了改革开放，但并未将其作为基本国策。1982年宪法第十八条规定"中华人民共和国允许外国的企业和其他经济组织或者个人依照中华人民共和国法律的规定在中国投资，同中国的企业或者其他的经济组织进行各种形式的经济合作。在中国境内的外国企业和其他外国经济组织以及中外合资经营的企业，都必须遵守中华人民共和国的法律。它们的合法权利和利益受中华人民共和国法律的保护"，这是从宪法层面将对外开放的政策加以确认。1982年9月，中共十二大特别提出了扩大对外经济技术交流的问题："实行对外开放，按照平等互利的原则扩大对外经济技术交流，是我国坚定不移的战略方针。"② 与此同时，邓小平明确指出："对内经济搞活，对外经济开放，这不是短期的政策，是个长期的政策，最少五十年到七十年不会变。"③ 1984年4月20日，中国共产党第十二届中央委员会第三次全体会议做出的《中共中央关于经济体制改革的决定》中指出："十一届三中全会以来，我们把对外开放作为长期的基本国策，作为加快社会主义现代化建设的战略措施，在实践中已经取得显著成效。今后必须继续放宽政策，按照既要调动各方面的积极性、又要实行统一对外的原则改革外贸体制，积极扩大对外经济技术交流和合作的规模，努力办好经济特区，进一步开放沿海港口城市。"④ 这是首次在党的文件中将"对外开放"作为我国的基本国策。这表明两点：对外开放不是权宜之计和短期策略，而是长期的大战略；对外开放不是一般的政策方针，是关系国家前途命运的根本政策。1987年3月25日，赵紫阳在第六届全国人民代表大会第五次会议的政府工作报告中指出："实行对外开放是我国长期不变的基本国策。"⑤

① 三中全会以来重要文献选编：上［M］. 北京：人民出版社，1982：6.
② 十二大以来重要文献选编：上［M］. 北京：人民出版社，1986：24.
③ 邓小平文选：第3卷［M］. 北京：人民出版社，1993：78.
④ 中国共产党第十二届中央委员会第三次全体会议——中共中央关于经济体制改革的决定［N］. 人民日报，1984-10-20.
⑤ 赵紫阳. 政府工作报告——1987年3月25日在第六届全国人民代表大会第五次会议上［N］. 人民日报，1987-04-13.

1987年10月，对外开放在中共十三大所提出的社会主义初级阶段的基本路线中得到确认："领导和团结全国各族人民，以经济建设为中心，坚持四项基本原则，坚持改革开放，自力更生，艰苦创业，为把我国建设成为富强、民主、文明的社会主义现代化国家而奋斗。"①

1989年，党的十三届四中全会指出：四项基本原则是立国之本，必须毫不动摇，始终一贯加以坚持；改革开放总方针是强国之路，必须坚定不移、一如既往地贯彻执行，绝不回到闭关锁国的老路上去。两个基本点，一个是基本原则，一个是方针，两者缺一不可，哪一个方面都不能有所削弱。1991年4月9日，第七届全国人民代表大会第四次会议通过的《中华人民共和国国民经济和社会发展十年规划和第八个五年计划纲要》中提出："坚持对外开放的基本国策，进一步扩大对外经济技术交流与合作。"② 党的十四大报告指出：坚定不移地实行对外开放，愿意不断加强和扩大同世界各国在平等互利基础上的经济、科技合作，加强在文化、教育、卫生、体育等各个领域的交流。进一步扩大对外开放，更多更好地利用国外资金、资源、技术和管理经验。要求对外开放的地域要扩大，形成多层次、多渠道、全方位开放的格局；利用外资的领域要拓宽；积极开拓国际市场，促进对外贸易多元化，发展外向型经济。③ 1993年3月29日第八届全国人民代表大会第一次会议通过的宪法修正案规定："我国正处于社会主义初级阶段。国家的根本任务是，根据建设中国特色社会主义的理论，集中力量进行社会主义现代化建设。中国各族人民将继续在中国共产党领导下，在马克思列宁主义、毛泽东思想指引下，坚持人民民主专政，坚持社会主义道路，坚持改革开放，不断完善社会主义的各项制度，发展社会主义民主，健全社会主义法制，自力更生，艰苦奋斗，逐步实现工业、农业、国防和科学技术的现代化，把我国建设成为富强、民主、文明的社会主义国家。"至此，对外开放的基本国策正式进入

①　十三大以来重要文献选编：上［M］. 北京：人民出版社，1991：277.
②　第七届全国人民代表大会第四次会议——中华人民共和国国民经济和社会发展十年规划和第八个五年计划纲要［N］. 人民日报，1991－04－16.
③　江泽民. 加快改革开放和现代化建设步伐，夺取中国特色社会主义事业的更大胜利——在中国共产党第十四次全国代表大会上的报告［N］. 人民日报，1992－10－13.

宪法。十五大报告指出：坚持和完善对外开放，积极参与国际经济合作和竞争。要坚持社会主义市场经济的改革方向，使改革在一些重大方面取得新的突破，并在优化经济结构、发展科学技术和提高对外开放水平等方面取得重大进展；努力提高对外开放水平。

中共十六届五中全会指出："对外开放是我国的基本国策，在国内市场和国际市场联系日益紧密的情况下，我们要有宽广的世界眼光，着力提高对外开放水平，加快转变对外贸易增长方式，继续积极有效利用外资，支持有条件的企业'走出去'，实施互利共赢的开放战略。"① 这是新形势下对外开放国策强调两翼齐飞的一个变化。2006 年 3 月 17 日，第十届全国人民代表大会第四次会议通过的《中华人民共和国国民经济和社会发展第十一个五年规划纲要》中提出："坚持对外开放基本国策，在更大范围、更广领域、更高层次上参与国际经济技术合作和竞争，更好地促进国内发展与改革，切实维护国家经济安全。"② 十七大指出：拓展对外开放的广度和深度，提高开放型经济水平。坚持对外开放的基本国策，把"引进来"和"走出去"更好结合起来，扩大开放领域，优化开放结构，提高开放质量，完善内外联动、互利共赢、安全高效的开放型经济体系，形成经济全球化条件下参与国际经济合作和竞争新优势。③ 胡锦涛在中国共产党建党九十周年的庆祝会上强调：我们将坚定不移实行对外开放的基本国策，完善开放型经济体系，全面提高开放型经济水平，加强同世界各国的互利合作，继续以自己的和平发展促进各国共同发展。④ 十八大报告指出，改革开放是坚持和发展中国特色社会主义的必由之路。要始终把改革创新精神贯彻到治国理政各个环节，坚持社会主义市场经济的改革方向，坚持对外开放的基本国策，不断推进理论创新、

---

① 中国共产党第十六届中央委员会第五次全体会议公报［N］. 人民日报，2005 - 10 - 12.

② 第十届全国人民代表大会第四次会议——中华人民共和国国民经济和社会发展第十一个五年计划纲要［N］. 人民日报，2006 - 03 - 17.

③ 胡锦涛. 高举中国特色社会主义伟大旗帜　为夺取全面建设小康社会新胜利而奋斗——在中国共产党第十七次全国代表大会上的报告［N］. 人民日报，2007 - 10 - 16.

④ 胡锦涛. 在庆祝中国共产党成立 90 周年大会上的讲话［N］. 人民日报，2011 - 07 - 02.

制度创新、科技创新、文化创新以及其他各方面创新，不断推进我国社会主义制度自我完善和发展。① 2015 年，习近平总书记同美国总统奥巴马举行中美元首会晤时强调，改革开放是中国的基本国策，也是今后推动中国发展的根本动力。② 中国开放的大门永远不会关上，外国企业今后在华投资兴业，将会有更为开放、宽松、透明的环境。③ 十九大报告指出，只有改革开放才能发展中国、发展社会主义、发展马克思主义。必须坚持和完善中国特色社会主义制度，不断推进国家治理体系和治理能力现代化，坚决破除一切不合时宜的思想观念和体制机制弊端，突破利益固化的藩篱，吸收人类文明有益成果，构建系统完备、科学规范、运行有效的制度体系，充分发挥我国社会主义制度优越性。④ 十九大通过的党章规定，要坚持对外开放的基本国策，吸收和借鉴人类社会创造的一切文明成果。改革开放应当大胆探索，勇于开拓，提高改革决策的科学性，更加注重改革的系统性、整体性、协同性，在实践中开创新路。⑤ 习近平总书记在庆祝海南建省办经济特区 30 周年大会上的讲话中更是强调，改革开放是决定当代中国命运的关键抉择，是当代中国发展进步的活力之源，是党和人民事业大踏步赶上时代的重要法宝，是坚持和发展中国特色社会主义、实现中华民族伟大复兴的必由之路。⑥《中华人民共和国国民经济和社会发展第十四个五年规划和 2035 年远景目标纲要》指出，坚定不移推进改革，坚定不移扩大开放，加强国家治理体系和治理能力现代化建设，破除制约高质量发展、高品质生活的体制机制障碍，强化有利于提高资源配置效率、有利于调动全社会积极性的重大改革开放举措，持

---

① 胡锦涛．坚定不移沿着中国特色社会主义道路前进　为全面建成小康社会而奋斗——在中国共产党第十八次全国代表大会上的报告［N］．人民日报，2012 - 11 - 18.

② 韩显阳，王传军．习近平同美国总统奥巴马会晤［N］．光明日报，2015 - 09 - 26.

③ 韩显阳，王传军．习近平同美国总统奥巴马会晤［N］．光明日报，2015 - 09 - 26.

④ 习近平．决胜全面建成小康社会 夺取新时代中国特色社会主义伟大胜利——在中国共产党第十九次全国代表大会上的报告［N］．人民日报，2017 - 10 - 28.

⑤ 中国共产党章程［N］．人民日报，2017 - 10 - 29.

⑥ 习近平．在庆祝海南建省办经济特区 30 周年大会上的讲话［N］．光明日报，2018 - 04 - 14.

续增强发展动力和活力。①

　　2. 计划生育的基本国策。20 世纪 70 年代初，为摆脱国民经济濒临崩溃、人口膨胀的严重困境，国家迈出制定计划生育政策的步伐，提出"一个不少，两个正好，三个多了"、倡导生育"晚、稀、少"的政策②。1978 年 3 月全国人大五届一次会议通过的《中华人民共和国宪法修正案》首次明确规定，"国家提倡和推行计划生育"。1980 年 9 月 25 日，党中央以公开信形式，提倡"一对夫妇只生育一个孩子"，号召党团员带头执行计划生育，拉开全面推行计划生育政策的巨幕。③ 1982 年宪法第二十五条规定，国家推行计划生育，使人口的增长同经济和社会发展计划相适应。1982 年 2 月 9 日，《中共中央、国务院关于进一步做好计划生育工作的指示》还没有将计划生育作为基本国策的表述。1988 年 3 月 25 日，李鹏在第七届全国人民代表大会第一次会议的政府工作报告中指出："既立足现实又面向未来，认真贯彻实行计划生育和加强环境保护这两项基本国策"，"实行计划生育，控制人口增长，提高人口素质，是我国的一项基本国策"④。这是首次将计划生育纳入基本国策的官方表述。1991 年 4 月 9 日，第七届全国人民代表大会第四次会议通过的《中华人民共和国国民经济和社会发展十年规划和第八个五年计划纲要》中提出："继续坚定不移地执行计划生育基本国策，控制人口数量，提高人口素质。"⑤ 1995 年 8 月，国务院新闻办公室发布了《中国的计划生育》白皮书，其中三次提到计划生育的基本国策问题。⑥ 1996 年 3 月 17 日，第八届全国人民代表大会第四次会议通过的《中华人民共和国国民经济和社会发展"九五"计划和 2010 年远景目标纲要》第三部分"宏观调控目标和

---

① 《中华人民共和国国民经济和社会发展第十四个五年规划和 2035 年远景目标纲要》[N]，人民日报，2021 - 03 - 13.
② 李晓宏. 计划生育实现人口再生产类型转变 [N]. 人民日报，2013 - 11 - 12.
③ 李晓宏. 计划生育实现人口再生产类型转变 [N]. 人民日报，2013 - 11 - 12.
④ 李鹏. 政府工作报告——1988 年 3 月 25 日在第七届全国人民代表大会第一次会议上 [N]. 人民日报，1988 - 04 - 15.
⑤ 第七届全国人民代表大会第四次会议——中华人民共和国国民经济和社会发展十年规划和第八个五年计划纲要 [N]. 人民日报，1991 - 04 - 16.
⑥ 中华人民共和国国务院新闻办公室. 中国的计划生育 [N]. 人民日报，1995 - 08 - 23.

政策"中提出:"坚定不移地贯彻执行计划生育的基本国策,稳定和认真执行现行计划生育政策。"① 1997 年 9 月 12 日,江泽民在中国共产党第十五次代表大会的报告中指出:"坚持计划生育……的基本国策,正确处理经济发展同人口、资源、环境的关系。"② 2000 年 12 月,国务院新闻办公室《中国 21 世纪人口与发展》白皮书指出:"20 世纪 70 年代以来特别是改革开放以来,中国确立了控制人口增长、提高人口素质的人口政策,全面推行计划生育基本国策……将人口问题作为制定经济和社会法律法规时的重要考虑因素,为贯彻实施基本国策提供法律保障。"③ 2001 年 3 月 5 日,第九届全国人民代表大会第四次会议批准的《中华人民共和国国民经济和社会发展第十个五年计划纲要》中提出:"坚持计划生育的基本国策,稳定现行生育政策,保持低生育水平。"④ 2001 年 12 月 29 日,第九届全国人大常委会第 25 次会议通过的《中华人民共和国人口与计划生育法》(以下简称《人口与计划生育法》)第二条规定"我国是人口众多的国家,实行计划生育是国家的基本国策",这是法律首次规定计划生育为"基本国策"。2003 年 3 月 5 日,朱镕基在第十届全国人民代表大会第一次会议所做的《政府工作报告》中指出,"实行计划生育……是我们的基本国策","加强计划生育工作,建立和完善人口与计划生育目标管理责任制,使计划生育的基本国策落到实处"。⑤ 2005 年 8 月 24 日,国务院新闻办公室发布了《中国性别平等与妇女发展状况》白皮书,规定"坚持实行计划生育基本国策,提倡晚婚晚育⑥。2006 年 3

---

① 第八届全国人民代表大会第四次会议——中华人民共和国国民经济和社会发展"九五"计划和 2010 年远景目标纲要 [N]. 人民日报, 1996 - 03 - 20.

② 江泽民. 高举邓小平理论伟大旗帜,把建设中国特色社会主义事业全面推向二十一世纪——在中国共产党第十五次全国代表大会上的报告 [N]. 人民日报, 1997 - 09 - 13.

③ 中华人民共和国国务院新闻办公室. 中国 21 世纪人口与发展 [N]. 人民日报, 2000 - 12 - 20.

④ 第九届全国人民代表大会第四次会议——中华人民共和国国民经济和社会发展第十个五年计划纲要 [N]. 人民日报, 2001 - 3 - 18.

⑤ 朱镕基. 政府工作报告——2003 年 3 月 5 日在第十届全国人民代表大会第一次会议上 [N]. 人民日报, 2003 - 03 - 20.

⑥ 中华人民共和国国务院新闻办公室. 中国性别平等与妇女发展状况 [N]. 人民日报, 2005 - 08 - 25.

月 17 日，第十届全国人民代表大会第四次会议通过的《中华人民共和国国民经济和社会发展第十一个五年规划纲要》中提出，"坚持计划生育基本国策，稳定和完善现行生育政策"，"落实男女平等基本国策，实施妇女发展纲要，保障妇女平等获得就学、就业、社会保障、婚姻财产和参与社会事务的权利"。① 2006 年 12 月 17 日公布的《中共中央、国务院关于全面加强人口和计划生育工作统筹解决人口问题的决定》（中发〔2006〕22 号）再次强调，"必须坚持计划生育基本国策和稳定现行生育政策不动摇"。2007 年 10 月 15 日，胡锦涛在中国共产党第十七次全国代表大会的报告中强调"坚持计划生育的基本国策"②。十八大报告指出，坚持计划生育的基本国策，提高出生人口素质，逐步完善政策，促进人口长期均衡发展。③ 十八届三中全会公报指出，坚持计划生育的基本国策，启动实施一方是独生子女的夫妇可生育两个孩子的政策，逐步调整完善生育政策，促进人口长期均衡发展。④ 鉴于 2014 年我国人口老龄化率已达 15.5%，且近年来我国 15～59 岁劳动力人口绝对数量持续减少，农村转移劳动力无限供给阶段也已经过去的现实⑤，十八届五中全会公报提出，"促进人口均衡发展，坚持计划生育的基本国策，完善人口发展战略，全面实施一对夫妇可生育两个孩子政策，积极开展应对人口老龄化行动"。2015 年 12 月 27 日，第十二届全国人民代表大会常务委员会第十八次会议通过的《全国人大常委会关于修改〈中华人民共和国人口与计划生育法〉的决定》规定：国家提倡一对夫妻生育两个子女；在国家提倡一对夫妻生育一个子女期间，自愿终身只生育一个子女的夫妻，国家发给

---

①　中华人民共和国国民经济和社会发展第十一个五年计划纲要——第十届全国人民代表大会第四次会议通过［N］. 人民日报，2006 - 03 - 17.

②　胡锦涛. 高举中国特色社会主义伟大旗帜　为夺取全面建设小康社会新胜利而奋斗——在中国共产党第十七次全国代表大会上的报告［N］. 人民日报，2007 - 10 - 16.

③　胡锦涛. 坚定不移沿着中国特色社会主义道路前进　为全面建成小康社会而奋斗——在中国共产党第十八次全国代表大会上的报告［N］. 人民日报，2012 - 11 - 18.

④　中共中央关于全面深化改革若干重大问题的决定［N］. 人民日报，2013 - 11 - 16.

⑤　刘先云，黄超. 公报如何影响我们的生活［N］. 人民日报，2015 - 10 - 30.

《独生子女父母光荣证》。① 2021 年 6 月，中共中央政治局会议指出，党的十八大以来，党中央先后作出实施单独两孩、全面两孩政策等重大决策部署，取得积极成效。但近年来人口老龄化程度加深，进一步优化生育政策实施一对夫妻可以生育三个子女政策及配套支持措施，有利于改善我国人口结构、落实积极应对人口老龄化国家战略、保持我国人力资源禀赋优势。各级党委和政府要加强统筹规划、政策协调和工作落实，依法组织实施三孩生育政策，促进生育政策和相关经济社会政策配套衔接，健全重大经济社会政策人口影响评估机制。②

3. 自然资源与环境保护的基本国策。我国 1978 年第一次将环境保护政策写入宪法，"国家保护环境和自然资源，防治污染和其他公害"。1982 年宪法第九条第二款规定，"国家保障自然资源的合理利用，保护珍贵的动物和植物。禁止任何组织或者个人用任何手段侵占或者破坏自然资源"。第二十二条第二款规定，"国家保护名胜古迹、珍贵文物和其他重要历史文化遗产"。第二十六条第一款规定，"国家保护和改善生活环境和生态环境，防治污染和其他公害"。1983 年 12 月 31 日，第二次全国环境保护大会召开时，中央将环境保护作为我国的一项基本国策提了出来。1986 年 3 月，中共中央、国务院在《关于加强土地管理、制止乱占耕地的通知》中指出：十分珍惜和合理利用每寸土地，切实保护耕地，是我国必须长期坚持的一项基本国策。1988 年 3 月 25 日，李鹏在第七届全国人民代表大会第一次会议的政府工作报告中指出："加强环境保护也是我国的一项基本国策。"③ 1991 年第七届全国人大常委会第四次会议通过的《关于我国国民经济和社会发展十年规划和"八五"计划纲要》中决定，将保护耕地、计划生育和保护环境共同列为我国的三项基本国策。④ 1990 年《国务院关于进一步加强环境保护工作的

---

① 全国人大常委会关于修改《中华人民共和国人口与计划生育法》的决定（2015 年 12 月 27 日第十二届全国人民代表大会常务委员会第十八次会议通过）［N］. 人民日报，2015 - 12 - 28.

② 《中共中央政治局召开会议》［N］，人民日报，2021 - 06 - 01.

③ 李鹏. 政府工作报告——1988 年 3 月 25 日在第七届全国人民代表大会第一次会议上［N］. 人民日报，1988 - 04 - 15.

④ 林治波. 究竟什么是基本国策［J］. 人民论坛，2007（9）.

决定》指出:"保护和改善生产环境与生态环境、防治污染和其他公害,是我国的一项基本国策。"1996 年 6 月 5 日,国务院新闻办公室《中国的环境保护》白皮书中指出:"中国是一个发展中国家,目前正面临着发展经济和保护环境的双重任务。从国情出发,中国在全面推进现代化建设的过程中,把环境保护作为一项基本国策……中国在 20 世纪 80 年代制定并实施了一系列保护环境的方针、政策、法律和措施。确立环境保护为中国的一项基本国策。防治环境污染和生态破坏以及合理开发利用自然资源关系到国家的全局利益和长远发展,中国政府坚定不移地贯彻执行环境保护这项基本国策……在改革开放和现代化建设的过程中,中国将继续认真贯彻执行环境保护基本国策,实施可持续发展战略。"① 1997 年 9 月 12 日,江泽民在中国共产党第十五次代表大会的报告中指出,坚持保护环境的基本国策,正确处理经济发展同人口、资源、环境的关系。② 2003 年 3 月 5 日,朱镕基在第十届全国人民代表大会第一次会议所做的政府工作报告中指出:"保护环境和保护资源,是我们的基本国策。"③ 2005 年 12 月 22 日,《中国的和平发展道路》白皮书提出:"中国坚持保护环境的基本国策,不断加大保护生态环境力度,逐步改善生态环境,为经济社会可持续发展创造条件。"④ 2006 年 3 月 17 日,第十届全国人民代表大会第四次会议通过的《中华人民共和国国民经济和社会发展第十一个五年规划纲要》中提出,"落实节约资源和自然资源与环境保护基本国策,建设低投入、高产出,低消耗、少排放,能循环、可持续的国民经济体系和资源节约型、环境友好型社会""落实保护耕地基本国策"⑤。2006 年 6 月 5 日,国务院新闻办公室《中国的环境保护(1996—2005)》提

① 中华人民共和国国务院新闻办公室. 中国的环境保护 [N]. 人民日报, 1996 - 06 - 05.
② 江泽民. 高举邓小平理论伟大旗帜,把建设中国特色社会主义事业全面推向二十一世纪——在中国共产党第十五次全国代表大会上的报告 [N]. 人民日报, 1997 - 09 - 13.
③ 朱镕基. 政府工作报告——2003 年 3 月 5 日在第十届全国人民代表大会第一次会议上 [N]. 人民日报, 2003 - 03 - 20.
④ 中华人民共和国国务院新闻办公室. 中国的和平发展道路 [N]. 人民日报, 2005 - 12 - 23.
⑤ 第十届全国人民代表大会第四次会议——中华人民共和国国民经济和社会发展第十一个五年计划纲要 [N]. 人民日报, 2006 - 03 - 17.

出："中国政府高度重视保护环境，认为保护环境关系到国家现代化建设的全局和长远发展，是造福当代、惠及子孙的事业。多年来，中国政府将环境保护确立为一项基本国策，把可持续发展作为一项重大战略"，"中国政府把保护耕地作为一项基本国策，实行严格的耕地保护政策"。① 2007 年 12 月 26日，国务院新闻办公室《中国的能源状况与政策》白皮书指出："中国政府……坚持节约资源和保护环境的基本国策，把建设资源节约型、环境友好型社会放在工业化、现代化发展战略的突出位置，努力增强可持续发展能力"，"中国政府高度重视环境保护，加强环境保护已经成为基本国策，社会各界的环保意识普遍提高"。"中国作为负责任的发展中国家，高度重视环境保护和全球气候变化。中国政府将保护环境作为一项基本国策，签署了《联合国气候变化框架公约》，成立了国家气候变化对策协调机构，提交了《气候变化初始国家信息通报》，建立了《清洁发展机制项目管理办法》，制订了《中国应对气候变化国家方案》，并采取了一系列与保护环境和应对气候变化相关的政策和措施。"② 2007 年 10 月 15 日，胡锦涛同志在中国共产党第十七次全国代表大会的报告中强调"坚持节约资源和保护环境的基本国策"。③2012 年，胡锦涛同志在十八大报告中强调，坚持节约资源和保护环境的基本国策，坚持节约优先、保护优先、自然恢复为主的方针，着力推进绿色发展、循环发展、低碳发展，形成节约资源和保护环境的空间格局、产业结构、生产方式、生活方式，从源头上扭转生态环境恶化趋势，为人民创造良好生产生活环境，为全球生态安全做出贡献；并从优化国土空间开发格局、全面促进资源节约、加大自然生态系统和环境保护力度、加强生态文明制度建设等方面进行了具体部署。④ 2017 年，习近平总书记在十九大报告中强

---

① 中华人民共和国国务院新闻办公室. 中国的环境保护（1996—2005）［N］. 人民日报，2006 – 06 – 06.

② 中华人民共和国国务院新闻办公室. 中国的能源状况与政策［N］. 人民日报，2007 – 12 – 27.

③ 胡锦涛. 高举中国特色社会主义伟大旗帜　为夺取全面建设小康社会新胜利而奋斗——在中国共产党第十七次全国代表大会上的报告［N］. 人民日报，2007 – 10 – 16.

④ 胡锦涛. 坚定不移沿着中国特色社会主义道路前进 为全面建成小康社会而奋斗——在中国共产党第十八次全国代表大会上的报告［N］. 人民日报，2012 – 11 – 18.

调，坚持节约资源和保护环境的基本国策，像对待生命一样对待生态环境，统筹山水林田湖草系统治理，实行最严格的生态环境保护制度，形成绿色发展方式和生活方式，坚定走生产发展、生活富裕、生态良好的文明发展道路，建设美丽中国，为人民创造良好生产生活环境，为全球生态安全做出贡献。① 十九大修改的党章规定：树立尊重自然、顺应自然、保护自然的生态文明理念，增强绿水青山就是金山银山的意识，坚持节约资源和保护环境的基本国策，坚持节约优先、保护优先、自然恢复为主的方针，坚持生产发展、生活富裕、生态良好的文明发展道路。着力建设资源节约型、环境友好型社会，实行最严格的生态环境保护制度，形成节约资源和保护环境的空间格局、产业结构、生产方式、生活方式，为人民创造良好生产生活环境，实现中华民族永续发展。②

（三）　我国基本国策的宪法效力

如前所述，基本国策的宪法效力往往是宪法委托、方针条款、制度性保障三者的综合。

1. 对外开放的宪法效力。对外开放的基本国策在宪法中的条文是序言中的"坚持改革开放"，总纲中的第十八条③。以此为依据，国家制定了系列有关对外开放的法律、法规以及专门在特区实施的法律法规。前者如《中外合资经营企业法》《中外合作经营企业法》和《外资企业法》，后者如广东等省人大及其常委会、广东等省人民政府所制定的系列地方性法规和规章。为配合加入 WTO，国家对法律法规进行了大规模的清理和修改。加入 WTO

---

① 习近平. 决胜全面建成小康社会 夺取新时代中国特色社会主义伟大胜利——在中国共产党第十九次全国代表大会上的报告［N］. 人民日报, 2017 – 10 – 28.
② 中国共产党章程［N］. 人民日报, 2017 – 10 – 29.
③ 第十八条：中华人民共和国允许外国的企业和其他经济组织或者个人依照中华人民共和国法律的规定在中国投资，同中国的企业或者其他经济组织进行各种形式的经济合作。在中国境内的外国企业和其他外国经济组织以及中外合资经营的企业，都必须遵守中华人民共和国的法律。它们的合法的权利和利益受中华人民共和国法律的保护。

以后，根据 WTO 规则以及依法行政的原则，原外经贸部（现商务部）对现行法规做了废、改、保留的分类，还拟订了需新制定的法规的规划。共清理出文件 1413 份，其中外经贸法律 6 部、行政法规 164 部（其中内部法规 110 部）、部门规章 887 件（其中内部文件 195 份）、双边经贸协定 191 份、双边投资保护协定 72 份、避免重征税协定 93 份。在对外开放基本国策的宪法委托作用下，形成了符合国际多边贸易规则同时适应中国国情的中国对外贸易法律体系。

对外开放基本国策指引国家施政方向。《中共中央关于经济体制改革的决定》中指出："我们把对外开放作为长期的基本国策……今后必须继续放宽政策，按照既要调动各方面的积极性、又要实行统一对外的原则改革外贸体制，积极扩大对外经济技术交流和合作的规模，努力办好经济特区，进一步开放沿海港口城市。"① "十一五"规划在"统筹国内发展和对外开放，不断提高对外开放水平，增强在扩大开放条件下促进发展的能力"的指导原则下，以"实施互利共赢的开放战略"开篇，要求"坚持对外开放基本国策，在更大范围、更广领域、更高层次上参与国际经济技术合作和竞争，更好地促进国内发展与改革，切实维护国家经济安全"，加快转变对外贸易增长方式、提高利用外资质量、积极开展国际经济合作等就是施政的方向。② "十二五"规划以"互利共赢、提高对外开放水平"开篇，对外开放的基本国策至少应指引各级国家机关"完善区域开放格局、优化对外贸易结构、统筹'引进来'与'走出去'、积极参与全球经济治理和区域合作"的施政方向。③ 十三五规划指出，以"一带一路"建设为统领，丰富对外开放内涵，提高对外开放水平，协同推进战略互信、投资经贸合作、人文交流，努力形成深度融合的互利合作格局，开创对外开放新局面。④ 同时，对外开放基本

---

① 中国共产党第十二届中央委员会第三次全体会议——中共中央关于经济体制改革的决定［N］. 人民日报，1984 – 10 – 20.

② 中华人民共和国国民经济和社会发展第十一个五年规划纲要［N］. 人民日报，2006 – 03 – 17.

③ 中华人民共和国国民经济和社会发展第十二个五年规划纲要［N］. 人民日报，2011 – 03 – 17.

④ 中华人民共和国国民经济和社会发展第十三个五年规划纲要［N］. 人民日报，2016 – 03 – 18.

国策限缩国家行为界限。对于各级国家机关来说，非属于"完善区域开放格局、优化对外贸易结构、统筹'引进来'与'走出去'、积极参与全球经济治理和区域合作"的政府行为就必须停止。特别是当基本国策的规范内涵非常具体、明确时，基本国策就成为国家行为的界限。如对外开放中的内容化为招商引资的具体项目时，非属于该类的项目，即使能促进当地经济发展，也必须禁止（或者得变换名目进入）。当然，承受不利益的后果一般不是司法性，更多的是政治性的，尤其体现为职位升迁与否。

对外开放基本国策需要法律制度作为依托。从建立经济特区到开放沿海、沿江、沿边、内陆地区再到加入世界贸易组织，从大规模"引进来"到大踏步"走出去"，利用国际国内两个市场、两种资源，都是坚实的制度支撑；从完善开放型经济体系，到全面提高开放型经济水平，加强同世界各国的互利合作，都有内容协调、程序严密、配套完备、有效管用的制度体系的坚强后盾。党的十六届三中全会通过的《中共中央关于完善社会主义市场经济体制若干问题的决定》指出："完善对外开放的制度保障。按照市场经济和世贸组织规则的要求，加快内外贸一体化进程。形成稳定、透明的涉外经济管理体制，创造公平和可预见的法制环境，确保各类企业在对外经济贸易活动中自主权和平等地位。"① 显示了我国对外开放由政策推动开放过渡到建立与世界贸易组织接轨的制度开放，通过优良的制度环境将对外开放推向新的阶段。并且，对外开放基本国策成为合理化国家制度建设的依据。立法者在宪法基本国策的背书下，往往具有较大的政策制度形成空间。② 基本国策的规范内涵常要求国家应具有一定的作为义务，然而国家积极的作为却可能造成部分的权利侵害。此时，国家基于基本权利所课予的不作为义务与基本国策所课予的作为义务发生冲突，从而有调和的必要。相较于宪法第五十一条对基本权利的限制，基本国策对人民权利的限制，具有更高的正当性："方针条款同时是行为授权的规定，使立法者具有限制人民基本权利之特别

---

① 中共中央关于完善社会主义市场经济体制若干问题的决定［N］. 人民日报，2003 - 10 - 15.

② 李惠宗. 宪法要义［M］. 台北：元照出版公司，2001：661；李建良. 论立法裁量之宪法基础理论［M］//宪法理论与实践：二. 台北：学林文化事业有限公司，2000：366.

基础"①。比如，对外开放初期，全国的财政、经济支援沿海开放地区的经济
建设，全国其他地区人民相对于沿海开放地区的人民来说，其权利是受到限
制的。我国对外开放早中期实行的差别化税收政策，也是明显的例子。此时
对外开放的基本国策成为限制人民基本权利的特别基础。当然，这不表示有
基本国策的背书，国家即可毫无限制地拘束人民基本权利。

总之，对外开放基本国策的宪法效力取得了巨大的成绩，如经济体制转
型，从封闭、半封闭到全方位开放的转折，综合国力迈上新台阶，人民生活总
体上达到小康水平，民主政治先进文化社会事业建设显著进步，国防和军队建
设取得重大成就，祖国和平统一大业迈出重大步伐以及和平外交政策等。② 当
然，由于我国仍处于并将长期处于社会主义初级阶段的基本国情，人民日益增
长的美好生活需要和不平衡不充分的发展之间的矛盾，发展中国家的属性，对
外开放基本国策的宪法效力也面临许多不足，如生产力水平总体不高，收入分
配差距较大，科技创新能力不强，产业结构不合理，农业基础仍然薄弱，城乡
区域发展不协调，就业总量压力和结构性矛盾并存，社会矛盾明显增多，
等等。

2. 计划生育的宪法效力。宪法的计划生育基本国策条款主要规定在第二
十五条、第四十九条、第八十九条和第一百零七条③，这是宪法委托的依据。
该宪法委托多次通过相关文件加以论述，如 2000 年 12 月，国务院新闻办公
室《中国 21 世纪人口与发展》白皮书指出："全面推行计划生育基本国策，
制定、完善法律法规。加快立法步伐，提高立法质量，建立健全人口与发展

---

① 李惠宗. 宪法要义 [M]. 台北：元照出版公司，2001：660 – 663.

② 胡锦涛. 在纪念党的十一届三中全会召开 30 周年大会上的讲话 [N]. 人民日报，
2008 – 12 – 19.

③ 第二十五条规定："国家推行计划生育，使人口的增长同经济和社会发展计划相适
应。"第四十九条规定："夫妻双方有实行计划生育的义务。"第八十九条规定：
"国务院行使下列职权：……（7）领导和管理教育、科学、文化、卫生、体育和计
划生育工作。"第一百零七条规定："县级以上地方各级人民政府依照法律规定的权
限，管理本行政区域内的经济、教育、科学、文化、卫生、体育事业、城乡建设事
业和财政、民政、公安、民族事务、司法行政、监察、计划生育等行政工作。"

法律法规。"① 在此基础上,国家立法机关和行政机关制定了法律②、行政法规③、部门规章④、地方性法规⑤以及其他法律、行政法规和部门规章中有关计划生育的条款⑥。这些法律、法规构成了与计划生育国策内在精神相联系的法秩序。计划生育早已不是一句墙上的口号,而是真正走进了每一个中国家庭。

计划生育的基本国策指引着中国政府系列的施政纲要。国务院新闻办公室《中国 21 世纪人口与发展》中指出:"中国确立了控制人口增长、提高人口素质的人口政策,全面推行计划生育基本国策。"在此基础上,确定了"实施计划生育与生殖健康优质服务、增强国民整体素质、保障妇女儿童权益、优化配置劳动力资源、减少贫困现象、保障老年人权益、改善人居生态

---

① 中华人民共和国国务院新闻办公室. 中国 21 世纪人口与发展〔N〕. 人民日报,2000 - 12 - 20.

② 2001 年 12 月 29 日全国人大常委会审议通过《中华人民共和国人口与计划生育法》(2002 年 9 月 1 日起施行)。

③ (1)《计划生育技术服务管理条例》(2001 年 6 月 13 日国务院第 309 号令公布,2001 年 10 月 1 日起施行)。(2)《社会抚养费征收管理办法》(2002 年 8 月 2 日国务院第 357 号令公布,2002 年 9 月 1 日起施行)。

④ 计划生育的部门规章到目前为止已颁布 9 个,其中被废止 1 个。分别是:(1)《流动人口计划生育管理办法》(1991 年 12 月 26 日国务院批准,国家计划生育委员会令发布,1999 年 1 月 1 日起废止)。(2)《流动人口计划生育工作管理办法》(1998 年 8 月 6 日国务院批准,1998 年 9 月 22 日国家计划生育委员会第 1 号令发布,1999 年 1 月 1 日起施行)。(3)《计划生育统计工作管理办法》(1999 年 3 月 19 日国家计划生育委员会第 2 号令发布,1999 年 7 月 1 日起施行)。(4)《计划生育系统统计调查管理办法》(2000 年 11 月 2 日国家计划生育委员会第 3 号令发布,2001 年 1 月 1 日起施行)。(5)《国家计划生育委员会计划生育系统宣传品管理办法》(2001 年 5 月 22 日国家计划生育委员会第 4 号令发布,同日施行)。(6)《计划生育技术服务机构执业管理办法》(2001 年 11 月 16 日国家计划生育委员会第 5 号令发布,同日施行)。(7)《计划生育技术服务管理条例实施细则》(2001 年 12 月 29 日国家计划生育委员会第 6 号令发布,同日施行)。(8)《病残儿医学鉴定管理办法》(2002 年 1 月 18 日国家计划生育委员会第 7 号令发布,同日施行)。(9)《关于禁止非医学需要的胎儿性别鉴定和选择性别的人工终止妊娠的规定》(2002 年 11 月 29 日国家计划生育委员会、卫生部、国家药品监督管理局第 8 号令发布,2003 年 1 月 1 日施行)。

⑤ 2001 年 12 月 29 日全国人大常委会审议通过的《中华人民共和国与计划生育法》后,各省、直辖市、自治区人大常委会都已经制定了《人口与计划生育条例》。

⑥ 收养法、婚姻法、妇女权益保障法、母婴保健法、刑法、村民委员会组织法、中国公民收养子女登记办法等法律、行政法规和部门规章中,也规定了涉及计划生育问题的条款。

环境"等施政方向。国务院办公厅《人口发展"十一五"和 2020 年规划》宣称"坚持计划生育基本国策不动摇",确定了"综合运用经济社会发展政策,确保低生育水平稳定;提高出生人口素质,着力解决人口结构性问题;坚持教育优先发展,充分开发人力资源;统筹城乡、区域协调发展,引导人口有序流动和合理分布;发展公共卫生、妇女儿童和社会福利事业,促进社会和谐与公平"等施政方向。如果当初不实行计划生育政策,现在我国人口恐怕要达到 17 亿~18 亿,人均耕地、粮食、森林、淡水资源、能源等将比目前降低 20% 以上。40 多年来,我国由于计划生育累计少生 4 亿多人,大大减轻了人口过快增长对资源环境带来的压力。①

制度性保障乃是经由宪法明文确立制度的建立,但其内容仍有待立法者制定法律加以具体化,从而与默示的(不明文的)宪法委托有部分重合的现象。这里以通过《中华人民共和国与计划生育法》后人民日报的评论为例加以说明。人民日报的评论指出,"《人口与计划生育法》以宪法为依据……规范了计划生育工作的基本管理制度,规定了建立有利于计划生育的奖励、优待和社会保障制度的基本框架,规定了对未履行法定责任的机关、企事业单位、国家机关工作人员,以及破坏计划生育工作行为的法律责任"②。国务院办公厅《人口发展"十一五"和 2020 年规划》指出,坚持计划生育基本国策不动摇。对计划生育基本国策的制度性保障是在立法的基础上进一步加强对人口工作的领导、构建人口与发展综合决策支持系统、改革和加强人口发展的社会管理和公共服务体系、建立优先投资于人的全面发展的公共财政投入体制、建立人口发展规划监测与评估机制等。③ 计划生育基本国策的宪法效力取得了巨大的成绩,如人口过快增长得到有效控制,国民经济快速发展,综合国力显著增强,人民生活水平大幅度提高等。以人口增长为例,人口出生率由 1970 年的 33.4‰下降到 2012 年的 12.1‰,人口自然增长率由 1970 年的 25.8‰下降到 2012 年的 4.95‰。1970 年,全国人口 6 亿多,出生人口 2739 万人,净增 2321 万人;2012 年,总人口 13 亿多,基数增加一倍左右,但出生

---

① 李晓宏. 计划生育实现人口再生产类型转变. 人民日报,2013 – 11 – 12.

② 人民日报评论. 人口与计划生育事业发展的法律保障——祝贺《人口与计划生育法》颁布 [N]. 人民日报,2001 – 12 – 30.

③ 国务院办公厅. 人口发展"十一五"和 2020 年规划 [J]. 国务院公报,2007 (6).

人口 1635 万人，相比减少 40%，净增人口 669 万人，减少 70%。①

当然，计划生育基本国策的效力也面临老龄化进程逐步加快、低生育水平反弹风险依然存在、健康素质较低、科学文化素质总体不高、统筹解决人口问题的体制机制亟待完善等矛盾。2013 年，党的十八届三中全会审议通过《中共中央关于全面深化改革若干重大问题的决定》，提出坚持计划生育的基本国策，启动实施一方是独生子女的夫妇可生育两个孩子的政策，逐步调整完善生育政策，促进人口长期均衡发展。随着 2014 年我国人口老龄化率已达 15.5% 的实际情况出现，为缓解老龄化带来的养老支出压力，为经济发展提供丰富的劳动力，提高居民的储蓄率和我国经济的潜在增长率，以及缓解我国男女性别比失衡问题②，修改后的《中华人民共和国人口与计划生育法》规定，国家提倡一对夫妻生育两个子女。计划生育内容的调整，反映了基本国策宪法效力的逐步健全与完善。

3. 自然资源与环境保护的宪法效力。我国宪法第二十六条第一款明确规定："国家保护和改善生活环境和生态环境，防治污染和其他公害。"第九条第二款规定，"国家保障自然资源的合理利用，保护珍贵的动物和植物。禁止任何组织或者个人用任何手段侵占或者破坏自然资源"。第二十二条第二款规定，"国家保护名胜古迹、珍贵文物和其他重要历史文化遗产"。这些条款均规定在宪法"总纲"之中，而不是在第二章"公民的基本权利和义务"之中，属于环境基本国策条款，而非确认公民的环境权。宪法委托即为要求立法机关制定法律法规课以国家环境保护之职责。自 1949 年新中国成立以来，全国人民代表大会及其常务委员会制定了环境保护法律 9 部、自然资源保护法律 15 部。1996 年以来，国家制定或修订了包括水污染防治、海洋环境保护、大气污染防治、环境噪声污染防治、固体废物污染环境防治、环境影响评价、放射性污染防治等环境保护法律，以及水、清洁生产、可再生能源、农业、草原和畜牧等与环境保护关系密切的法律；国务院制定或修订了《建设项目环境保护管理条例》《水污染防治法实施细则》《危险化学品安全管理条例》《排污费征收使用管理条例》《危险废物经营许可证管理办法》

---

①　李晓宏. 计划生育实现人口再生产类型转变［N］. 人民日报，2013 – 11 – 12.
②　刘先云，黄超. 公报如何影响我们的生活［N］. 人民日报，2015 – 10 – 30.

《野生植物保护条例》《农业转基因生物安全管理条例》等50余项行政法规；发布了《关于落实科学发展观加强环境保护的决定》《关于加快发展循环经济的若干意见》《关于做好建设资源节约型社会近期工作的通知》等法规性文件。国务院有关部门、地方人民代表大会和地方人民政府依照职权，为实施国家环境保护法律和行政法规，制定和颁布了规章和地方法规660余件。① 仅"十一五"期间，《水污染防治法》修订颁布，《大气污染防治法》正在修订，《循环经济法》制定实施，《规划环境影响评价条例》《废弃电器电子产品回收处理管理条例》等7项环境保护行政法规相继出台，《节能减排综合性工作方案》《应对气候变化国家方案》等法规性文件先后发布。② 我国不仅建立健全国内立法，还参加了《联合国气候变化框架公约》及《京都议定书》《关于消耗臭氧层物质的蒙特利尔议定书》《关于在国际贸易中对某些危险化学品和农药采用事先知情同意程序的鹿特丹公约》《关于持久性有机污染物的斯德哥尔摩公约》《生物多样性公约》《生物多样性公约〈卡塔赫纳生物安全议定书〉》《联合国防治荒漠化公约》等50多项涉及环境保护的国际条约。

保护环境的基本国策是环境保护的施政方向。《国家环境保护"九五"计划和2010年远景目标》在坚持环境保护基本国策的基础上，提出了两个阶段的环境保护的施政目标。一是到2000年，基本建立比较完善的环境管理体系和与社会主义市场经济体制相适应的环境法规体系，力争使环境污染和生态破坏加剧的趋势得到基本控制，部分城市和地区的环境质量有所改善，建成若干经济快速发展、环境清洁优美、生态良性循环的示范城市和示范地区。二是到2010年，可持续发展战略得到较好贯彻，环境管理法规体系进一步完善，基本改变环境污染和生态恶化的状况，环境质量有比较明显的改善，建成一批经济快速发展、环境清洁优美、生态良性循环的城市和地区。《国家环境保护"十五"计划》（环发〔2001〕210号）重申"保护环境是我国的一项基本国策"，将"到2005年，环境污染状况有所减轻，生态环境

---

① 国务院新闻办公室. 中国的环境保护（1996—2005）［N］. 人民日报，2006 - 06 - 05.

② 周生贤. 紧紧围绕主题主线新要求，努力开创环保工作新局面——周生贤部长在2011年全国环境保护工作会议上的讲话［J］. 中国环境管理，2011（1）.

恶化趋势得到初步遏制，城乡环境质量特别是大中城市和重点地区的环境质量得到改善，健全适应社会主义市场经济体制的环境保护法律、政策和管理体系"作为施政方向。

基本国策需要制度性的保障才能落实，为着力克服长期制约环境保护发展的制度性障碍，完善体制，创新机制，国家有关部门为此进行了系列制度建设。从总体上说，制度建设着眼于强化地方政府对环境质量负责的法律责任、严格环境准入、加大重点流域水域城市海域专项整治、推动公众参与环境保护、建立先进的环境监测预警体系和完备的环境执法监督体系等。① 另外，建立国家和地方环境保护标准体系。截至 2005 年年底，国家颁布了 800 余项国家环境保护标准，北京、上海、山东、河南等省（市）共制定了 30 余项环境保护地方标准②。将国家环境保护局升格为国家环境保护部，建立各级政府对当地环境质量负责，环境保护行政主管部门统一监督管理，各有关部门依照法律规定实施监督管理的环境管理体制。从阶段性重点突破的制度来看，《国家环境保护"十五"计划》的制度主要是：建立综合决策机制，促进环境与经济的协调发展；完善环境保护法规体系，切实依法保护环境；政府调控与市场机制相结合，努力增加环境保护投入；运用激励性政策措施，营造环境保护良好氛围；加强环境管理能力建设，提高环境管理现代化水平；加强环境科学技术研究，依靠科技进步保护环境；规范环保产业市场，促进环保产业发展；加强环境宣传教育，提高全民环境意识；积极参加全球环境保护，广泛开展国际环境合作；落实环境保护责任制，保证规划实施效果等。③《国家环境保护"十一五"规划》确定的保障制度主要是：促进区域经济与环境协调发展；加快经济结构调整；完善体制，落实责任；创新机制，增加投入；强化法治，严格监管；依靠科技，发展产业；动员社会力量保护环境；积极开展环境保护国际合作等。④ 自然资源与环境保护基本国策的宪法效力取得了巨大的成绩，如污染防治战略与效果良性发展、自然

① 国务院办公厅. 人口发展"十一五"和 2020 年规划 ［J］. 国务院公报，2007（6）.
② 国务院新闻办公室. 中国的环境保护（1996—2005）［N］. 人民日报，2006 - 06 - 05.
③ 国家环境保护总局. 国家环境保护"十五"计划 ［M］. 北京：中国环境科学出版社，2002.
④ 国家环境保护"十一五"规划 ［N］. 人民日报，2007 - 11 - 28.

资源环境保护投入加大、环境保护取得新进展等。在取得上述成绩的同时，自然资源与环境保护基本国策的宪法效力也面临着严峻的形势，主要表现为治污减排的压力继续加大、环境质量改善的压力继续加大、防范环境风险的压力继续加大与应对全球环境问题的压力继续加大，等等。①

十八大以来，包括环境保护在内的生态文明建设被提升到关系中华民族永续发展，关系亿万中国人民福祉的地位。良好生态环境既是实现中华民族永续发展的内在要求，也是增进民生福祉的优先领域。鉴于生态文明建设正处于压力叠加、负重前行的关键期，已进入提供更多优质生态产品以满足人民日益增长的优美生态环境需要的攻坚期，也到了有条件、有能力解决突出生态环境问题的窗口期，中共中央、国务院提出，到2020年，生态环境质量总体改善，主要污染物排放总量大幅减少，环境风险得到有效管控，生态环境保护水平同全面建成小康社会目标相适应的总体目标，并指出需确保到2035年节约资源和保护生态环境的空间格局、产业结构、生产方式、生活方式总体形成，生态环境质量实现根本好转，美丽中国目标基本实现。到21世纪中叶，生态文明全面提升，实现生态环境领域国家治理体系和治理能力现代化。② 在此基础上，全国人民代表大会常务委员会通过了《关于全面加强生态环境保护依法推动打好污染防治攻坚战的决议》，要以法律的武器治理污染，用法治的力量保护生态环境，为全面加强生态环境保护、依法推动打好污染防治攻坚战做出贡献。③ 具体而言，就是要坚持以习近平新时代中国特色社会主义思想特别是习近平生态文明思想为指引、坚持党对生态文明建设的领导、建立健全最严格最严密的生态环境保护法律制度、大力推动生态环境保护法律制度全面有效实施、广泛动员人民群众积极参与生态环境保护工作。④

---

① 周生贤．紧紧围绕主题主线新要求，努力开创环保工作新局面——周生贤部长在2011年全国环境保护工作会议上的讲话［J］．中国环境管理，2011（1）．
② 中共中央国务院关于全面加强生态环境保护　坚决打好污染防治攻坚战的意见［N］．光明日报，2018 - 06 - 25．
③ 全国人民代表大会常务委员会关于全面加强生态环境保护　依法推动打好污染防治攻坚战的决议［N］．光明日报，2018 - 07 - 11．
④ 全国人民代表大会常务委员会关于全面加强生态环境保护 依法推动打好污染防治攻坚战的决议［N］．光明日报，2018 - 07 - 11．

六、宪法制度

（一）人民代表大会制度

1. 人民代表大会制度是指根据民主集中制原则，通过民主选举组成全国人民代表大会和地方各级人民代表大会，并以人民代表大会为基础，建立全部国家机构，对人民负责，受人民监督，以实现人民当家做主的政治制度。①人民代表大会制度具体包括两个原则、四个关系。两个原则，是指"一切权力属于人民"原则和"民主集中制"原则。四个关系，一是人大和人民的关系，即全国人民代表大会和地方各级人民代表大会都由民主选举产生，对人民负责，受人民监督；二是"一府一委两院"和人大的关系，即国家行政机关、监察机关、审判机关、检察机关都由人民代表大会产生，对它负责，受它监督；三是中央国家机关和地方国家机关的关系，即中央和地方的国家机构职权的划分，遵循在中央的统一领导下，充分发挥地方的主动性、积极性的原则；四是各级人大依照法定程序集体行使职权的机制。

在中国近代历史上，围绕建立什么样的政治制度和政权组织形式，各种政治力量曾提出过种种主张，展开了长期争论、探索和激烈斗争。近代中国的政治发展道路证明，在封建专制制度解体过程中，"君主立宪制"在中国行不通；在封建制度解体后，遵循西方"三权分立"的资产阶级共和制的建设也一次次化为泡影。危难之际，以毛泽东为代表的中国共产党人遵循马克

---

① 周叶中. 宪法［M］. 北京：高等教育出版社，2020：206.

思主义国家学说，借鉴巴黎公社和俄国十月革命的经验，在带领人民浴血奋战的同时，对建立新型人民政权及其组织形式进行了长期探索和实践，先后创造了罢工工人代表大会、农民协会、工农兵代表苏维埃、参议会和各族各界人民代表会议等人民代表大会制度的早期形式。因此，人民代表大会制度虽然正式确立于 1954 年，但其前身却产生于动荡中的革命年代。人民代表大会制度建立后，又经历了建设时期曲折中的坚守，包括过渡性质的中国人民政治协商会议、人大制度全面建立时期和经历挫折的人民代表大会制度时期。现在正处于健全中的稳步前进时期，包括邓小平时期对人民代表大会制度的拓展、胡锦涛时期对人民代表大会制度的深化和新时代对人民代表大会制度的探索。

总结中国政治发展的历程和新型人民民主政权的实践，得出的历史性结论是：同工人阶级领导的、以工农联盟为基础的人民民主专政国体相适应的政权组织形式，只能是民主集中制的人民代表大会制度；人民代表大会制度的发展史，就是随着时代和实践的发展，吸收人类创造的一切文明成果，在同各种思想理论的相互激荡和斗争中，不断丰富、完善和创新的历史。因此，具有丰厚历史基础和现实渐进性的人大制度是中国人民立足于中国社会、历史和文化而做出的制度抉择和制度创新，是对人类政治文明的新贡献。所以，江泽民同志强调："我国实行的人民民主专政的国体和人民代表大会制度的政体是人民奋斗的成果和历史的选择，必须坚持和完善这个根本政治制度，这对于坚持党的领导和社会主义制度、实现人民民主具有决定意义。"① 习近平总书记指出，"60 年的实践充分证明，人民代表大会制度是符合中国国情和实际、体现社会主义国家性质、保证人民当家作主、保障实现中华民族伟大复兴的好制度。"②

2. 我国是人民民主专政的社会主义国家，人民是国家的主人。因而我国宪法规定，中华人民共和国的一切权力属于人民。人民行使国家权力的机关

---

① 江泽民 . 高举邓小平理论伟大旗帜，把建设中国特色社会主义事业全面推向二十一世纪——江泽民在中国共产党第十五次全国代表大会上的报告［N］. 人民日报，1997 – 09 – 13.

② 习近平 . 在庆祝全国人民代表大会成立 60 周年大会上的讲话［N］. 人民日报，2014 – 09 – 06.

是全国人民代表大会和地方各级人民代表大会。人民依照法律规定,通过各种途径和形式,管理国家事务,管理经济和文化事业,管理社会事务。因此,在我国,实现人民当家做主的民主形式多种多样,不仅包括人民代表大会制度,而且包括比人民代表大会制度更加广泛的多种形式。

但在各种民主形式中,人民代表大会制度是最基本、最重要的。这主要体现在三个方面:首先,它是我国各种国家制度的源泉,其他制度都是由人民代表大会通过立法创制出来的,都受到人民代表大会制度的统领和制约。其次,它在我国政治制度体系中居于核心地位,决定着国家社会生活的各个方面和其他各种具体制度。最后,在所有实现社会主义民主的形式中,除人民代表大会制度以外,其他一切形式都存在一定的限制。这种限制表现在实现民主的主体方面,或者在实现民主的范围和效能方面。而人民代表大会制度则无限制地、全面地、全权地保障人民实现当家做主的权力。① 正因为人民代表大会制度在我国政治制度中具有根本性地位,所以,胡锦涛同志指出:"人民代表大会制度是中国人民当家做主的重要途径和最高实现形式,是中国社会主义政治文明的重要制度载体。"习近平总书记强调,"人民代表大会制度是中国特色社会主义制度的重要组成部分,也是支撑中国国家治理体系和治理能力的根本政治制度。②

人民代表大会制度比较全面地体现了我国国家性质的要求。人民代表大会制度足以体现社会成员在国家生活中的地位,便于实现最广泛的民主,吸收广大人民群众参加国家管理和社会主义建设事业,充分发挥最大多数人的智慧和创造能力,保护最大多数人的最大利益。

人民代表大会制度最便于集中统一地行使国家权力。我国宪法规定,国家的一切权力属于人民,人民行使国家权力的机关是全国人民代表大会和地方各级人民代表大会。这一规定表明,人民代表大会制度体现了国家权力与人民权利的统一。同时,各级国家行政机关、监察机关、审判机关和检察机关都由同级人民代表大会选举产生,对它负责,受它监督,充分表明各级人

---

① 何华辉. 人民代表大会制度的理论与实践 [M]. 武汉:武汉大学出版社,1992:33.

② 习近平. 在庆祝全国人民代表大会成立 60 周年大会上的讲话 [N]. 人民日报,2014 - 09 - 06.

民代表大会作为国家权力机关，在国家权力的行使和实现过程中处于主导支配地位。因此，人民代表大会制度能集中统一地行使国家权力。

人民代表大会制度既能保证中央的集中统一领导，又能保证地方主动性和积极性的发挥。我国宪法规定，中央和地方国家机构职权的划分，遵循在中央统一领导下，充分发挥地方主动性、积极性的原则。这一规定，不但保证了下级服从上级、地方服从中央的统一领导，同时也赋予了地方各级人民代表大会和地方各级人民政府以广泛的职权。这种政治制度体现了中央和地方职权划分的有机结合，即在国家事务中，凡属全国性的，需要在全国范围内做出统一决定的重大问题，都由中央决定，以利于集中和统一领导；凡属地方性的问题，都由地方处理，以利于因时因地制宜。这样，既可保证中央集中统一的领导，又利于进一步发挥地方政权机关的积极性和主动性。

实现中华民族的富强、民主和复兴，无论对中国人民还是社会主义中国都具有极其重要的历史意义；既是一个富有感召力的号召，也是一个具有丰富内涵的目标。中华民族的富强、民主和复兴需要大力发展社会生产力，增强以经济科技文化力量为主的综合国力；大力推进社会的全面进步，实现社会各个领域的整体协调发展；实现祖国的完全统一，屹立于世界先进民族之林；为世界的和平与发展做出更大的贡献，等等。而这一切都需要制度的支撑，对此，邓小平精辟地指出，"最重要的是一个制度问题""制度问题更带有根本性、全局性、稳定性和长期性"。

在理论上，马克思主义经典作家们已经雄辩地阐明了社会主义政体的优越性。当然，理论阐释能否服人，最终看实践效果。衡量制度的实践效果，一是看能否促进社会生产力的持续发展和社会全面进步；二是看能否实现和发展人民民主，增强党和国家的活力，保持和发挥社会主义制度的特点和优势；三是看能否保持国家政局稳定和社会安定团结；四是看能否实现和维护最广大人民的根本利益。根据上面的标准，从中国革命、建设和改革实践的效果着眼，半个多世纪的历程充分证明，人民代表大会制度符合中国国情，为国家机构高效运转提供了有力制度保障，不仅是中国人民当家做主的根本途径，也是我国国家力量的重要源泉；以人民代表大会制度作为根本的整体中国，在经济建设、政治建设、文化建设和社会建设等各方面取得了奇迹般的成就，形成了模式般的经验。因此，中华民族的富强、民主和复兴，也就是以人民代表大会制度为核心的根本制度发展、完善与健全的结果，人民代表大会制度也必将是实现中华民族富强、民主和复兴的根本制度依托。

（二）选举制度

1. 选举制度是将个人意志汇集成整体意志的一种程序，是民主国家反映民意的主要机制。选举制度有广义和狭义两种概念。广义的选举制度是指选举国家代议机关代表与国家机关公职人员、人民团体以及企业事业单位领导人的原则、程序与方法等各项制度的总称。狭义的选举制度是指选民依据选举法的规定选举代议机关代表的原则、程序与方法等各项制度的总称。选举作为一种社会行为，其历史可以追溯到原始社会，而作为萌芽形态的国家选举制度产生于奴隶制国家。古希腊的雅典共和国由居于统治地位的氏族贵族组成贵族会议，再由贵族会议从贵族中选举四名执政官来执政，成为国家选举制度的滥觞。在封建社会的少数共和制国家，如意大利的威尼斯、热那亚、佛罗伦萨等也存在选举问题。近代资产阶级学者提出的天赋人权学说、人民主权学说为选举制度注入了新的动力与影响，促使选举制度作为合理分配与组织国家权力有效而民主的形式得到世界各国的普遍重视，并成为调整国家权力活动的基本途径。资产阶级选举制度首先在英国产生，随后在美国、法国出现。在中国传统社会里，虽然存在荐举等与选举有联系的行为，但主要是出于维护统治地位而搜罗人才、挑选代理人的一种手段，与近代意义上的选举制度较少联系。直到清光绪三十四年（1908），在《咨议局议员选举章程》和《城镇乡地方自治选举章程》里，才首次出现了近代意义上的选举制度。此后，旧中国全国范围内进行了四次大规模的代议机关代表的选举。新中国成立后，1953年，我国颁布第一部选举法，对全国与地方各级人大代表的选举程序与原则做了具体规定。1979年，通过了全国人大与地方各级人大选举法，对1953年选举法做了重大修改。1982年宪法颁布后，根据国家政治生活的变化，全国人大或者全国人大常委会曾先后于1982年、1986年、1995年、2004年、2010年、2015年和2020年对选举法进行了七次修改。

2. 我国的选举制度既是促进民意的形成表达并使选民民主意识得以提高的重要手段，也为国家权力的转移提供了制度保障；不仅是选民监督权力行使者并在一定条件下更换权力行使者的重要途径，也是缓和社会矛盾、解除社会危机、维持社会安定的重要措施。① 为达成上述目标，我国选举制度确立了选举权的普遍性原则、选举权的平等性原则、直接选举与间接选举并用的原则、无记名投票原则、差额选举的原则、选举权利保障原则等。在上述原则的统领下，确立了我国选举的民主程序，包括直接选举程序、间接选举程序与特殊选举程序。直接选举程序适用于不设区的市、市辖区、县、自治县、乡、民族乡、镇的人大代表选举，包括确定选举组织机构、划分选区、登记选民、提名并确定代表候选人、介绍候选人、组织投票、确定当选、组织补选等；其中组织补选是县、乡人大代表在任期内因故出缺，由原选区选民补选，因此程序相对于原来的直接选举更为宽松。间接选举程序不需要进行选区划分和选民登记，有关提名候选人、介绍候选人以及投票程序与直接选举的有关程序相似；其重要程序包括组织负责选举工作的主持机构、提出代表候选人、确定正式代表候选人与确定当选等。特殊选举程序包括香港和澳门特别行政区根据基本法的规定依全国人大确定的代表名额和代表产生办法选举全国人大代表的程序、主要采用协商选举办法的台湾地区全国人大代表程序与单独进行选举的军队人大代表的选举程序。根据选举法的规定，我国选举制度中有一个酝酿程序。《中华人民共和国全国人民代表大会和地方各级人民代表大会选举法》第三十二条规定，县级以上的地方各级人民代表大会在选举上一级人民代表大会代表时，提名、酝酿代表候选人的时间不得少于两天。各该级人民代表大会主席团将依法提出的代表候选人名单及代表候选人的基本情况印发全体代表，由全体代表酝酿、讨论。我国的选举制度虽然总体上适合我国的政治现状，但与国家治理体系与治理能力现代化的要求相比较，在代表名额的合理分配、代表构成的优化、选民权利的制度化保障、代表候选人公开竞争平台的构建、选举信息的公开、直接选举的范围扩大等方面需要加以完善；毕竟民主不是一个口号，必须有健全的选举技术和

---

① 周叶中．宪法［M］．北京：高等教育出版社，2020：271 - 272.

规则，民主政治才能扎扎实实地推进。①

3. 选举制度作为实现民主的基本方式与基本制度，其重要性自不待言。然而，如果将选举与多党竞争联系在一起，与民主画上等号，并以此作为裁量标准，虽然不能说是完全错误，但也存在严重的误导。美国哈佛大学法学院讲座教授拉尼·吉尼尔在《超越选主：反思作为陌生权贵的政治代表》中指出选举有三大弊端：选举把公民的作用缩减为系列互不相干的选择点，真正的选择权经常落在政客手中；赢者通吃式的选举，鼓励代表把自己看作有权势的陌生人而对其位置享有专属利益；代表仅仅充当公民观点的、公民认同的代理人，妨碍了民主的深入发展。② 拉尼·吉尼尔的观点虽然不乏推敲之处，但其警示也值得我们重新深入思考选举与民主的关系。而现实生活中伊拉克、阿富汗等采用了选举与多党制结合的国家并没有出现西方所乐于见到的民主情形更值得我们警惕单纯的选举合法性。固然，选举是合法性的来源，但也仅仅是合法性的来源之一。博·罗斯坦的研究表明，合法性建构、维系和破坏不是在政治体系的输入端而是输出端；与选举制度建构的有效代表的能力相比，政治合法性也取决于政府的质量。③ 因此，如何在选举所建构的合法性与政府质量建构的合法性之间齐头并进，需要有新的智慧与能力加以应对。

（三）　政党制度

1. 中国的政党制度既不同于西方国家的两党或多党竞争制，也有别于一些国家实行的一党制，而是中国共产党领导下的多党合作和政治协商制度。多党合作制度是指在我国社会主义国家中，代表工人阶级即无产阶级的政党邀请其他政党参与执政，共同管理国家事务。它根源于我国的国家性质即以

① 牛铭实. 选举制度的类别及特点［J］. 华中师范大学学报，2005（4）.
② 王绍光. 选主批判——对当代西方民主的反思［M］. 欧树军，译. 北京：北京大学出版社，2014：87 – 134.
③ 王绍光. 选主批判——对当代西方民主的反思［M］. 欧树军，译. 北京：北京大学出版社，2014：195 – 218.

工人阶级为领导，以工农联盟为基础的人民民主专政。

2. 多党合作制度萌生于中国共产党为争取中国独立解放的斗争中。在这过程中所产生的民族资产阶级以及小资产阶级，从其成立之日起，便和共产党建立了程度不同的团结合作关系，特别是在抗日战争和人民解放战争期间，由于共产党对各民主党派实行了正确的统战政策，因而这种关系得到了进一步的发展。1948年年初，各民主党派公开宣布站在人民革命一边，同共产党一道为推翻国民党的反动统治、建立新中国而共同奋斗。

我国宪法对政党制度的规定经过了一个曲折发展的过程。在《中国人民政治协商会议共同纲领》（以下简称《共同纲领》）中，政党及其相互关系是在统一战线的规定中予以体现的，《共同纲领》规定：由中国共产党、各民主党派、各人民团体、各地区人民解放军、各少数民族、国外华侨及其他爱国民主分子的代表所组成的中国人民政治协商会议，就是人民民主统一战线的组织形式。根据这一规定，中国共产党和各民主党派都是统一战线的成员和人民政协的参加单位。1954年宪法的序言在两个方面体现了中国共产党的领导地位。①确认了中国共产党在民主革命和创建中华人民共和国中的领导作用。宪法指出："中国人民经过100多年的英勇奋斗，终于在中国共产党的领导下，在1949年取得了反对帝国主义、封建主义和官僚资本主义的人民革命的伟大胜利，因而结束了长期被压迫被奴役的历史，建立了人民民主专政的中华人民共和国。"②确认了中国共产党在统一战线中的领导地位，规定"我国人民在建立中华人民共和国的伟大斗争中已经结成了以中国共产党为领导的各民主阶级、各民主党派、各人民团体的广泛的人民民主统一战线"。可见，与《共同纲领》相比，1954年宪法在政党制度的规定上有了新的发展，表现为在一定程度上确认了中国共产党对国家的领导地位。1975年修改后的宪法分别在序言、总纲和国家机构中都涉及了政党方面的内容，与1954年宪法规定的不同之处在于：①确认了中国共产党在我国社会主义革命和社会主义建设中的领导作用，强调了在整个社会主义历史阶段坚持党的领导的决心和信念；②将人民民主统一战线改为革命统一战线，没有提及民主党派，民主党派丧失了宪法地位；③在正文中强调了中国共产党的领导。1975年修改后的宪法对政党制度规定的特点，在于突出中国共产党的领导地位，明确规定了中国共产党对国家的领导权，并将党政不分的不正常党政关系宪法化了，淡化了民主党派的地位和作用。1978 年修改后的宪法对政党制度的规定有三个特色：①恢复了 1954 年的有关规定，指出了中国共产党的领导对取得社会主义革命和社会主义建设的意义；②将民主党派的性质界定为爱国民主党派，作为革命统一战线的团结对象进行了确认；③对党的领袖的地位和作用在宪法中做了规定。1982 年修改后的宪法，在继承了前几部宪法对中国共产党领导方面的良好规定的经验基础上，对中国共产党的领导作为四项基本原则之一进行了规定，另外将统一战线界定为爱国统一战线，恢复了民主党派在统一战线中的地位。可以看出，尽管历次宪法修改都涉及中国共产党的领导，但都没有完整地规定我国政党制度。1993 年宪法修正案第四条弥补了上述不足，"中国共产党领导的多党合作和政治协商制度将长期存在和发展"，是对我国政党制度发展和现状的科学概括和总结。① 2007 年 11 月，国务院办公厅发布了《中国的政党制度》白皮书，对中国共产党领导下的多党合作制度国家政权建设与国家现代化建设等方面做了进一步的阐述。十八大以来，强调要进一步坚持和健全中国共产党的领导。十九大通过的党章规定，中国共产党的领导是中国特色社会主义最本质的特征，是中国特色社会主义制度的最大优势。党政军民学，东西南北中，党是领导一切的。②同时，党章也规定，党要适应改革开放和社会主义现代化建设的要求，坚持科学执政、民主执政、依法执政，加强和改善党的领导。党必须按照总揽全局、协调各方的原则，在同级各种组织中发挥领导核心作用。③

政治协商制度的发展。政治协商制度（政协制度），是指在中国共产党领导下，各政党、各人民团体、各少数民族和社会各界的代表，以中国人民政治协商会议为组织形式，经常就国家的大政方针进行民主协商的一种制度。

1949 年中华人民共和国成立，中国人民政治协商会议虽然就其性质来说，不是国家机关，但由于新中国成立初期的特殊历史条件，作为国家最高政权机关的全国人民代表大会尚未建立，按照《共同纲领》规定，中国人民

---

① 胡肖华，肖北庚. 宪法学［M］. 长沙：湖南人民出版社，湖南大学出版社，2001：310－311.
② 中国共产党章程［N］. 人民日报，2017－10－29.
③ 中国共产党章程［N］. 人民日报，2017－10－29.

政治协商会议全体会议代行了全国人民代表大会的职权。①

1954 年 9 月，第一届全国人民代表大会第一次会议在北京召开。从此，人民政协就不再代行国家权力机关的职权，而单纯作为中国共产党领导的统一战线组织而继续发挥作用。1954 年 12 月召开的第二届全国政协第一次会议，制定了《中国人民政治协商会议章程》，明确指出今后中国人民政治协商会议作为团结全国各族人民、各民主阶级、各民主党派、各人民团体、国外华侨和其他爱国民主人士的人民民主统一战线的组织，仍然需要存在。1962 年，在经历三年困难时期之后，政协召开了第三次会议。周恩来作了《我国人民民主统一的新发展》报告，提议把"社会主义建设"作为统一战线的新任务。在十年"文革"期间，党的正确的统一战线政策被歪曲为投降主义，统战部被说成"阶级投降部"。政协全国委员会于 1966 年 8 月 30 日起被迫停止办公，各级政协的工作也被迫陷于瘫痪，整个政协制度遭到严重破坏。

十一届三中全会后，政协进入了新的发展阶段。1978 年 12 月，政协召开第五届第一次会议，把促进"安定团结"和现代化建设作为统一战线的基本任务，标志着中断 10 年之久的政治协商制度正式得到了恢复。1982 年通过的《中华人民共和国宪法》第一次以根本大法的形式肯定了爱国统一战线和人民政协的性质、地位和作用。1982 年 12 月通过的《政治协商会议章程》进行了详细规定。1994 年、2000 年和 2004 年分别对章程再次做了修订。2004 年的修正案在总纲中特别强调："政治协商制度是我国的一项基本政治制度。"章程规定：政协全国委员会和地方委员会的主要职能是政治协商和民主监督，组织参加本会的各党派、各社会团体和各族各界人士参政议政。2005 年《中国的民主政治建设》白皮书阐述了政治协商制度在国家政治和社会生活中的重要性不断增强的事实：中国共产党与各民主党派、无党派人士的政治协商逐步制度化和规范化；民主党派成员、无党派人士在人民代表大会中发挥着重要作用；民主党派成员和无党派人士担任各级政府和司法机关的领导职务；民主党派和无党派人士在中国人民政治协商会议中发挥重要作

① 浦兴祖. 中华人民共和国政治制度［M］. 上海：上海人民出版社，1999：394 - 399.

用；民主党派和无党派人士通过多渠道、多形式对执政党的工作实行民主监督。2007年国务院办公室发布的《中国的政党制度》白皮书对政治协商制度中中国共产党中央同各民主党派中央政治协商的内容、形式与程序等进行了总结，并对人民政协对国家政权建设与国家现代化建设的作用等方面做了进一步的阐述。

3. 我国是以工人阶级为领导，以工农联盟为基础的人民民主专政的社会主义国家。我国国家政权的阶级本质决定了中国共产党是社会主义事业的领导核心，是执政党。坚持中国共产党的领导权，是中国统一战线和多党合作的根本原则。毛泽东曾经指出，没有中国共产党的坚强领导，任何革命的统一战线是不能胜利的。2005年2月，中国共产党颁发《中共中央关于进一步加强中国共产党领导的多党合作和政治协商制度建设的意见》以下简称《意见》，在总结多党合作和政治协商的历史经验和成功做法的基础上，进一步明确了多党合作和政治协商的原则、内容、方式、程序等，为健全完善中国特色社会主义政党制度指明了方向。《意见》指出："我国的多党合作必须坚持中国共产党的领导，必须坚持四项基本原则，这是中国共产党同各民主党派合作的政治基础。"

作为执政党的中国共产党的领导方式，具体如下：①中国共产党就重大方针政策和重要事务同各民主党派进行政治协商，实行相互监督。②各民主党派成员在国家权力机关中占有适当数量，依法履行职权。③各民主党派成员担任国家及地方人民政府和司法机关的领导职务；各级人民政府通过多种形式与民主党派联系，发挥他们的参政议政作用。④各民主党派通过人民政协参加国家重大事务的协商。⑤中国共产党支持民主党派参加改革开放和社会主义现代化建设。为经济社会发展服务，是各民主党派履行参政党职能的重要内容，是中国多党合作制度的一大特色。

4. 中国共产党领导的多党合作所体现的新型政党关系，主要表现在两个方面。①中国共产党和各民主党派都是合法政党，各民主党派在宪法范围内具有政治自由、组织独立和法律上的平等地位。《中共中央关于坚持和完善中国共产党领导的多党合作和政治协商制度的意见》指出："民主党派享有宪法规定的权利和义务范围内的政治自由、组织独立和法律地位平等。中国共产党支持民主党派独立自主地处理自己的内部事务，帮助他们改善工作条件，支持他们开展各项活动，维护本组织成员及其联系群众的合法利益和合理要求。"②中国共产党在长期与民主党派合作的过程中，形成了"长期共存、互相监督、肝胆相照、荣辱与共"的基本方针。这十六字方针既是对中国共产党与民主党派合作关系经验的总结，也是中国共产党今后处理与民主党派合作关系的基本准则。"长期共存、互相监督"是1956年由中国共产党明确提出的。"长期共存"是指中国共产党与民主党的合作关系在共同的目标一致的政治基础上将长期存在。我国宪法在序言中指出："中国人民政治协商会议是有广泛代表性的统一战线组织，过去发挥了重要的历史作用，今后在国家政治生活、社会生活和对外友好活动中，在进行社会主义现代化建设、维护国家的统一和团结的斗争中，将进一步发挥它的重要作用。""互相监督"是指中国共产党和各民主党派在合作关系中相互进行监督，提出意见和批评。"肝胆相照、荣辱与共"是1982年中国共产党在统战工作发展的基础上提出的一个进一步加强和改善中国共产党与民主党派合作关系的方针。"肝胆相照、荣辱与共"意指中国共产党与各民主党派的合作关系要更加亲密和密切，坦诚以待，成则共荣，败则诸损，因此应该同进退共患难。①

5. 中国人民政治协商会议（人民政协或政协）是中国人民爱国统一战线的组织。早在1949年9月，中国人民政治协商会议第一届全体会议通过的《共同纲领》中就规定人民政协"为人民民主统一战线的组织形式"。其组织成分包括工人阶级、农民阶级、革命军人、知识分子、小资产阶级、民族资产阶级、少数民族、国外华侨及其他爱国民主分子的代表。可见，虽然当时人民政协代行了全国人民代表大会的职权，但它本身所固有的性质仍然是统一战线组织。在以后的近50年中，特别是在20世纪70年代末实行改革开放的40多年中，中国的政治经济形势和社会历史条件发生了重大变革，人民政协的组成成分、历史任务也随之发生变化。但是，它作为统一战线组织的性质并没有改变。这可以从政协的三个《中国人民政治协商会议章程》和1982年的宪法中看出。1954年12月制定的《中国人民政治协商会议章程》（以下简称《章程》）关于人民政协性质的提法与《共同纲领》相同，即人

---

① 胡肖华，肖北庚. 宪法学［M］. 长沙：湖南人民出版社，湖南大学出版社，2001：
314 - 315.

民政协为"人民民主统一战线的组织形式"。1978 年 3 月制定的《章程》把人民政协的性质规定为"中国共产党领导下的革命统一战线的组织"。1982 年 12 月制定并在 1994 年 3 月修订的《章程》规定:"中国人民政治协商会议是中国人民爱国统一战线的组织。"1982 年宪法规定:"中国人民政治协商会议是有广泛代表性的统一战线组织。"人民政协作为统一战线组织,在中国政治生活中有着重要地位,它进行的活动、提出的建议和通过的决议,对社会主义建设和国家政权机关的建设有着重要的作用。

关于人民政协的职能,1989 年政协第七届全国委员会常务委员会通过了《全国政协关于政治协商、民主监督的暂行规定》。1995 年,政协第八届全国委员会常务委员会第九次会议通过了《政协全国委员会关于政治协商、民主监督、参政议政的规定》,对政治协商、民主监督、参政议政的目的、内容、组织等重大事项做出了明确规定。因此,政协的职能为政治协商和民主监督,组织参加本会的各党派、团体和各族、各界人士参政议政。2005 年,通过了《中共中央关于进一步加强中国共产党领导的多党合作和政治协商制度建设的意见》。根据上述文件,政治协商会议的主要职能有政治协商、民主监督和参政议政等。

政治协商是指对国家和地方的大政方针,政治、经济、文化和社会生活中的重要问题以及政协内部各方面的关系等问题进行的协商。协商的内容包括:中国共产党全国代表大会、中国共产党中央委员会的重要文件;宪法和重要法律的修改建议;国家领导人的建议人选;关于推进改革开放的重要决定;国民经济和社会发展的中长期规划;关系国家全局的一些重大问题;通报重要文件和重要情况并听取意见,以及其他需要同民主党派协商的重要问题,等等。

民主监督是指对国家宪法、法律和法规的实施,重大方针政策的贯彻执行,国家机关及其工作人员的工作,通过建议和批评方式所进行的监督。民主监督的内容主要是:国家宪法和法律法规的实施情况;中国共产党和政府重要方针政策的制定和贯彻执行情况;党委依法执政及党员领导干部履行职责、为政清廉等方面的情况。

参政议政是政治协商和民主监督的拓宽和延伸,主要侧重于选择人民群众关心、党政部门重视、政协有条件做的课题,组织调查和研究,积极主动地向党政领导机关提出建设性的意见。其特点是：参加国家政权，参与国家大政方针和国家领导人选的协商，参与国家事务的管理，参与国家方针政策、法律法规的制定和执行。政协常常对国家政治、经济、社会、文化建设等各个方面，通过专题调查和专题研讨等方式，提出许多有针对性的建议，为社会主义现代化事业做出了显著成绩。①

总之，人民政协通过提案、委员视察、专题协商、专题调研、反映社情民意等方式，在开展议政建言活动，履行政治协商、民主监督、参政议政等方面发挥了重要的作用。根据《2009 年中国人权事业的进展》记载，2009年，全国政协共提出提案 5820 件，经审查立案 5218 件；编报社情民意信息267 期，反映民生方面的意见和建议 1435 条；提交关于中小企业发展、民族地区经济社会发展等方面的视察报告和考察报告 12 份，并与有关部委就视察成果的采纳和落实情况进行交流，在反馈环节上探索建立健全制度。全国政协还就"着力扩大国内需求，保持经济平稳较快发展""加快发展方式转变和结构调整，提高可持续发展能力""保障和改善民生，促进社会和谐"等重大经济与民生问题召开专题议政性常委会和专题协商会。2009 年，全国政协有关专门委员会积极为立法、执法工作建言献策：围绕民族区域自治法的贯彻实施深入考察调研，建议建立健全与民族区域自治法相配套的法律体系及相关政策，推动其贯彻落实；建议完善相关法律法规，明确非正常上访的法律概念以及责任主体，将信访工作纳入法制化轨道。2012 年至 2017 年年初，全国政协聚焦党和国家中心任务，围绕统筹推进"五位一体"总体布局和协调推进"四个全面"战略布局协商议政。①把围绕"十三五"规划制定和实施献计出力作为工作主线，就规划制定用 3 个月时间密集开展 56 次议政活动。②瞄准全面深化改革和全面依法治国重大任务精准建言，共开展185 次视察调研和协商议政活动，报送 74 份专题报告和信息。贯彻以人民为中心的发展思想，为保障和改善民生建言献策。抓住涉及人民群众切身利益的实际问题，共开展 171 次视察调研和协商议政活动。② ③推进政协协商民

① 浦兴祖.中华人民共和国政治制度［M］.上海：上海人民出版社，1999：401 -405.

② 俞正声.中国人民政治协商会议全国委员会常务委员会工作报告——在政协第十三届全国委员会第一次会议上［N］.人民日报，2018 - 03 - 16.

主建设，形成协商议政新局面。进一步完善以全体会议为龙头，以专题议政性常委会议和专题协商会为重点，以双周协商座谈会、对口协商会、提案办理协商会等为常态的协商议政格局；调动了委员履职参与积极性，参加各类视察考察调研、协商会议活动的委员共 1635 名、2.85 万人次。④加强和改进民主监督工作，推动党和国家重大方针政策和重要决策部署贯彻落实。将重点监督性议题纳入年度协商计划，寓监督于会议、视察、提案、专题调研、大会发言、社情民意信息等工作之中；视察调研的监督性议题逐年增加，由 2015 年的 12 项占 11%，发展到 2017 年的 20 项占 28%。①

（四）民族区域自治制度

1. 民族区域自治制度，是指在国家统一领导下，各少数民族聚居的地方实行区域自治，设立自治机关，行使自治权的一种制度，这实际上是一种民族自治和区域自治的结合，是经济因素与政治因素的结合。它是在中央人民政府统一领导之下，在宪法规定的总轨道上，让少数民族人民当家做主、管理本民族内部事务的政策和国家政治制度。民族区域自治包含缺一不可的三个方面，即国家结构、行政区划和法规建制。②

中国自古以来便是一个多民族国家，虽然在历史嬗递过程中有战乱、有分裂，但每次分裂与战乱都为下阶段更大范围的统一和发展预设了条件；而各少数民族与汉族间亦早已形成难以分割的政治体系，以及特殊的文化脐带相系的密切关系。这种关系成为民族区域自治制度的内在纽带。1997 年 9月，在中国共产党十五大报告中，民族区域自治制度、人民代表大会制度与共产党领导的多党合作和政治协商制度，成为三大基本政治制度，进一步凸

---

① 俞正声. 中国人民政治协商会议全国委员会常务委员会工作报告——在政协第十三届全国委员会第一次会议上［N］. 人民日报，2018 - 03 - 16.

② 国家民族事务委员会. 民族工作提要［M］. 北京：民族出版社，1990：13.

显民族区域自治制度的地位。①

2. 民族区域自治来源于地方自治。关于地方自治权的起源大约有以下四种说法。② ①固有权说。该说主张自治权非由外在赋予，而是地方自治团体固有的权利，其性质与个人基本权相同，不可侵犯。另外，地域性社会共同体先于国家存在，因此地方自治团体虽为国家的一部分，但在统治权的性质上则并无差异。地方自治观念在预设国家存在的前提下形成，基于国家统一性考量，此说已很难适用于当今各国现况。②承认说。该说认为今日大部分的土地与人民，皆隶属于主权国家之下，受统一的法秩序规范，国家领土内不应另具有固有自治权的法律人格存在。因此基于主权国家理论，地方自治团体为国家统治机构的一环，地方自治团体的法律人格及自治权皆为国家所赋予。简单来说，承认说认为地方自治团体之事权并非自治团体所固有，乃国家因地制宜之便，权宜交给地方自治团体而已。此种说法与现实情况相符，在19世纪末成为德国与日本的主流思想。③制度性保障说。该说从承认说蜕变而成，主要特点在于强调地方自治系宪法特别保护的制度，不得循一般立法程序废止或侵害其本质内容，立法者更有义务积极地形成有利于地方自治发展之制度。此说目前取得德国通说的地位，此说使地方固有事务与国家事务间形成一种原则和例外的关系，如果各邦宪法没有特别规定属于国家之任务，该事务即属于各地方。④人民主权说。该说认为为了保障人权、实现人民主体性，地方自治系不可或缺的制度。凡属人权保障上所必需的事项，不论有无法律依据，或法律如何规定，原则上地方自治团体皆得自行处理。在地方制度的保障上，应包括公民参与权、知情权甚至公民投票权等，在人民关系最密切的范围（如环保、教育、社会福利事项等）能够维持人民的主导地位，并期待人民能够自主决定等。

我国宪法第四条规定：各少数民族聚居的地方实行区域自治，设立自治机关，行使自治权。各民族自治地方都是中华人民共和国不可分离的部分。《民族区域自治法》对民族区域自治各方面做了具体规定，规定民族区域必

---

① 江泽民. 高举邓小平理论伟大旗帜，把建设中国特色社会主义事业全面推向二十一世纪——江泽民在中国共产党第十五次全国代表大会上的报告［N］. 人民日报，1997 - 09 - 13.

② 许志雄. 地方自治权的基本课题［J］. 月旦法学，1995（1）.

须在中华人民共和国范围内，在中央政府的统一领导下；民族区域自治必须以少数民族聚居区为基础；民族自治机关行使自治权。所以，民族自治区域被认为是国家赋予的。同时，我国又以人民主权理论作为立国基础，人民主权说主张由下而上的分权，并强调民族自治区域居民自治参与和自主，具有进步性且符合时代潮流。因为全球化的环境下，中央与地方都面临如何提升国家竞争力的压力与责任。基于此，中央与地方政府都必须在这多元复杂的国际政治经济环境中因应各种需求与问题并做出适时与适当的响应。我国对民族区域自治制度的上述规定，主要是基于以下几个方面的考量：①历史传统。中国在历史上长期就是个集中统一的国家，民族分布以大杂居、小聚居为主，故实行民族区域自治制度符合中国国情和历史传统。②意识形态。中国共产党成立和组织的理论基础是马克思主义，认为无产阶级革命即应坚持建立集中统一的单一制国家。③党的体制。中国共产党一直作为领导核心在各领域起作用，之所以能在革命斗争中发挥强大力量，与其高度集中统一的组织制度有关，故党的体制与政府体制越密切，影响亦越大。④组织原则。民主集中制是中国共产党一贯坚持的组织原则，不仅党的组织按此原则运作，且政府组织也按此原则运作。⑤发展战略。以当时中国社会积弱已久的情况，国家建设和发展须在高度权威和力量的中央政府领导并有效调控下进行。①

3. 民族区域自治地方的自治机关是按照宪法、地方组织法和民族区域自治法的规定设立的，在少数民族区域自治地方行使民族自治权的国家机关。自治机关具有双重属性，一方面，它是地方国家机关，行使宪法、地方组织法规定的地方国家机关的职权；另一方面，它是自治机关，依照宪法、民族区域自治法和其他法律的规定行使自治权，管理本行政区域内地方国家事务和本民族的内部事务。因此，民族区域自治地方的自治机关作为民族自治地方的国家机关，在机关组成方面既有与一般地方国家机关的共同性，又充分地体现了民族区域自治的特殊性。

4. 自治权是民族区域自治制度的核心。所谓自治权，就是民族自治地方的自治机关依照宪法、民族区域自治法和其他法律规定，管理本地方、本民

---

① 浦兴祖. 中华人民共和国政治制度 [M]. 上海：上海人民出版社，1999：592.

族内部事务的自主权。民族自治地方的自治权既不同于普通行政地方国家机关在中央统一领导下因地制宜地开展工作的自主权，也不同于特别行政区所享有的高度自治权，它是国家为了使少数民族在其聚居区当家做主，自主地管理本地方、本民族的内部事务，促进民族平等、团结和共同繁荣而特别赋予的。其特质为：①自治机关地位和自治机关组织都是在维护国家统一，保证宪法和法律在本地方遵守和执行的前提下组织而成的；②自主权是国家统一领导下、宪法和法律规定前提下的自主权；③有关政治方面自治权规定中，虽没有直接用"自主"的提法，但自治机关可以制定自治条例和单行条例，在不违背宪法和法律原则下，有权采取特殊政策和灵活措施，对不适合民族自治地方实际情况的上级国家机关的决议、决定、命令和指示变通或者停止执行权利；④自治机关的自治权表现在政治、经济、文化和社会生活等各方面；⑤自治权是民族自治地方的自治机关享有并行使的权利，主要体现实行区域自治的民族的自主管理权，但不仅是自治民族的权利，也是自治地方内其他民族的平等权利。①

国家赋予自治地方的自治权，其根本目的在于使自治机关可根据本地方的实际情况贯彻执行国家的法律、政策，促进自治地方各项事业的发展，促进各民族的繁荣和维护国家统一。根据宪法和民族区域自治法的规定，结合我国实行民族区域自治的经验，这些自治权概括起来主要有以下几个方面：自主管理本民族、本地区的内部事务；制定自治条例和单行条例；自主安排、管理、发展经济建设事业；自主安排使用根据国家财政体制应该属于民族自治地方的财政收入；自主发展教育、科技、文化等社会事业；组建公安部队；使用和发展本民族语言文字等。

为了保障民族自治机关行使自治权，《宪法》规定："国家尽一切努力，促进全国各民族的共同繁荣。"《民族区域自治法》规定，国家实行有利于民族自治地方经济发展的财政管理体制，为民族自治地方的各项事业和建设提供资金支持和补贴，扶持民族自治地方发展民族贸易和地方工业及传统手工业，帮助民族自治地方加速发展文化教育事业，帮助民族自治地方培养少数民族干部和技术人才，鼓励内地技术人员到民族自治地方工作。因此，民族

---

① 浦兴祖．中华人民共和国政治制度［M］．上海：上海人民出版社，1999：631．

区域自治法进一步把上级国家机关支持、帮助民族自治地方加快发展明确规定为一项法律义务。近些年，国家采取了一系列的举措来保障民族自治机关自治权的行使。把加快民族自治地方的发展摆到突出位置，优先合理安排民族自治地方基础设施建设项目，加大对民族自治地方财政支持力度，重视民族自治地方的生态建设和环境保护，采取特殊措施帮助民族自治地方发展教育事业，加大对少数民族贫困地区的扶持力度，增加对民族自治地方社会事业的投入，扶持民族自治地方扩大对外开放，组织发达地区与民族自治地方开展对口支援，照顾少数民族特殊的生产生活需要。

（五）经济制度

1. 经济制度是指一国通过宪法和法律调整以生产资料所有制形式为核心的各种基本经济关系的规则、原则和政策的总和。① 经济制度对国家的制度建设起着基础性的作用。查尔斯·A. 比尔德所著的《美国宪法的经济观》指出，"宪法不是所谓'全民'的产物，而不过是希望从中获得利益的一个经济利益集团的产物"，"在社会的巨大变革中，就像在制定与通过宪法所引起的变革中，经济力量是原始的或根本的力量，而且比其他的力量更足以解释事实"。他还认为，美国宪法的制定者之所以能够跻身于世界著名政治活动家之列，主要"由于他们承认经济利益在政治上的力量，并且巧妙地加以运用"，"从而把一个新的政府建立在唯一可以稳定的基础——经济利益基础——之上"②。因此，随着国家职能由政治生活扩展至经济生活，宪法在继续规范政治生活的前提下，相应地增加了规范与管理经济生活的职能，表现为在宪法结构中出现大量的调整经济活动的条款。对经济生活的规范成为国家政策之一，宪法因此突破了对经济生活保持中立的立场，开始干预经济生活，且这一干预带有较强的政策属性，与一般的宪法规范有一定的差异，

---

① 周叶中. 宪法［M］. 北京：高等教育出版社，2020：187.

② ［英］查尔斯·A. 比尔德. 美国宪法的经济观［M］. 何希齐，译. 北京：商务印书馆，1984：2.

因而在总体上属于国家政策范畴。①

中国我国宪法历来都比较系统地规定了经济制度。起临时宪法作用的《共同纲领》第二十六条规定：中华人民共和国经济建设的根本方针，是以公私兼顾、劳资两利、城乡互助、内外交流的政策，达到发展生产、繁荣经济之目的。国家应在经营范围、原料供给、销售市场、劳动条件、技术设备、财政政策、金融政策等方面，调剂国营经济、合作社经济、农民和手工业者的个体经济、私人资本主义经济和国家资本主义经济，使各种社会经济成分在国营经济领导之下，分工合作，各得其所，以促进整个社会经济的发展；并于第二十八、二十九、三十、三十一条分别规定了"国营经济为社会主义性质的经济""合作社经济为半社会主义性质的经济，为整个人民经济的一个重要组成部分""有利于国计民生的私营经济事业"和"国家资本与私人资本合作的经济为国家资本主义性质的经济"，完整地表述了当时中国的经济制度及其相关政策。1954年宪法第五条规定四种经济制度：中华人民共和国的生产资料所有制现在主要有下列各种：国家所有制，即全民所有制；合作社所有制，即劳动群众集体所有制；个体劳动者所有制；资本家所有制。并自第六到十五条详细规定了各种经济成分的指导原则和政策。1982年修改后的宪法确立了基本适应我国生产力发展水平和生产关系状况的基本经济制度。经过1988年、1993年、1999年、2004年和2018年的五次修正后，确立了社会主义市场经济制度，主要表现如下：从生产资料的所有制看，宪法确立了以社会主义公有制为主体的多种所有制并存的所有制结构；从分配制度上看，现阶段我国实行以按劳分配为主体的多种分配方式和分配政策并存的分配制度。

2. 社会主义公有制经济是指为达到经济协调发展和满足社会福利提高及共同富裕的目标，由社会中心支配的那部分资源。它具有多层次内容：不仅包含了生产资料公有制在再生产各个环节的全部内容，还包括产品的公有制、剩余产品的公有制和反映社会主义共同富裕目标的收入分配公平程度。它们各自在社会主义公有制中的地位和作用，是随着社会经济条件而变化

---

① 韩大元，林来梵，郑贤君. 宪法学专题研究［M］. 北京：中国人民大学出版社，2004：79.

的。一般地说，它们各自在公有制中的地位和作用是与这里的排序成反比的，即后面的要优于前面的。如收入分配的公平程度要比它前面的任何一项公有制内容重要，因为它才是社会主义共同富裕的真正体现。从社会主义目的看，生产资料公有制只是实现目的的手段之一，而不是目的本身，当社会条件发生变化而使其作用下降时，完全可以逐渐放弃它。社会主义经济是以公有制而不是传统的生产资料公有制为基础的市场经济。① 以实现共同富裕为目标的公有制不仅是人类长期以来追求的目标，还是实现资源优化配置和社会最大福利的必备条件。

社会主义公有制经济包括国有经济、集体经济以及混合所有制中的国有成分和集体成分。国有经济，即社会主义全民所有制，或称"社会主义国家所有制"，是指由代表人民利益的国家占有生产资料的一种所有制形式。我国社会主义全民所有制是在新中国成立初期通过没收官僚资本、取消帝国主义在中国的特权、赎买民族资本以及大力进行社会主义经济建设等途径建立起来的。国有经济的特点主要在于：全体社会劳动成员共同占有生产资料，在全社会的范围内实现了劳动者和生产资料的结合；实行按劳分配，消灭了人剥削人的现象；在国有经济中，人与人之间的关系是平等的，并实行民主管理。在1993年以前，社会主义全民所有制经济一般被称为国营经济。1993年3月29日，第八届全国人民代表大会第一次全体会议通过的《中华人民共和国宪法修正案》将国营经济修改为国有经济：国有经济，即社会主义全民所有制经济，是国民经济中的主导力量。国家保障国有经济的巩固和发展。根据宪法的规定，国有经济即全民所有制经济，主要包括：①矿藏、水流、森林、山岭、草原、荒地、滩涂等法律规定属于集体所有以外的自然资源；②城市的土地以及根据法律规定属于国家所有的农村和城市郊区的土地；③银行、邮电、铁路、公路、航空、海运等国有企业、事业单位及其设施。如宪法第九条规定：矿藏、水流、森林、山岭、草原、荒地、滩涂等自然资源都属于国家所有，即全民所有。宪法第十条还规定：城市的土地属于国家所有。国有经济控制国民经济的命脉，国有经济是实现社会主义现代化的重要物质力量，国有经济影响并制约其他经济的发展，对于建立社会主义

---

① 杨文进. 社会主义公有制经济具有多层次内容 [J]. 福建论坛, 2005 (12).

市场经济体制和巩固社会主义制度，具有极为重要的意义。因此，现行《宪法》第七条规定：国有经济是社会主义全民所有制经济，是国民经济中的主导力量。国家保障国有经济的巩固和发展。

集体所有制是指生产资料归集体经济组织内部的劳动者共同所有的一种所有制形式。这种形式的特点在于生产资料是集体经济组织的公共财产，劳动者之间存在着互助合作的关系，但劳动者同生产资料的结合仅限于集体经济组织的范围之内。我国农村的集体所有制经济，是在新中国成立初期个体农业社会主义化的过程中建立起来的，而城镇的集体所有制经济则是在对手工业实行社会主义改造的基础上建立起来的。农村集体经济的经营体制经过了几次改变。1999 年 3 月，第九届全国人大二次会议通过的宪法修正案，继1993 年的修改之后，再次修改宪法关于农村集体经济的规定。宪法修正案第十五条规定："农村集体经济组织实行家庭承包经营为基础、统分结合的双层经营体制。农村中的生产、供销、信用、消费等各种形式的合作经济，是社会主义劳动群众集体所有制经济。参加农村集体经济组织的劳动者，有权在法律规定的范围内经营自留地、自留山、家庭副业和饲养自留畜。"另外，宪法还规定，法律规定属于集体所有的森林、山岭、草原、荒地和滩涂属于集体所有；农村和城市郊区的土地，除法律规定属于国家所有的以外，属于集体所有；宅基地和自留地、自留山，也属于集体所有。城镇的集体所有制经济主要表现为各种形式的合作经济。宪法第八条规定："城镇中的手工业、工业、建筑业、运输业、商业、服务业等行业的各种形式的合作经济，都是社会主义劳动群众集体所有制经济。"集体所有制经济是我国社会主义公有制的重要组成部分。它不但为我国现代化建设提供了大量的资金、原料和产品，而且吸纳了大量的城乡剩余劳动力，在我国国民经济中占有重要的地位。因此，宪法规定："国家保护城乡集体经济组织的合法的权利和利益，鼓励、指导和帮助集体经济的发展。"

3. 社会主义非公有制经济首先包括个体经济、私营经济。个体经济是指城乡劳动者依法占有少量的生产资料，以个人及其家庭成员的劳动为基础，从事生产经营活动的一种经济形式。私营经济是指私人占有生产资料，使用雇工 8 人以上，以营利为目的从事生产经营活动的一种经济形式。劳动者个体经济和私营经济是社会主义公有制经济占绝对优势下的私有制经济，它依附于公有制经济并受其制约，不会影响我国经济制度的社会主义性质，劳动者个体经济和私营经济是社会主义公有制经济的重要组成部分。因此，宪法修正案第十六条规定："在法律规定范围内的个体经济、私营经济等非公有制经济，是社会主义市场经济的重要组成部分。"国家保护个体经济、私营经济的合法的权利和利益，但同时，劳动者个体经济和私营经济作为私有制经济，不可避免地存在与社会主义公有制经济不协调的一面，具有一定的自发性、盲目性和投机性。因此，只有对其予以正确引导，才能限制它的消极因素，发挥它的积极作用。所以，宪法修正案规定：国家对个体经济、私营经济实行引导、监督和管理。截至 2011 年 12 月，我国私营企业已达 900 多万家，个体工商户已超过 3600 万户。① 社会主义非公有制经济还包括三资企业。三资企业包括中外合资经营企业、中外合作经营企业与外商独资企业。中外合资经营企业是由外商与中国的企业等经济组织共同投资、共同经营，并且按照出资比例共负盈亏的一种经济形式。中外合作经营企业一般由中方提供土地使用权、厂房、设施和劳力，由外商提供资金、技术和设备，双方按照事先达成的协议进行合作经营。外商独资企业则是指外商依照中国法律在中国境内设立的独自投资、独立经营的企业。"三资"企业是国家资本主义性质的企业，是我国对外开放的产物，对于我国吸引外资、引进科学技术和先进的管理经验具有重要作用。国家保护上述非公有制经济的同时，由于其私有制经济的属性，不可避免地存在与社会主义公有制经济不协调的一面，具有一定的自发性、盲目性和投机性。因此，只有对其予以正确引导，才能限制它的消极因素，发挥它的积极作用。所以，宪法修正案规定：国家鼓励、支持和引导非公有制经济的发展，并对非公有制经济依法实行监督和管理。

保护和发展劳动者个体经济、私营经济等非公有制经济有助于经济发展和人民生活的多方面需求，有助于减轻社会和政府的就业压力，有助于市场体制运作和竞争机制的形成。截至 2011 年 12 月，非公有制经济固定资产投资已经超过全国的 50%，占国内生产总值的比重已经超过一半，税收贡献不

---

① 贾庆林. 在全国非公有制经济先进典型事迹报告会上的讲话［N］. 人民日报，2011 - 12 - 03.

断增长，出口贸易占到全国的 60%，还提供了 80% 以上的城镇就业岗位和
90% 以上的新增就业岗位，成为社会主义现代化建设一支不可或缺的重要力
量。① 随着综合国力的提升，非公有制经济也逐步成长，并且发挥着越来越
大的作用。例如截至 2018 年 10 月，民营经济在整个经济体系中具有重要地
位，贡献了 50% 以上的税收、60% 以上的 GDP、70% 以上的技术创新、80%
以上的城镇劳动就业、90% 以上的新增就业和企业数量。如果没有民营企业
的发展，就没有整个经济的稳定发展；如果没有高质量的民营企业体系，就
没有现代产业体系，支持民营企业发展就是支持整个国民经济的发展。②

4. 十八大以来，坚持以供给侧结构性改革为主线，贯彻落实新理念新思
想新战略，坚持稳中求进工作总基调。十八届三中全会公报指出，公有制为
主体、多种所有制经济共同发展的基本经济制度，是中国特色社会主义制度
的重要支柱，也是社会主义市场经济体制的根基。③ 公有制经济和非公有制
经济都是社会主义市场经济的重要组成部分，都是我国经济社会发展的重要
基础。④ 允许更多国有经济和其他所有制经济发展成为混合所有制经济。国
有资本投资项目允许非国有资本参股。允许混合所有制经济实行企业员工持
股，形成资本所有者和劳动者利益共同体。⑤ 十九大报告强调，坚持和完善
我国社会主义基本经济制度和分配制度，毫不动摇巩固和发展公有制经济，
毫不动摇鼓励、支持、引导非公有制经济发展，使市场在资源配置中起决定
性作用，更好发挥政府作用，推动新型工业化、信息化、城镇化、农业现代
化同步发展，主动参与和推动经济全球化进程，发展更高层次的开放型经
济，不断壮大我国经济实力和综合国力。⑥ 十九届四中全会公报指出，公有
制为主体、多种所有制经济共同发展，按劳分配为主体、多种分配方式并
存，社会主义市场经济体制等社会主义基本经济制度，既体现了社会主义制

① 贾庆林. 在全国非公有制经济先进典型事迹报告会上的讲话［N］. 人民日报,
2011 - 12 - 03.
② 刘鹤. 谈当前经济金融热点问题［N］. 人民日报, 2018 - 10 - 20.
③ 中共中央关于全面深化改革若干重大问题的决定［N］. 人民日报, 2013 - 11 - 16.
④ 中共中央关于全面深化改革若干重大问题的决定［N］. 人民日报, 2013 - 11 - 16.
⑤ 中共中央关于全面深化改革若干重大问题的决定［N］. 人民日报, 2013 - 11 - 16.
⑥ 习近平. 决胜全面建成小康社会 夺取新时代中国特色社会主义伟大胜利——在中国
共产党第十九次全国代表大会上的报告［N］. 人民日报, 2017 - 10 - 28.

度优越性，又同我国社会主义初级阶段社会生产力发展水平相适应，是党和人民的伟大创造。必须坚持社会主义基本经济制度，充分发挥市场在资源配置中的决定性作用，更好发挥政府作用，全面贯彻新发展理念，坚持以供给侧结构性改革为主线，加快建设现代化经济体系。① 面对极其错综复杂的国内外形势，以社会主义公有制为主体的多种所有制并存的经济获得了长足的发展。"十三五"时期，我国经济社会发展取得新的历史性成就。经济运行总体平稳，经济结构持续优化，国内生产总值从不到 70 万亿元增加到超过 100 万亿元。②

　　5. 与上述生产资料所有制相适应，我国在社会消费品的分配上实行以按劳分配为主体、多种分配方式并存的分配原则。以按劳分配为主体，就是对于劳动者创造的社会总产品，在扣除生产过程中需要的部分和公共消费的部分之后，作为个人消费品，根据每个劳动者提供的劳动数量和质量进行分配，实行多劳多得、少劳少得的原则。所以宪法第六条第一款规定："社会主义公有制消灭人剥削人的制度，实行各尽所能、按劳分配的原则。"但是，在我国社会主义初级阶段，按劳分配只是占统治地位的公有制经济内部的分配原则。由于公有制之外还有其他经济形式，因而相应地也必然存在着其他的分配方式。如利息收入、股息收入、私营经济和三资企业的利润等都不是依据按劳分配的原则取得的。这些收益和分配方式都是市场经济发展的必然结果，理应受到宪法和法律的保护。所以宪法第六条第二款同时又规定："国家在社会主义初级阶段，坚持公有制为主体、多种所有制经济共同发展的基本经济制度，坚持按劳分配为主体、多种分配方式并存的分配制度。"因此，与以公有制为主体、多种所有制经济共同发展的基本经济制度相适应，我国在社会主义初级阶段实行按劳分配为主体、多种分配方式并存的分配制度。

---

① 此处脚注为 中共中央关于坚持和完善中国特色社会主义制度 推进国家治理体系和治理能力现代化若干重大问题的决定［N］. 人民日报，2019 - 11 - 6.
② 李克强. 政府工作报告——二〇二一年三月五日在第十三届全国人民代表大会第四次会议上［N］. 人民日报，2021 - 3 - 13.

七、公民权利

（一）公民与人民

1. 1954 年 5 月 29 日，宪法起草委员会第四次全体会议讨论时，法律小组定义了"人民"与"公民"概念。① ①人民是国家一切权力的所属者，即国家的主人翁。毛泽东主席在《论人民民主专政》中说："人民是什么？在中国，在现阶段，是工人阶级、农民阶级、小资产阶级和民族资产阶级。"②②公民包括一切具有中华人民共和国国籍的人。公民是法律上权利和义务的主体，享受宪法所保障的权利，担负宪法所规定的义务。同时，"人民"与"公民"的区别有两点：①"人民"通常是用于"集体"意义的，而"公民"总是用于"个别"意义的。②"人民"是政治概念，指的是各民主阶级；"公民"是法律概念，表明在法律上的地位。③ 根据制宪者的原意，结合我国法治实践，下面对"人民"与"公民"详加分析。

2. 公民是与国家法律中的权利义务相联系的一个概念。在国民共同体中，个体成员只有成为国民共同体中的成员才能获得国民相应的身份、资格，才能被赋予公民的权利和义务，亦即成为公民，康德说："这只能是由普遍的（联合的）人民意志之中产生出来的根本法，我们就称之原始契约。

---

① 许崇德. 中华人民共和国宪法史：上卷［M］. 福州：福建人民出版社，2005：132.
② 许崇德. 中华人民共和国宪法史：上卷［M］. 福州：福建人民出版社，2005：132.
③ 许崇德. 中华人民共和国宪法史：上卷［M］. 福州：福建人民出版社，2005：132.

在这一立法中享有投票权利的人，就叫作公民。……为此所需要的唯一资格就是：他必须是其自身的主人。"① 马歇尔在《公民身份与社会阶级》中提出了公民身份的权利基础：公民的要素由个人自由所必需的权利组成。这包括人身、言论、思想和信仰自由，拥有财产和订立有效契约的权利以及司法权利；公民作为政治权力实体的成员或这个实体的选举者，参与行使政治权力的权利；从某种程度的经济福利与安全到充分享有社会遗产并依据社会通行标准享受文明生活的权利等一系列权利。② 哈贝马斯认为，公民不仅创造了一种新的法律团结基础，同时也为国家找到了世俗化的合法化源泉。③ 在1954年宪法制定过程中，宪法起草委员会第二次会议上曾讨论过公民概念问题。当时，李维汉解释说，宪法中的公民，包括所有中国国籍的人在内。邓小平建议把全体人民改写成全体公民。刘少奇说：这里的公民包括过去的人在内，地主阶级也是公民，不过是剥夺了政治权利的公民。如果只写人民，就不能包括"国民"那一部分了。④ 我国宪法1982年全面修改时规定，凡具有中华人民共和国国籍的人都是中华人民共和国公民。

3. 人民是一个政治词汇，是与政治权利能力与政治行为能力相联系的。宪法的创制必然要求一个真实存在的、具有政治意识的人民，因而也就预设了人民共同体的存在：人民制宪权学说预设了有意识的政治意志。施米特认为，先有人民，然后才有新宪法；先有人民的政治性存在，才有通过人民的意志创制出的宪法。"宪法是通过拥有政治行动能力的人民的行为制定出来的。人民若欲成为制宪权主体，就必须作为政治统一体而存在，必须被预设为政治统一体。"⑤ 而且，"人民不能被消解。只要人民存在着，并且想继续

---

① ［德］康德. 历史理性批判文集［M］. 何兆武，译. 北京：商务印书馆，1997：187－188.

② ［英］T. H. 马歇尔，安东尼·吉登斯，等. 公民身份与社会阶级［M］. 郭忠华，刘训练，编. 南京：江苏人民出版社，2008：10－11.

③ ［德］哈贝马斯. 包容他者［M］. 曹卫东，译. 上海：上海人民出版社，2002：132.

④ 韩大元. 1954年宪法与中国宪政［M］. 2版. 武汉：武汉大学出版社，2008：330.

⑤ ［德］卡尔·施米特. 宪法学说［M］. 刘锋，译. 上海：世纪出版集团，上海人民出版社，2005：68.

存在下去，它就有着无穷无尽的生命力和活力，始终能够找到新的存在形式"①。人民的这种特性即使在完成立宪进入宪法范围之内后也不能完全消除。"人民仅仅出现在公共性的框架内，正因为有了人民，公共性才得以产生出来。人民与公共性是并存的关系，离开了公共性，就没有人民，离开了人民，就没有公共性。唯有在场的、实实在在地聚集起来的人民才是真正的人民。"②"人民始终不只是一个履行公务的官署，除了履行宪法安排的活动（公民直选和公民投票）之外，它本质上主要是作为一个无组织、无定形的实体而存在下去。"③ 这样就产生了人民范围的时代变迁。人民的范围随着革命、建设和改革的历史变迁而变化。因此，人民倾向于政治含义，尤其强调对国家（包括政党）的认同。大致而言，第一次国内革命战争时期，工、农、兵和小资产阶级是人民的范围；抗日战争时期，指赞成抗日和民主的中国人；④ 解放战争时期，工人、农民、小资产阶级以及民族资产阶级都被划在人民范围之内。新中国成立后，在沿用的基础上有所发展。新中国成立初期，"联盟的四个阶级"属于人民的范畴，"卖国贼"和"反革命分子"不属于人民的范围。⑤ 原因是，人民代表大会制属于苏维埃工农兵代表大会制

---

① ［德］卡尔·施米特. 宪法学说［M］. 上海：世纪出版集团，上海人民出版社，2005：92.

② ［德］卡尔·施米特. 宪法学说［M］. 上海：世纪出版集团，上海人民出版社，2005：261.

③ ［德］卡尔·施米特. 宪法学说［M］. 上海：世纪出版集团，上海人民出版社，2005：260.

④ 毛泽东同志在《抗日根据地的政权问题》中指出："抗日统一战线的选举政策，应是凡满 18 岁的赞成抗日和民主的中国人，不分阶级、民族、男女、信仰、党派、文化程度，均有选举权和被选举权。抗日统一战线政权的产生，应经过人民选举。"

⑤ 1949 年 9 月 22 日周恩来在人民政协第一届全体会议上所做的题为《关于〈中国人民政治协商会议共同纲领〉草案的起草经过和特点》的报告中特别强调了"人民"的权利义务及"人民"与"国民"的不同，并以阶级指称"人民"。报告指出：总纲中关于人民对国家的权利与义务有很明显的规定。有一个定义需要说明，就是"人民"与"国民"是有分别的。"人民"是指工人阶级、农民阶级、小资产阶级、民族资产阶级，以及从反动阶级觉悟过来的某些爱国民主分子。而对官僚资产阶级在其财产被没收和地主阶级在其土地被分配以后，消极的是要严厉镇压他们中间的反动活动，积极的是更多地要强迫他们劳动，使他们改造成为新人。在改变以前，他们不属人民范围，但仍然是中国的一个国民，暂时不给他们享受人民的权利，却需要使他们遵守国民的义务。这就是人民民主专政。参见中共中央文献编辑委员会编. 周恩来选集：上卷［M］. 北京：人民出版社，1984：369.

的体系，完全不同于资产阶级的议会制……苏联只是工人和农民两个阶级的联盟，而中国是四个阶级的联盟。① 改革开放后，一方面坚持人民和敌人的划分，一方面为与时俱进，努力开创建设中国特色社会主义事业新局面，大大扩充人民的范围。② 现阶段，人民是指全体社会主义劳动者、社会主义事业的建设者、拥护社会主义的爱国者、拥护祖国统一和致力于中华民族伟大复兴的爱国者。其中，社会主义事业的建设者主要指民营科技企业的创业人员和技术人员、受聘于外资企业的管理技术人员、个体户、私营企业主、中介组织的从业人员、自由职业人员等。

4. 在人民制定宪法并依法建立起政府之后，人民就成了法律的遵从者和维护者，但尽管这样，主权仍始终属于人民而非政府。即人民"在宪法的框架内行使宪法规定的权力。在宪法的框架内和基础上，人民可以作为选民或拥有表决权的国民行使宪法规定的某些权力"③。我国每一部宪法都规定，中华人民共和国的一切权力属于人民，即是在此意义上适用，即人民的存在既体现了制宪权中所强调的民主、人民、民意的重要性，也避免了宪法规范在行使的过程中可能产生的法律机械化，同时也防止了行使人民权力的官员可能产生的对人民主权的僭越和篡夺，或因人民自身凌驾于宪法秩序之上时可能导致的断裂甚至倾覆。而且，处于宪法之内的人民的活动并不是宪法生活的全部内涵，不能涵括人民的全部意义。因为虽然"宪法将某些权限（选举和表决）授予人民，但这并没有穷尽人民在一个民主国家中的行动能力和意义。在所有这类规范的旁边，人民一直作为直接在场的——不以先前的规范、有效性和假定为中介——活生生的实体而存在着"④。

---

① 周恩来. 周恩来统一战线文选［M］. 北京：人民出版社，1984：244 – 245.
② 如邓小平说："对人民实行民主，对敌人实行专政，这就是人民民主专政。运用人民民主专政的力量，巩固人民的政权，是正义的事情，没有什么输理的地方。"邓小平. 邓小平文选：第 3 卷［M］. 北京：人民出版社，1993：379. "马克思理论和实际生活反复教育我们，只有绝大多数人民享有高度民主，才能够对极少数敌人实行有效的专政；只有对极少数敌人实行专政，才能够充分保障绝大多数人民的民主权利。"邓小平. 邓小平文选：第 2 卷［M］. 北京：人民出版社，1994：373.
③ ［德］卡尔·施米特. 宪法学说［M］. 上海：世纪出版集团，上海人民出版社，2005：256.
④ 卡尔·［德］施米特. 宪法学说［M］. 上海：世纪出版集团，上海人民出版社，2005：260.

（二）公民与国家

1. 关于公民与国家的关系，按照不同的思想观点可分为共和主义公民观、自由主义公民观和权威主义公民观。共和主义公民观强调公民义务和对国家服从，注重公民个人德行的培养，把祖国视为一种道德和政治的制度，设定为共和国，而共和国是个"促进公共利益、共同财富和共同事业的国家。共和主义公民观把公民参与、公民自治作为公民认同、热爱共和国的恰当方式，其爱国方式具有更多的公民政治色彩。对共和主义而言，热爱共和国与参与公共事务的连接点在于：共和国之所以是公共的，"就是因为使得人们作为一个共同体或政治共同体的成员而卷入进来——是因为人们出于共同的关怀而参与进来"①。公民不仅需要遵守法律、服从规则、理性论辩，而且更需要公民对待公共事务像对待私人事务那样承担起责任。②

自由主义公民观认为社会先于国家而存在，国家只是处于社会中的个人为达致某种目的而形成契约的结果。在国家中，公共领域和私人领域界限分明，个体是否愿意进入公共领域，参与政治活动，完全取决于个人自愿。国家至多是社会的保护工具，充当"守夜人"的角色，换言之，社会具有独立于国家而存在的生命或身份。自由主义公民观强调权利的优先性，以及个人自由的首要性，凸显公民个人的权利。人身自由、言论自由、思想自由和信仰自由等属于公民个人不可剥夺的自由权利。"自由主义公民概念意指对于公民权的一种独特的构想和制度化，其关注的首要价值是个人自由的最大化。"③ 如洛克认为："人类天生都是自由、平等和独立的，如不得本人同

---

① ［英］思靳·伊辛，布雷恩·特纳. 公民权研究手册［M］. 王小章，译. 杭州：浙江人民出版社，2007：199.
② 应奇，等. 公民共和主义［M］. 北京：东方出版社，2006：168.
③ ［英］恩靳·伊辛，布雷恩·特纳. 公民权研究手册［M］. 王小章，译. 杭州：浙江人民出版社，2007：178.

意，不能把任何人置于这种状态之外，使受制于另一个人的政治权力。"①
对凌驾于个体之上的国家权力深怀警觉，并严格限制国家介入个体行动的界
限和范围。对于该界限和范围，非常注重法律和制度的作用。埃利斯·杨认
为，自由主义倡导以相同的标准和原则对待每一个公民，这种形式上的平等
实质是想将社会建构成一个同质同构的公民共同体。②

　　权威主义公民观认为国家高于社会。国家关心的是公众的普遍利益，是
人民依凭法律和政策进行活动的公域，个人于此间的身份乃是公民；社会追
求的是以个人私欲为目的的特殊利益，是人们凭借契约性规则进行活动的私
域，个人于此间的身份乃是市民。只有国家才能有效地救济社会的非正义缺
陷，并将其所含的特殊利益融合进一个代表着普遍利益的政治共同体之中。
如马基雅维利对罗马"独裁官"赞誉有加："他们不但用这种制度克服了危
机，并且也避免了无此建制社会就会产生的无数罪恶。"③ 霍布斯在《论公
民》的前言中写道："本书旨在阐明人之义务——首先作为人，其次作为臣
民、最后作为基督徒的义务。"从自然状态出发，霍布斯为绝对国家提供理
论证明。在黑格尔看来，个人绝对依附于国家："由于国家是客观精神，所
以个人本身只有成为国家成员才能具有客观性、真理性和伦理性。"④ 哈罗
德·拉斯基在其《论国家主权》中从公民集体——集团的角度阐述权威主义
公民观：国家犹如先验论中的绝对观念。国家无所不包。……国家之内的所
有集团，都注定而且只能服从于国家的生存；各种集团的存在是国家主权的
结果，没有国家，就没有这些集团本身。

　　在我国，一方面主张国家权力对经济与社会发展的宏观调控能力，积极
而适度地干预经济生活和社会秩序，以国家力量构建合规律性与合目的性的
经济与社会制度，运用国家权力保障社会利益最大化的社会国家主义。另一

---

① ［英］洛克. 政府论：下篇［M］. 叶启芳，瞿菊农，译. 北京：商务印书馆，1964：
　　59.

② YOUNG I M. Justice and Politics of Difference［M］. New Jersey：Princeton University
　　Press，1990：206

③ ［意］马基雅维利. 论李维［M］. 冯克利. 译. 上海：上海人民出版社，2012：
　　152.

④ ［德］黑格尔. 法哲学原理［M］. 范杨，张企泰，译. 北京：商务印书馆，1961：
　　254.

方面强调公民是国家政治上的主人，享有参与政治生活的权利，比如选举权和被选举权等；包括代议制、选举制、政党政治在内的民主制度被视为落实公民民主权利的政体选择，我国公民民主权利得到有效保障、公民获得广泛政治参与机会的民主国家。

2. 不同的公民观为不同的主权和权力合法性理论提供了前提，并且对公民的生命、自由和福利具有一种实践意义和直接影响。由于权利是构建法律的基本材料，上述公民与国家之间的关系表现在法律上就是用基本权利来加以保障：在一个自由民主宪法秩序中，基本权利的建构与形成，是作为国民主权的存在前提，旨在保障人民不受国家特定或不特定行为干预之权利，进而创造一个不受国家权力干预的自由空间，被视为自由民主宪法秩序价值体系中的核心部分。① 马克思指出："现代国家既然是由于自身的发展而不得不挣脱旧的政治桎梏的市民社会的产物。所以，它就用宣布人权的办法从自己方面来承认自己的出生地和自己的基础。""现代国家承认人权同古代国家承认奴隶制是一个意思。"② 基本权利是以人性尊严为基础，作为一个人生活所不可缺的权利，是先国家性与先宪法性的权利，对一个现代民主法治国家而言，基本权利的保障可以说根本就是宪法制定的最终目的，不仅为宪法秩序不可或缺的最重要构成部分，并被公认为是实现公平正义的重要指标。③ 在现代意义的宪法目的之下，基本权利蕴藏着什么内涵，其拥有者——人民依此能向国家主张什么权利，国家被授予何种作为或不作为义务，即为基本权利功能。依照学者研究，基本权利的功能有双重性质，包括主观面向和客观面向。防御及给付请求权是基本权利功能的主观面向，即可作为请求国家作为或不作为的基础；保护义务功能、程序保障功能、制度保障功能与客观价值秩序功能等则是基本权利功能的客观面向，即国家有一定义务采取保障人民基本权利的措施，至于可否作为人民请求国家作为或不作为基础，则须视情形而定。

3. 宪法实践表明，基本权利的不受侵犯性与受制约性相伴而生、结伴而

---

① 陈慈阳. 基本权核心理论之实证化及其难题 [M]. 台北：翰芦图书出版有限公司，2002：2.

② 马克思，恩格斯. 马克思恩格斯全集：第 2 卷 [M]. 北京：人民出版社，1957：145.

③ 许宗力. 基本权的功能与司法审查 [M] //许宗力. 宪法与法治国行政. 台北：元照出版有限公司，2007：155.

行。权利若无界限看似得到了最大的自由，实则却是寸步难行。没有界限的权利将导致权利行使的困难，权利主体之间互相主张绝对权利的结果，便是冲突四起、寸步难行，形同没有权利或是权利的瘫痪。因此，没有任何权利是绝对的，即宪法上基本权利并不担保无限制的自由。更进一步说，基本权利的限制是为了防止权利与权利之间相互的冲突，或是避免个人权利与社会整体产生冲突，在积极的意义上基本权利的限制更是为了调整冲突利益而为，也即为了实现基本权利的和谐而对基本权利进行限制。在实证法上，各国宪法对基本权利均采取相对保障主义，而非绝对保障主义，即基本权利应该依法限制，引出了限制的必要性和制度性事实。"对整体中所有个人权利的捍卫必然要求对每个人的个人权利加以各自的限制。……法律规则一方面要求所有人对每个人个人权利的尊重，另一方面为了确保所有人的个人权利，又要限制每个人的个人权利。"①

基本权利的内部制约是指基本权利相互之间的制约，即一种基本权利对另一种基本权利的制约、某一主体的基本权利对另一主体基本权利的制约。一个价值拘束的法秩序体系里，根本不可能有没有界限的权利存在，任何权利都不可能没有界限。② 恰如罗尔斯所言"限制自由的理由来自自由原则本身"③ 一样，基本权利限制之正当性也可从基本权利自身得以发掘。如言论自由权的行使，不能构成对他人隐私权、人格尊严等的侵犯，这是言论自由作为一种权利在本质上所必然伴随的制约。应当说，凡基本人权之外的其他一切权利皆存在这种内在制约。因为权利的和平共存是构筑公正、合理权利体系的重要因素，并非所有权利均有理由绝对高于己身之外的其他一切权利，也未必所有基本权利的实现都必须以其他非基本权利的牺牲为代价。为了自身基本权利的享有，也为了他人基本权利的实现，以适当形式划定公民

① ［法］来昂·狄骥. 宪法学教程［M］. 王文利，等译. 沈阳：辽海出版社，春风文艺出版社，1999：3.
② 克里斯蒂安·斯塔拉克. 基本权利的解释与影响作用［M］//许宗力. 法与国家权力. 台北：月旦出版社，1993：490-491.
③ ［美］约翰·罗尔斯. 正义论［M］. 何怀宏，何包刚，廖申白，译. 北京：中国社会科学出版社，1988：241.

基本权利之合理维度，其正当性是不言而喻的。① 法国 1789 年《人权宣言》第四条规定："自由就是指有权从事一切无害于他人的行为。因此，各人自然权利的行使，只以保证社会上其他成员能享有同样权利为限制。此等限制仅得由法律规定之。"

基本权利的外部制约是指为实现秩序、福利及公序良俗而对基本权利所必须设定的且为宪法价值目标所容许的制约。人类并非孤立的生存，个人的行为也非只对行为人本身产生影响，而是与其他共同进行社会生活的个人有所关联，因此为了使得社会生活得以顺利地持续运作下去，对个人的基本权利之行使进行适当的限制（调配）是可以认同的。斯特恩（K. Stern）指出，基本权利限制或界限学说的出发点皆是认识了基本权利是为了人类整体繁荣的生活，并非不能加以限制，系基本权利协调需求与兼容需求的表现。② 即基本权利的限制是考虑了个人在社会生活中利益与活动，与其他权利人和公共利益所进行的基本权利调配。上述"秩序、福利及公序良俗"可统称为"公共利益"。公共利益原则是现代宪法权利配置所必须遵循的基本原则。根据该原则，在公共利益与个人利益的矛盾运动中，公共利益是矛盾的主要方面，居于支配地位，个人利益是矛盾的次要方面，居于受支配地位；当个人利益与公共利益在同一领域相遇时，个人利益应当服从于公共利益。如《日本国宪法》第十二条规定："本宪法所保障的国民自由和权利，国民必须以不断地努力保持之。此种自由和权利，国民不得滥用，并应经常负起为公共福利而利用的责任。"我国宪法第五十一条也规定："中华人民共和国公民在行使自由和权利的时候，不得损害国家的、社会的、集体的利益和其他公民的合法的自由和权利。"

4. 权利的限制注定又与保障存在着紧张关系，即权利限制有可能在保障其他权利甚至"公共利益"的名义下被滥用。人类历史上有些国家宪法规定的部分权利事实上的空洞化甚至毁灭的事实促使人们反思权利限制时所应有的边界问题。权利观念承认对权利的一定限制是允许的，但限制本身应受到严格的限

---

① 胡肖华，徐靖. 论公民基本权利限制的正当性与限制原则［J］. 法学评论，2005（6）.

② Stern, Klaus, Die Grundrechte und ihre Schranken, in: Peter Badura/Horst Dreier（Hrsg.），Festschrift50 Jahre Bundesverfassungsgericht, Bd. Ⅱ, 2001, S. 1（9）.

制，即立法者也受到基本权利本身的限制。① 法律与基本权利间的交互关系所透露出来的信息便是：基本权利的限制并非没有底线，基本权利之限制也有其限制。因此，基本权利限制的原则就应运而生。

第一，法律保留原则。法律保留原则作为立法与行政两权分立的表现，其中心的思维可以联结至法治思想以及民主思想。在法治思想中，要求以法律支配取代传统的人治，尤其是专制君王的恣意统治。法治思想要求作为行政权代表的君主进行统治时，尤其在涉及人民权利的事务必须受到法律的拘束，也即在法律的节制之下，阻止行政权对人民权利任意地进行干预，因此法治思维的中心可以说是以人民权利保护为其目的。依法而治是相信法律具备一般性以及公开性，因为法律是规范社会整体，而非针对个别的具体事件或是特定之人而设的。法律具备如此性质可以确保行政权不至于凭借个人好恶对人民进行恣意干预，也即凭借法律，行政权必须超越个案去思考，如此一来可以避免特权或是恣意对待的情形发生。基本权利的限制不论是直接限制或是间接限制都需要具备法律依据，因此限制形式界限便集中在法律保留的部分，也即立法者被赋予权限进行基本权利限制的类型。法律保留在类型上又可以区分为单纯法律保留与特别法律保留。单纯法律保留称为一般保留，指的是宪法仅概括地授权立法者以法律对基本权利进行限制。特别法律保留则是指宪法明定以法律限制人民基本权利的原因、目的及方式。② 在特别法律保留之下，立法者虽然得到宪法的授权，但是宪法并未给予立法者高度的形成空间（相较于单纯法律保留而言），而是清楚地将基本权利限制的相关条件加以说明。特别法律保留意味着，立法者不能任意限制基本权利，而只能在宪法所预先划定的特定框架之中为之。

第二，比例原则。比例原则的发展是个人权利与公共利益相互比较下的产物。当人民的权利与公共利益有所冲突的时候，人民的权利往往需要对公共利益加以让步，但这并不代表着人民权利可以因为公共利益而萎缩至零。相反，公共利益来自个人权利的集合，因此在为公共利益限制人民基本权利

---

① 李云霖. 权利限制之临界点：权利核心 [J]. 求索，2009（4）.
② 李建良. 基本权利理论体系之构成及其思考层次 [M] //李建良. 宪法理论与实践：
　一. 台北：学林文化实业有限公司，1999：91.

时，必须要确保限制的必要性与正当性。从国家权力的角度来看，便是国家权力的作用必须是必要而且合宜的。从人民权利的牺牲与公共利益达成的角度切入，可以发现公共利益与人民权利牺牲两者之间必须要取得平衡，即人民没有绝对的权利，也不存在可以将人民权利完全牺牲的公共利益。该公共利益与私人权利牺牲之间的平衡关系是比例原则的重要意涵，如学者所言：比例原则的前身，也是其内涵的发源，可以说是合比例性或合度的思想①，即权利限制必须符合手段与目的之间存在必要性、妥当性原则以及狭义比例原则的要求②。比例原则体现在单纯法律保留和特别法律保留之中。在单纯法律保留之下，对基本权利的限制交由立法者自行决定，赋予立法者针对基本权利限制的概括形成空间，这意味着立法者在单纯法律保留下，对基本权利限制具有高度的形成自由，但这并不表示立法者可以恣意而为。如同前面所提到的立法者在限制基本权利同时也受到基本权利的反制，而且立法者限制基本权利的法律必须以公共利益作为出发点，立法者除了受到基本权利反制以及公共利益节制外，法院判决也对立法者进行一定程度的节制。例如，德国联邦宪法法院借着对基本法第十二条基本权利理论的完整阐述，使得立法者无法自由地挥洒，因此立法者在单纯保留之下具有较高的形成自由，但不表示不受节制。③ 在特别法律保留下，宪法对授权立法者进行基本权利限制的特定事项或是命题有明确的表述，宪法针对特定基本权利限制表达看法，因此特别法律保留在特定的方式上限制了立法者。④ 也就是说，限制基本权利的法律必须能够表现出宪法上对于采取特别保留的基本权利的特定表述，如宪法上所预先设定的限制命题或限制目的。

第三，权利核心原则。权利核心是在近代宪法保障基本权利的前提下，探讨基本权利受宪法保障的哲学基础而发展出来的理论和实践。其核心理念

---

① 蔡宗珍. 公法上比例原则初论——以德国法的发展为中心［J］. 政大法学评论，1999（62）.

② 陈新民. 论宪法人民基本权利的限制［M］//陈新民. 宪法基本权利之基本理论：上. 台北：元照出版社，1999：408.

③ Stern, Klaus, Die Grundrechte und ihre Schranken, in: Peter Badura/Horst Dreier（Hrsg.）, Festschrift 50 Jahre Bundesverfassungsgericht, Bd. Ⅱ, 2001, S. 1（21）.

④ Stern, Klaus, Die Grundrechte und ihre Schranken, in: Peter Badura/Horst Dreier（Hrsg.）, Festschrift 50 Jahre Bundesverfassungsgericht, Bd. Ⅱ, 2001, S. 1（21）.

是基于国家对人民基本权利的保障，强调基本权利拘束立法、司法及行政等行使公权力的主体；允许国家基于公共事务对基本权加以限制，但每个基本权有其不可侵犯的核心内容；整体的公共利益如国家安全，在国家陷于特别危机的情况下，只要不对基本权造成"几乎或是全部"的剥夺，容许为了保护国家的利益而对于人民的基本权核心加以适度限制。①

5. 宪法限制公民基本权利的立法表现方式，主要有概括的立法方式和分散的立法方式。以概括限制的方式来规定公民基本权利问题，外国宪法多有此例。比如日本宪法第十三条规定：一切国民都作为个人受到尊重。对于国民谋求生存、自由以及幸福的权利，只要不违反公共福祉，在立法及其他国政上都必须予以最大尊重。我国宪法也采用了这样的立法体例，我国宪法第五十一条规定："中华人民共和国公民在行使自由和权利的时候，不得损害国家的、社会的、集体的利益和其他公民的合法的自由和权利。"就我国宪法第五十一条约制国家限制人民自由权利的规定而言，其构成要件有三点：①基于国家的、社会的、集体的利益和其他公民的合法的自由和权利的考量；②公益考量的必要性，属于比例原则问题；③须以法律来限制，属法律保留问题。宪法第五十一条固然提供基本权利可限制性的立法基础，但并非指国家可以在法律上有优于人民的地位。立法者应审慎斟酌宪法规定，受严格要件的拘束。其次，限制基本权利是否真正必要、手段与目的之间是否合乎比例，涉及比例原则问题。宪法第五十一条比例原则，主要是用以拘束立法行为，以免基本权利保障落空。宪法第五十一条限制人民自由权利，须以"合法"利益为据。至于这里的"法"，应该是基本法律和一般法律，即由全国人大及其常委会通过的法律。但是，在实际中，行政法规、部委规章、地方政府规章以及地方性法规有时也成为限制基本权利和自由的依据。如国务院颁布的有关劳动教养的主要规定有：1957 年 8 月 3 日国务院公布实施的《关于劳动教养问题的决定》、1979 年 11 月 29 日国务院公布施行的《关于劳动教养的补充规定》、1982 年 1 月 21 日国务院国发〔1982〕17 号文件转发的《劳动教养试行办法》等可以限制公民人身自由达四年之久。不过，在2013 年 11 月 12 日中国共产党第十八届中央委员会第三次全体会议通过的

---

① 李云霖. 权利限制之临界点：权利核心〔J〕. 求索，2009（4）.

《中共中央关于全面深化改革若干重大问题的决定》的政治典章中，劳动教养制度已经被提议废止。2013年12月28日第十二届全国人民代表大会常务委员会第六次会议通过了《全国人民代表大会常务委员会关于废止有关劳动教养法律规定的决定》，劳动教养制度正式废止。

分散式的立法方式包括宪法保留、法律保留和宪法内部限制。宪法保留是指宪法条文中直接有限制规定。我国宪法第三十四条规定："中华人民共和国年满18周岁的公民……都有选举权和被选举权，但是依照法律被剥夺政治权利的除外。"宪法第四十条规定："中华人民共和国公民的通信自由和通信秘密受法律保护。除因国家安全或者追查刑事犯罪的需要，由公安机关或者检察机关依照法律规定的程序对通信进行检查外，任何组织或者个人不得以任何理由侵犯公民的通信自由和通信秘密。"法律保留是指由宪法授权以法律限制的宪法间接限制。例如德国基本法第八条第二款规定：户外集会的权利依法律或根据法律限制之。德国基本法第十二条第二项针对德国人迁徙自由规定：此项权利唯在因缺乏充分生存基础而致公众遭受特别负担时，或为防止对联邦或各邦之存在或自由民主基本原则所构成之危险，或为防止疫疾、天然灾害或重大不幸事件，或为保护少年免受遗弃，或为预防犯罪而有必要时，始终依法律限制之。我国宪法第十三条第二款规定国家依照法律规定保护公民私有财产的继承权；第四十四条规定国家依照法律规定企事业组织的职工和国家机关工作人员的退休制度。宪法内部限制是指宪法条文未做直接或间接限制规定，而采取宪法内部限制。其专指宪法有关公民具体基本权利的条款规定中，没有任何关于此项权利的限制规定，但这并不意味着它的享有和行使是超限制和无限制的。因为权利和自由以法律存在为前提，哪里没有法律，哪里便没有权利和自由，因此从一定意义上来说，宪法和法律的存在本身就是对权利的一种限制。任何权利包括以法例表现的权利都不得不受宪法所表达和追求的价值理念和价值秩序的限制。例如，德国基本法第四条的信仰、良心自由。我国宪法采用隐含性法律限制方式的条文有许多，例如，宪法第三十五条规定中华人民共和国公民有言论、出版、集会、结社、游行、示威的自由；宪法第四十七条规定中华人民共和国公民有进行科学研究、文学艺术创作和其他文化活动的自由。① 此种规范方式最大的优点为，将未由宪法或未授权法律限制的基本权利，除表示特定基本权利不能事先抑制外，交由司法权限制，并对司法有相当信赖。美国宪法增修条文有关言论自由的保障，即采用该方式。

（三） 基本权利的分类及内容

1. 基本权利是不断发展丰富的，对基本权的观察与研究，往往带有一定的体系性。如耶利令克在《公权的体系论》一书中把国民的地位分为被动的、消极的、积极的、能动的四个方面，与此相对应确定了国民的公义务、自由权、受益权、参政权。这种分类方法的主要缺陷是过分突出了自由权的比重，没有反映基本权利之间相互交叉的权利形态，不利于将新的权利形态引入基本权利体系之内。弗里德里希则把基本权利分为公民权利、政治权利和社会权利，认为自然法意义上的公民权利是政治秩序之外，是免于国家政府干预的权利；政治权利在政治秩序之内，是依靠政治运行才能实现的权利；社会权则试图接近政治权利，通过国家介入个人生活保障这类权利的实现。②

我国有学者把基本权利的体系分为自我保存和肯定意义上的古典自然权利、自我表现意义上的公民政治权利及自我实现和发展意义上的社会经济权利。这样划分有利于理解宪法基本权利的不同属性及其思想与现实基础，理解其与国家权力的关系，以设置不同方式促进其实证化③。我们认为对基本权利可以分为生存权与发展权、公民权利与自由、政治权利与自由以及经济、社会和文化权利。

2. 生存权与发展权。生存权是指公民在社会上保持作为人之尊严的最低

---

① 秦前红. 论我国宪法关于公民基本权利的限制规定 ［J］. 河南省政法管理干部学院学报，2005（2）.

② ［美］弗里德里希. 超验正义 ［M］. 周勇，译. 北京：生活·读书·新知三联书店，1997.

③ 郑贤君. 基本权利的宪法构成及其实证化 ［J］. 法学研究，2002（2）.

限度的经济和文化性生活的权利。生存权的主体是那些最低限度生活不能维持、陷入需要保护状态的国民，包括因为社会构造性弊病的扩大所造成的失业、倒闭使拥有劳动能力也得不到劳动机会而导致生活趋向贫困化的那部分国民，因疾病、残废和贫穷而造成生活困苦的人，以及因没有财产无法维持最低限度生活的一切国民。生存权的内容在不同的国家有不同的表现，如在日本是该国宪法第二十五条规定的"健康且文化性的最低限度生活"。随着人类进步和社会发展，生存权的内涵不断丰富与发展。在早期思想中，生存权几乎是生存权唯一的内容，而生命与健康又是生存的基本内涵。而现在，有学者认为，享有维护相当生活水准权，其最低限度需要每个人应享有必需的生存权：足够的食物和营养权、衣着、住房，和在需要时得到必要照顾①，而且《世界人权宣言》第二十五条和《经济、社会及文化权利国际公约》第十一条等是对生存权的国际性保障②。生存权的目的，在于保障国民能过像人那样的生活，以在实际社会生活中确保人的尊严。

发展权是每个人和所有各国人民均有权参与、促进并享受经济、社会、文化和政治发展，在这种发展中，所有人权和基本自由都能获得充分实现③。发展权最初是由塞内加尔第一任最高法院院长、联合国人权委员会委员凯巴·姆巴耶于1970年正式提出。1979年11月23日联合国通过的第34/36号决议通过了《关于发展权的决议》，明确"强调发展权利是一项人权，平等的发展机会既是各个国家的特权，也是各国国内个人的特权"。这是"发展权"概念首次出现在联合国大会的决议之中。1986年联合国通过的《发展权利宣言》指出，发展权利是一项不可剥夺的人权，由于这种权利，每个人和所有各国人民均有权参与、促进、享受经济、社会、文化和政治发展，在这种发展中，所有人权和基本自由都获得充分实现。从上述过程可以看出，发展权的发展经历了从人权目标到应有人权、从应然人权到法定人权、从法定人权到实然人权等三个阶段，是人的个体和人的集体参与、促进并享受其相互之间在不同时空限度内得以协调、均衡、持续地发展的一项基本人权。从权利

---

① 格德门德尔·阿尔弗雷德松，阿斯布佐恩·艾德. 世界人权宣言：努力实现的共同标准 [M]. 中国人权研究会组织，译. 成都：四川人民出版社，1999：537.
② 大须贺明. 生存权论 [M]. 林浩，译. 北京：法律出版社，2001：5-6.
③ 联合国大会1986年12月4日第41/128号决议：《发展权利宣言》第1条。

主体看，发展权是人的个体与人的集体的权利的统一；从权利内容看，发展权是政治、经济、文化和社会发展权的统一；从权利行使看，发展权是主体参与、促进和享受发展的统一①。

　　我国对于生存权与发展权的主张具有如下特征。首先，生存权与发展权在国际范围内与国家独立与发展相联系。1991年我国首个人权白皮书《中国的人权状况》指出，生存权是中国人民长期争取的首要人权，中国主张相互尊重国家主权，优先维护广大发展中国家人民的生存权和发展权，从而为全世界广大人民享受各项人权创造必要条件。《1998年中国人权事业的进展》指出，1998年，亚洲金融危机进一步蔓延，严重损害亚洲和拉美许多国家的经济利益，使上亿人口的生存状况恶化，也对中国的经济发展产生了严重的影响。中国以对世界高度负责的精神，坚持人民币不贬值，并向有关国家提供了力所能及的援助，为维护世界经济的稳定、缓解危机对各国人民生存和发展的不良影响，做出自己的贡献。其次，生存权与发展权在国内主要体现为经济发展与人民群众生活水平提高。综观1995年、1996年、1998年、2000年、2003年、2004年、2009年以及《中国人权发展50年》中生存权与发展权章节下的内容，主要体现为经济发展速度以及经济社会各方面的进展。以2000年的人权白皮书为例，在"人民生存权和发展权的改善"内容下，就有："中国政府继续把维护和促进人民的生存权和发展权置于首位，大力发展经济，增强综合国力，改善人民的生存和发展状况"；"城乡居民收入稳定增长，生活水平继续提高，全国人民总体上实现了由温饱向小康的跨越"；"居民的消费结构趋于优化，衣、食和基本生活用品支出的比重大幅下降，住房、交通通信、医疗保健、文教娱乐等发展与享受需求的支出比重迅速上升"；"居民住房条件继续改善"；"中国政府在普遍提高人民生活水平的同时，高度重视解决贫困人口的温饱问题"；"人民的医疗保健和身体素质不断提高"；"生活水平的大幅改善极大地提高了人民的健康水平"。再次，生存权与发展权被视作纲领性而不是作为对政府的直接权利主张。从人权白皮书可以看出，生存权和发展权的具体内容是政府的努力方向，对于公民个人而言，是不能据此对政府提出直接的权利主张，也不强调司法保障。而且，这在《国家人权行动计划（2009—2010年）》《国家人权行动

---

　　①　汪习根. 发展权法理探析［J］. 法学研究，1999（4）.

计划（2012—2015 年）》与《国家人权行动计划（2016—2020 年）中也可以看出，虽然提出"继续把保障人民的生存权、发展权放在首位"，但是生存权和发展权的内容并非具体明晰，只是施政方向。加拿大学者皮特曼·波特甚至认为，包括中国在内的一些国家把执行社会、经济和政治关系的人权标准放在经济发展的政策目标之后，反映出它们关于经济发展的基础的论断；发展权曾一度成为他们不断限制可为有意义的公民和政治权利奠定基础的有效司法制度的理由。虽然其观点不无偏颇，但生存权与发展权为纲领性规定是确定无疑的。贫困人口群体的扶助既内含了生存权与发展权的本质，也更体现了上述特征。国家对贫困人口群体的扶持是国家的政策与建设纲要，而不是贫困人口群体的生存权、发展权的权利主张。2011 年颁布的《中国农村扶贫开发纲要（2011—2020 年）》规定将农民人均纯收入 2300 元（2010 年不变价格）作为新的国家扶贫标准，这并非是贫困人口群体的生存权、发展权的主张，而是政府的施政纲要。此前，1985 年、2007 年、2009 年的贫困线标准分别是人均年纯收入 206元、1067 元、1196 元，这些贫困线标准的变化并非是权利主张结果，而是自上而下的政府行动结果。最后，特定状态下的生存权与发展权列入司法保障。当公民的生存境遇处在极度困难的情境下，国家的司法权对此予以救济与保障，但该情形以法律规定为限。上述生存权与发展权的救济与保障主要规定于行政诉讼法、民事诉讼法以及行政复议法。行政诉讼法第十二条第十项规定，行政机关没有依法支付抚恤金、最低生活保障待遇或者社会保险待遇的，属于行政诉讼的受案范围。民事诉讼法第一百零六条规定，人民法院对追索赡养费、扶养费、抚育费、抚恤金、医疗费用，追索劳动报酬，因情况紧急需要先予执行的案件，根据当事人的申请，可以裁定先予执行。行政复议法第六条第十项规定，申请行政机关依法发放抚恤金、社会保险金或者最低生活保障费，行政机关没有依法发放的可以提起行政复议。

3. 公民权利和自由。自由原是与人类同样悠久的东西，但只有在不自由中，才能反映出自由之可贵，才能理解到自由的真谛，也才能激发出震撼世界的力量。法国革命前，就出现"不自由，毋宁死"的响亮口号。自由权可说是一种国民有权要求国家权力不可介入、侵犯原属国民自由自在生活空间的权利；若不幸被侵犯，可借宪法所架构的保障制度，寻求有效救济。因此，可以说自由权原是任何人与生俱来，且当然享有的权利，非国家所赋予，更非国家所能侵犯①。该类自由权，源自对君主专制时期以来的抗争，而且因应时代的发展而完成的权利目录。整体而言，此类权利是19世纪立宪主义开展以来基本人权之所在，为国家必须致力保障的第一代人权。这类权利是公民参加各种社会活动和享有其他权利的前提条件。

（1）人格尊严。人格尊严与人性尊严、人的尊严，常在同义上使用②，是指人在自己自由权利范围内，有自治自决的高度自主性；不论是依自由意志或他意，人都不能被工具化、物化、商品化而成为纯粹客体③。人格尊严先于国家而存在，在形而上的层次上是作为绝对价值、绝对理念而规范化为在"实定宪法秩序之外"的根本规范；在法哲学层次上，作为一种法的原理而规范化为在"实定宪法秩序之内"的根本规范而成为"宪法的核心"；在实定法层次上，是宪法上的"基本权利之核心"，直接拘束立法、行政与司法。

我国宪法在1982年整体修改时加入了"人格尊严"。第三十八条规定，中华人民共和国公民的人格尊严不受侵犯。禁止用任何方法对公民进行侮辱、诽谤和诬告陷害。宪法在总结以往经验教训的基础上，才做出这方面的规定。人类文明不断进步的一个最重要的标志就是不仅人的生命和人身自由要受到保护，而且人格尊严也要受到承认、尊重和保护。"人格尊严"的规定充分体现了我国宪法对人的尊重，有利于增强公民的主体意识，有利于树立平等友爱的人际关系，有利于促进我国公民基本权利体系的进一步完善。在我国，人格尊严有广义和狭义之分④。广义的人格尊严就是指公民作为人的一种尊严的权利，包括公民享有生命权利、健康权利、姓名权、肖像权、荣誉权、婚姻自主权、隐私权等，是公民参加法律关系、享有权利和承担义务的主体资格。狭义的人格尊严主要指名誉权，是指作为人的一种名誉，如果一个人丧失了人格尊严，也就丧失了人作为人的基本要件。我国的部门法对人格尊严的保护做了较好的规定：①公民享有姓名权，公民有权决定、使用和依照法律规定改变自己的姓名，禁止他人干涉、盗用、假冒；②公民享有肖像权，中华人民共和国民法典》1019条规定，任何组织或者个人不得以

---

① 许庆雄. 宪法入门［M］. 台北：月旦出版社有限公司，1993：78.
② 当然，许多学者认为人格尊严、人性尊严、人的尊严具有不同的含义与背景。
③ 李震山. 人性尊严与人权保障［M］. 台北：元照出版公司，2001：10－14.
④ 蔡定剑. 宪法精解［M］. 北京：法律出版社，2006：261.

丑化、污损，或者利用信息技术手段伪造等方式侵害他人的肖像权。未经肖像权人同意，不得制作、使用、公开肖像权人的肖像，但是法律另有规定的除外。未经肖像权人同意，肖像作品权利人不得以发表、复制、发行、出租、展览等方式使用或者公开肖像权人的肖像。未经本人同意，不得以营利为目的使用公民的肖像；③公民享有名誉权，名誉权是公民要求社会和他人对自己的人格尊严给予尊重的权利；④公民享有荣誉权，公民因对社会有所贡献而得到的荣誉称号、奖章、奖品、奖金等，任何人不得非法剥夺；⑤公民享有隐私权，隐私是公民个人生活中不想为外界所知的事，他人不得非法探听、传播公民的隐私。对于公民生存中的人性尊严，政府也做出了积极回应。温家宝指出，应让人民能够有尊严地生活。不过，相对于公民对权利的期待与保障而言，还有许多需要改进之处。

（2）人身自由。人身自由是指公民的人身（包括肉体和精神）不受非法限制、搜查、拘留和逮捕的权利。公民的人身自由，是公民参加各种社会活动、参加国家政治生活和享受其他权利自由的先决条件。公民失去了人身自由，其他权利自由也就无从谈起。因此，人身自由是公民最基本、最起码的权利。

宪法规定人身自由权，一般有如下含义。①任何人，如未触犯法律已经禁止的行为，应不受任何刑罚。即任何行为在其发生之前，如果未经法律明确认为犯罪行为，就不受国家机关的处罚。这就是所谓"非依法律不得处罚""无律文则无刑罚"的意义。在专制国家，这个原则常被破坏；国家处罚人民，往往不以法律有明文的行为为限。②公民触犯法律的行为，必须由依法享有审判处罚权的机关审判处罚。对任何犯罪案件或犯罪人，于法定审判处罚机关以外，设立临时或特别法院行使审判处罚之权者，构成侵犯人身自由的行为。各国宪法对于这种法院，往往以明文禁止。③公民触犯法律的行为，必须由依法享有逮捕、拘禁、审判、处罚等权的机关，依法定的手续逮捕、拘禁、审判、处罚。关于这些机关与手续的问题，一般国家大都完全以普通法律——刑事诉讼法来规定，宪法文本大都不设这种规定。但依现代一般国家的法律，对于一般人民享有审判处罚权的机关，皆限于法院；对于公民能下逮捕令的机关，除现行犯外，也以法院（有些国家包括检察院）为限。所以各国宪法中，将非依司法机关的命令，不得逮捕或拘禁的原则列入宪法文本中①。

　　人身自由是参加社会生活和享受其他合法权益的基础，如果一个人的人身自由受到非法限制，就根本谈不上享受其他自由和权利。因此，保护人身自由对于每个公民来说，都有着切身利害关系，被世界各国宪法确定为个人的基本自由。

　　对公民的人身自由权利保障，我国宪法和法律都曾做过明文规定。1954年12月，全国人民代表大会常务委员会制定的《中华人民共和国逮捕拘留条例》，对于搜查、拘留和逮捕的程序，做了具体、严格的规定。1979年全国人民代表大会常务委员会又对这一条例重新做了修改和通过，从而使公民的人身自由得到更加切实的法律保障。宪法第三十七条规定：中华人民共和国公民的人身自由不受侵犯。任何公民，非经人民检察院批准或者决定或者人民法院决定，并由公安机关执行，不受逮捕。禁止非法拘禁和以其他方法非法剥夺或者限制公民的人身自由，禁止非法搜查公民的身体。为了更好地保障公民的人身自由，使公民的人身自由不受侵犯，有关法律将这一宪法原则具体化，全国人大及其常委会先后重新修改和颁布了《中华人民共和国刑事诉讼法》《中华人民共和国逮捕拘留条例》《中华人民共和国治安管理处罚法》等对剥夺公民的人身自由做了全面、系统的规定。如刑事诉讼法第六章强制措施规定了拘传、取保候审、监视居住、拘留、逮捕等五种强制措施，并对这五种强制措施规定了严格的程序。因此，在我国，任何公民非经人民检察院批准或决定，或者非经人民法院决定，并由公安机关（特定情况下由国家安全机关）执行，不受逮捕。此外，宪法还规定，禁止非法拘禁或者以其他方法非法限制、剥夺公民的人身自由，禁止非法搜查公民的身体。

　　（3）宗教自由，即人民有信仰任何宗教与不信仰任何宗教的自由。所谓信仰，即对于宗教的信条而言。

　　对于信仰自由，宪法第三十六条规定：中华人民共和国公民有宗教信仰自由。任何国家机关、社会团体和个人不得强制公民信仰宗教或者不信仰宗教，不得歧视信仰宗教的公民和不信仰宗教的公民。因此，宗教信仰自由的含义包括：①每个公民都有按照自己的意愿信仰宗教的自由，也有不信仰宗

---

　　①　王世杰，钱端升. 比较宪法［M］. 北京：商务印书馆，1999：83－84.

教的自由；②有信仰这种宗教的自由，也有信仰那种宗教的自由；③在同一宗教里，有信仰这个教派的自由，也有信仰那个教派的自由；④有过去不信教而现在信教的自由，也有过去信教而现在不信教的自由。

我国宪法第三十六条第三款规定："国家保护正常的宗教活动。任何人不得利用宗教进行破坏社会秩序、损害公民身体健康、妨碍国家教育制度的活动。"第三十六条第四款规定："宗教团体和宗教事务不受外国势力的支配。"根据宪法对宗教信仰活动自由的规定，我国宗教团体和宗教界可以而且应当同各国宗教团体和宗教界人士进行互访和友好往来，开展宗教方面的学术文化交流。但同时，宗教团体和宗教事务不受外国势力的支配是我国一项重要的宗教政策。它要求宗教团体和宗教事务在组织上和经济上不能依赖或依附于外国宗教势力；不允许任何外国宗教势力或其他政治势力，利用各种形式的宗教活动，支配、干涉、控制我国的宗教团体和宗教事务。

4. 政治权利和自由。政治权利和自由是在特定社会经济基础上，由社会公共权力确定的，社会成员为获取自身利益从而实现社会利益分配的政治资格，国家保障公民有直接参与政治的可能。从范围上讲，政治权利包括三类：①政治参与权，即公民参与国家政权组织和监督政权运行的权利，最主要的就是选举权和被选举权；②政治自由权，即公民进行政治活动必须享有的权利，为公民表达政治意愿、参与政治组织和政治活动提供手段和便利条件，包括信仰和思想自由，言论、出版和新闻自由，以及结社自由；③政治诉愿权，即公民表达强烈政治意愿和对政府行为表示诉求的权利，包括请愿权、申诉权、取得赔偿权等。政治权利和自由有利于维护和实现统治阶级的利益、有利于政治生活的正常进行、有利于政治权利主体政治积极性的发挥、有利于社会政治的发展①。我国是实行人民代表大会制的国家，国家权力由人民代表大会行使，而公民个人享有的参与政治方面的权利，是国家权力属于人民的基础，它表明了人民当家做主的地位。我们选取平等权、选举权和表达权详细论述。

（1）平等权也称平等原则，包括形式平等和实质平等。所谓形式平等，即不论对象事实如何，一律给予平等，也有称为机会平等或立足点平等，也

---

① 王浦劬. 政治学基础［M］. 北京：北京大学出版社，1993：120.

有人称为法律适用上的平等。由此也可以知道，这样的平等观着重在行政及司法权上。而另一种是实质平等，要求合理的差别待遇，而这也拘束着立法权，即构成差别待遇的理由必须合理。我们认为，平等有双重的意义：相对于国家来说，表现为平等原则，是规范国家所有行为的法律规范原则；相对于个人来说，则是平等权，要求个人拥有、行使的权利相同且权利的内容应该平等。

在学说上，平等权有平等原则说、平等权说及复数规范说。之所以会有这些不同的学说，因为在具体的案例上，它很少单独存在，往往是跟某一项自由权互相结合，先是某个人的自由权利被侵害，例如行动自由、言论自由、应考试服公职的自由等，而平等也同时受到侵害，即他不能跟其他人一样平等地享有某些权利。现在，复数规范说已成通说，认为平等有其独立的权利性，也有其依附性，其有时与自由权利互相结合，有时在衡量义务平等或利益平等时，其也可单独主张。

我们认为，平等是一个以"比较"作为前提的概念，如果没有两个以上的对象，针对某个具体的权利或义务相互比较，根本无从得知是否符合平等的要求。当作为权利看待时，平等权与其他宪法性权利有所不同。首先，它是概括性、基础性的宪法权利，通过政治平等权、经济平等权、社会平等权和文化平等权等具体表现出来。其次，平等权具有程序权的性质。阿部照哉认为平等权的意义能表明程序正义，是一种程序上的权利，限于以实体上的权利或义务作为请求平等对待的内容或对象。总之，法律是人、事、物的规范，而事实上人与人之间确实存在许多差异，如果对于这些差异视而不见，一律要求绝对的平等，自然会事与愿违。因此，宪法上的平等权在本质上并没有禁止法律上所有差别的意蕴，即并不禁止那些具有特定合理根据的差别——禁止不合理的差别与承认合理的差别统一于平等权之中①。

最早确认平等权的是法国 1789 年的《人权宣言》，它规定："法律对于所有的人，无论是施行保护和处罚都是一样的。在法律上，所有的公民都是平等的。"此后，其他资本主义国家，也大都在宪法中肯定这一权利。我国

---

① 李云霖. 我国《就业促进法》第 27 条的宪法学思考 [J]. 武汉大学学报，2009 (1).

宪法在"公民的基本权利和义务"一章中首先明确规定了公民在法律面前一律平等的原则。该规定是从 1954 年宪法第八十五条演变而来的,"五四宪法"规定"中华人民共和国公民在法律上一律平等"。1975 年和 1978 年修改后的宪法取消了这一内容。1982 年在修改宪法的过程中,很多委员都提出要恢复为 1954 年宪法的表述,即"法律上一律平等",不仅包括法律实施上的平等,同时也包括立法上的平等。但由于"法律是统治阶级意志的反映",在立法上不能讲平等;而使用"在法律面前"的行文方式,则把平等权范围限制在法律实施上,① 即司法平等和守法上平等。

在我国,公民在法律面前一律平等是指以下几个方面。①所有公民都平等地享有宪法和法律规定的权利。具体有两种情形:一种是宪法和法律所规定的权利针对全体公民,所以,一切公民都平等地享有这些权利,并在行使权利的过程中受同样的条件限制。如宪法第三十七条至第三十九条等规定就是如此。另一种是宪法和法律所规定的权利仅适用于特定的对象,而在这个范围之内的所有公民都平等地享有这些特定的权利,如选举权和被选举权,只有年满 18 周岁、没有被剥夺政治权利的公民才平等地享有。②所有公民都平等地履行宪法和法律规定的义务。具体说,宪法和法律所规定的适用于全体公民义务,任何人都必须平等地履行,不应有不履行义务的特殊阶级存在。当然,某些特殊的义务仅是对某些特定的群体设定的,所以,平等也仅限于这个特定的群体之内。③国家行政机关、司法机关在适用法律时,对所有公民的合法权益都应平等地予以保护,对所有公民的违法或犯罪行为,一律依法追究责任,任何组织或者个人都不得有超越宪法和法律的特权②。

(2)选举权包括狭义的选举权以及被选举权。狭义的选举权是指公民依法享有选举代议机关代表和国家公职人员的权利;被选举权是指公民依法享有被选举为代议机关代表和国家公职人员的权利③。这种权能的本性,究竟是公民的一种权利,还是公民的一种职务,学者间有不同的观点④,主要有固有权利说、社会职务说以及权利与职务两性说。我们认为权利与职务两性

---

① 肖蔚云. 我国现行宪法的诞生 [M]. 北京:北京大学出版社,1986:132.
② 蔡定剑. 宪法精解 [M]. 北京:法律出版社,2006:242.
③ 周叶中. 宪法 [M]. 北京:高等教育出版社,2020:248.
④ 王世杰,钱端升. 比较宪法 [M]. 北京:商务印书馆,1999:153 – 155.

说较为合理。选举权的授予，一方面固然是为社会的利益，一方面也是欲令私人得以表示其意见与情感，固选举权不能仅认为是职务而非权利。选举权虽含有权利的性质，不过与私人的普通权利毕竟不同。私人的普通权利，大都可以让与他人，或委人代为行使，或因宣言抛弃而消灭。根据一般国家选举法，选举权则为不可让与、不容委托的权利，也不因自行宣言而可消灭。

对公民的选举权和被选举权，我国宪法明确规定："中华人民共和国年满十八周岁的公民，不分民族、种族、性别、职业、家庭出身、宗教信仰、教育程度、财产状况、居住期限，都有选举权和被选举权；但是依照法律被剥夺政治权利的人除外。"该条文把不分民族、种族、性别、职业、家庭出身、宗教信仰、教育程度、财产状况、居住期限等差别详细列举出来，从法律形式上体现了我国公民选举权和被选举权的普遍性。因此，宪法对选举权的限制是非常小的，只设置了这一个限制，即"依照法律被剥夺选举权和被选举权的人除外"。根据刑法第五十条的规定，剥夺政治权利的内容包括：①选举权和被选举权；②宪法规定公民享有的言论、出版、集会、结社、游行、示威等自由权利；③担任国家机关职务的权利；④担任企业、事业单位和人民团体领导职务的权利。按照本条的规定，正在受侦查、起诉、审判的未决犯，或虽已被判刑但没有附加剥夺政治权利的已决犯，应该享有选举权和被选举权。但是，在实际选举的过程中，他们的选举权一般被停止行使。对此，全国人大常委会于1983年通过了《全国人民代表大会常务委员会关于县级以下人民代表大会代表直接选举的若干规定》，对这个问题做了专门规定：对被判处有期徒刑、拘役、管制而没有附加剥夺政治权利的，被羁押、正在受侦查、起诉、审判，人民检察院或者人民法院没有决定停止行使选举权利的，正在取保候审或者被监视居住的，正在被劳动教养的，正在受拘留处罚的，都准予行使选举权。1984年全国人大常委会法制工作委员会、最高人民法院、最高人民检察院、公安部、司法部、民政部发布的《关于正在服刑的罪犯和被辑押的人的选举权问题的联合通知》，对这一问题做了更具体的规定。

为了保证我国公民这项最基本的政治权利的行使，我国立法机关还制定了《中华人民共和国全国人民代表大会和地方各级人民代表大会选举法》对公民行使选举权和被选举权的原则、程序和方法做了符合我国国情的规定，并且还规定了选举经费由国库开支，对破坏选举者给予法律制裁，从而使我国公民的选举权和被选举权得到了法律上和物质上的有效保障。2010 年 3 月第十一届全国人民代表大会第三次会议表决通过关于修改选举法的决定，进一步完善了选举制度，明确规定城乡按相同人口比例选举人大代表，增加了人大代表的广泛性，更好地体现了人人平等、地区平等和民族平等，扩大了人民民主权利。

（3）表达权是指规定或隐含在法律规范中，主体享有的以言论自由为核心的受法律认可和保障的使用各种媒介手段与方式公开发表、传递自己的意见、主张、观点、情感与事实、信息和知识等内容而不受他人或组织干涉、限制或侵犯的权利。表达权是自由与民主的基础，任何人如果不能自由地将自己的意见表达，则无法自由地形成个人人格，没有表达权就没有个人的自由或政治自由。一个民主国家必须有赖于他的人民都有表达自由的权利，因为自由表达意见的权利能够促使理性地辩论，言论的争辩是属于自由民主的要素。世界人权宣言第十九条明文规定：人人享有意见和表达的自由。该权利包括主张意见不受干涉的自由，以及不受地域限制地利用任何媒介寻求、接受和传播信息或思想的自由。

表达权由于借助于媒介表现在外，必然涉及与其他人的权利或各种人权的关系，必定会与他人权利或各种人权发生关联，甚至有所冲突。因此表现自由必须有界限的原则与基准。美国宪法修正案第一条虽然规定：国会不得制定……剥夺言论自由或出版自由、剥夺人民和平集会和向政府诉冤请愿的权利的法律。但是实际上也存在对表达权进行限制的情形。其方式是在维持"立法不得侵害"的原则下，通过判例将一部分需要限制的表达行为类型化，并纳入"不受保护的言论"的范畴。在限制的框架上，分为内容的限制和表达行为的限制。内容的限制是指根据言论所表达出的信息将其分为错误的言论、暴力威胁的言论、辱骂性的言论、猥亵性言论、诽谤性的言论、商业性言论等。表达行为的限制常常需要考虑根据做出表达行为时的环境，如时间、地点、对象和方式等。

我国关于表达权的规定在宪法第三十五条。该条文规定："中华人民共和国公民有言论、出版、集会、结社、游行、示威的自由。"这六项自由是列举的公民表达权，都是公民在法律范围内享有表达意愿、参加社会生活和政治生活的政治自由权利①。随着时代的发展,自然还会出现其他方式的表达权。

5. 经济、社会和文化权利。经济社会文化权利又称为社会权。社会权是为了因应资本主义高度发展下社会经济劣势者的特殊需要,解决动摇社会和谐的矛盾与弊害,从而产生要求国家权力机关必须积极作为以谋求确实保障的人权概念。社会权是社会上、经济上弱者的生存要求与支配者、既得利益者为维持既有资本主义体制在相互冲击之下,必然要妥协而形成的新人权②。

社会权的本质在于要求国家积极介入,故依照国家积极介入的事项,可区分出多项社会权。西方学界对于社会权的内容,有不同的分类。荷兰学者范得文认为可分为五大类:①工作权,包括涉及工作权的社会及经济层面的诸多附带权利等;②经济参决权,人民有参与公司决策的参决权以及争取改善工作待遇及环境的劳动结社权;③生活保障权,主要是社会保险权利,即当人民遭到疾病、死亡、年老、失业等无工作能力时,可获得社会扶助之权;④社会保健权,此权利是关于人民生理及心理健康权利,保障每个人民可获得充分的医疗照顾等益处;⑤社会文化发展权,这是涉及人民文化精神层面的权利,缔结婚姻组成家庭自由、家庭扶助请求权、教育权以及参与学术研究权利等皆可归属在此权利范围之内③。德国学者 G. Brunner 和奥地利学者 T. Tomandl 则采用三分法:①工作权,该权利的内容和范得文的论说相差无几,但加入工人失业救济权、女工及童工待遇之保障及参决权于其内;②社会安全权,一切关于最起码生活要求的权利,如生、老、病、死的抚恤照顾及儿童保健,甚至房屋住宅拥有,也包括在这种权利之内;③文化教育权,这种权利与范氏所举的社会文化发展权相当一致④。我们认为社会经济、教育和文化方面的权利包括:公民的私有财产权、公民的劳动权、劳动者的休息权、物质帮助权、受教育权以及科学文化方面的权利和自由等。这些权利和自由,是公民参与国家政治生活的物质保证和文化条件保证,是一种相互调和不同要求之下整合而成的权利。公民享有的这些权利和自由越充分,获得享有其他权利和自由的前提条件和可能性就越大。下面我们选取财产

---

① 详细论述,参见周叶中. 宪法 [M]. 北京:高等教育出版社,2020:249.
② 许庆雄. 社会权论 [M]. 台北:众文图书股份有限公司,1991:6, 14.
③ 陈新民. 中华民国宪法释论 [M]. 台北:三民书局,2002:102 – 103.
④ 陈新民. 中华民国宪法释论 [M]. 台北:三民书局,2002:102 – 103.

权、劳动权和受教育权加以论述。

（1）财产权是以人民得以主张其财产上利益的法律上之力，国家机关不得恣意加以侵害的权利①。宪法保障财产权的意义，实际上就是保障一个制度，使每个人在该制度内获得可追求物质的基础，借以形成自我责任的生活②。财产权既然属于受制度保障的基本权，其本身即须待立法者形成私有财产制度，以确定各种财产权利的内容与限制后，各该依法取得权利之人始享有及主张财产权利保障③。因此，财产权保障将具有确保与防止的双重保障效果：其一为财产权的制度性保障，此是针对立法者，要求其须保障财产权核心部分，并以合乎宪法的方式形成各种财产制度；其二为财产权作为基本权的防御功能，这是拘束所有国家权力，要求其尊重个别财产权人合法取得的具体财产法律地位不得恣意干涉。即宪法上保障财产权的主要目的，在于确保财产权人于财产法领域内享有自由使用、收益、处分权限，并排除国家不法侵害，其主旨在强调财产权的存续保障，于财产权受到剥夺或限制程度达到特别牺牲情形时，财产权的存续保障会转换为价值保障。故国家应给予人民适当补偿以填补其财产上的损失，方合乎宪法保障财产权的意思。

在启蒙思想家看来，财产权是个人自由的渊源和保障，是自由的人所必不可少的权利，财产权与公民的生命权、自由权、平等权同属于"天赋人权"，他们存在于国家之前，只是为了保全这些权利，人们才相约组成国家。基于此，资产阶级在反对封建等级特权的斗争中提出了"私有财产神圣不可侵犯的口号"，并在取得政权之后用法律形式予以确认。最早确认保护财产权的是法国1789年的《人权宣言》，它规定："任何政治结合的目的都在于保存人的自然的和不可动摇的权利。这些权利就是自由、财产、安全和反抗压迫。""财产是神圣不可侵犯的权利。"而后，法国1793年宪法规定："财产权为一切人民自由处分其财富、其收益、其工作与职业收入的权利。"美

---

① 谢哲胜. 准财产权［M］//谢哲胜. 财产法专题研究. 台北：三民书局，1995：262.

② 陈新民. 宪法财产权保障之体系与公益征收之概念［M］//陈新民. 宪法基本权利之基本理论：上. 台北：三民书局，1992：288.

③ 陈爱娥. "司法院大法官会议"解释中财产权概念之演变［M］刘孔中，李建良. 宪法解释之理论与实务. 台北："中研院"中山人文社会科学所，2000：400.

国宪法修正案则规定："人民有保护其身体、住所、文件与财产的权利。""未经正当法律程序不得剥夺任何人的生命、自由或财产。"此后，其他资本主义国家也都在宪法中确认了公民的财产权。鉴于19世纪以来资本主义经济体制过于保障私人财产权，造成社会严重贫富不均与阶级对立的问题，于是对自由主义下古典财产权的绝对保障观念进行修正，酌采社会主义与社会连带思想，于财产权保障中纳入社会义务的考量，并赋予国家较多权力可以对个人财产权不当行使所衍生的社会问题加以规制①。财产权的社会义务性，对于立法者而言也是具有拘束性的准则。对于行政及司法机关而言，也应作为行使职权时的解释准则，而同受其拘束②。

在中国，对财产权尤其是私有财产权的认识经历了一个曲折的过程。由于传统观念的影响，过去我们一直强调国家利益和集体利益，个人利益则未曾受到足够的重视。尽管我国的宪法在变迁过程中对公民合法财产的所有权和私有财产的继承权曾有过不同形式的规定，但在整体上都缺乏系统性和完整性，并且主要通过规定不同所有制的经济形式表现出来，隐藏在对待私有财产所主要栖身的非公有制经济形式的政策中③。1949年的《共同纲领》中有合作社经济、农民和手工业者的个体经济、私人资本主义经济、国家资本主义经济与私有财产相连。1954年宪法主要由个体劳动者所有制和资本家所有制经济承载私有财产。1956年宣布社会主义改造完成以后，私有财产主要寄身于个体经济；此时个体经济虽有法律上的地位，但实际生活中是微乎其微的，这种情形一直持续到1978年的十一届三中全会前。这是一个不断消灭非公有制经济、私有财产观念的阶段。随着社会主义改革的进行和理论的不

①　陈新民．宪法财产权保障之体系与公益征收之概念［M］//陈新民．宪法基本权利之基本理论：上．台北：三民书局，1992：309.
②　陈新民．宪法财产权保障之体系与公益征收之概念［M］//陈新民．宪法基本权利之基本理论：上．台北：三民书局，1992：312.
③　王兆国在《关于〈中华人民共和国宪法修正案（草案）〉的说明》后报告中指出："国家对全体公民的合法的私有财产都给予保护，保护范围既包括生活资料，又包括生产资料。"主流观点认为，修改前的宪法对生活即资料的保护已有规定，此次私有财产权入宪，对生产资料的保护是重点，本书持此观点。故论述时主要以生产资料的保护为限。公民的生产资料主要栖身于非公有制经济，包括个体经济、私营经济、其他经济和混合经济所有制中的私营和个体成分等，文中选有代表性的个体经济和私营经济进行论述。

断创新，1982 年以后，私有财产主要栖身之处的个体、私营经济先后取得"补充"地位，分别获得"帮助"和"允许"等待遇；十四大确立社会主义市场经济方向后，私有财产依附的所有制经济形式越来越多，私有财产地位日益提高，逐步进入了一个振兴非公有制经济、私有财产观念和数量逐渐回归且日益发展的时代。

所有制形式中非公有制经济的突破，"坚持公有制为主体，多种所有制经济共同发展的基本经济制度"，必然引起由其所决定的分配方式的变化："坚持按劳分配为主体，多种分配方式并存的分配制度"。如果说在此以前计划经济时代宪法上的财产制度尚能削足适履勉强应付的话，那么到这时已无法在最高法层面上对私有财产权做出回答了：既然多种所有制、多种分配方式并存，那么所获财产地位怎么规定、有没有私有财产权？"在未来不会出现令人惊奇的事情。它是顺理成章发展的，因为一旦决定了一个方向，就会自动朝着这个方向走，而后出现的问题和解决办法早在确定航向时就决定了，只不过随着时间的推移逐渐解决。"① 上述问题在 2004 年修宪中终于得到了答案：宣告了公民的私有财产权；规定了对与公民私有财产权紧密相连的非公有制经济依法管理②。在立法上，二者为保护私有财产、控制政府权力奠定了坚实的基础③。

综上所述，2004 年修改前宪法对财产的规定主要偏重于对公民生活资料的保障，而轻视了对公民或其他财产权主体的生产资料的保护，这是其致命的缺陷。出于安全考虑，人们会把大量的财产滞留于生活资料形态或直接进入消费领域，造成了一方面是资金等生产要素的大量闲置和浪费，另一方面是生产资料严重匮乏的局面。这严重阻碍了社会主义市场经济建设，不利于提高和发展

---

① 曹远征. 三次修改宪法，三次思想解放［M］//南方周末，1999.

② 对非公有制经济的管理由最初的"政策管理"到"政策管理与依法管理"再发展到单一的"依法管理"，即政策管理→政策管理、依法管理→依法管理。

③ 个体经济 1982 宪法中明确规定："通过行政管理"；私营企业在宪法中未规定管理方式。但 1950 年和 1951 年分别颁布了《私营企业暂行条例》和《私营企业暂行条例实施办法》，1988 年也颁布了《私营企业暂行条例》由"引导""监督""管理"等字眼与《条例》的性质可知是法律与行政管理同时并存；2004 年宪法修改后规定个体经济、私营经济等非公有制经济均依法管理，行政管理在宪法条文中已完全退出。

社会生产力。随着国家经济的快速发展和人民生活水平的不断提高，公民个人拥有的私有财产普遍有了不同程度的增加，特别是随着社会主义市场经济的形成和发展，加强对公民私有财产权的宪法保护已成为时代发展的必然要求。因此，2004 年 3 月 14 日，第十届全国人民代表大会第二次会议所通过的宪法的第四次修正案明确规定："公民的合法的私有财产不受侵犯。""国家依照法律规定保护公民的私有财产权和继承权。""国家为了公共利益的需要，可以依照法律规定对公民的私有财产实行征收或者征用并给予补偿。"这一修正案从根本上肯定了公民的私有财产权在公民权利体系中的地位，确保了宪法对财产权保护的全面性和严肃性，具有较强的历史进步意义。

（2）劳动权是指每个有劳动能力的公民应有机会凭其自由选择和接受的工作谋生的权利，政府应采取适当的步骤来保障这一权利实现①。这就是说，政府有义务采取适当的政策措施保障公民的劳动就业，以给公民提供工作的机会，是公民得以生存的条件和行使其他各项权利的基础。但是，劳动权的最终实现，还有赖于劳动者的能力、市场选择和社会利益的需要，政府并没有义务保证每个公民都能得到一份工作。

劳动权包括劳动者实质的基本权与劳动者集体的基本权。劳动者实质的基本权为工作权。工作权具有自由权性质，即人民有从事工作并有自由选择职业及工作场所的权利，劳动者只要有工作意愿、能力就可要求工作机会，此要求即是工作权内容。但工作权只在宪法上予以保障时，通常只表明国家应予法律具体化的方针，未必成为权利的具体规定，故基本工作权必须经法律予以具体化后才成为劳动者的具体权利。对于劳动者而言，在劳动契约的订立过程中通常均无契约自由而易流于定型化而成为附会契约，因此，在权利的本质上并非是要求国家消极地不予干预的自由权，而是要求国家积极予以实现的受益权。而且，工作权的社会权保障本质，包括了要求国家消解失业的权利、要求国家制定保障尊严生活的劳动条件基准、要求国家架构失业等生活保障的相关制度。

劳动者集体的基本权包括团结权、协商权、争议权。集体的基本权，不仅是个体劳动者的基本权，也是劳动者所组成的团体基本权，在保障个别劳

---

① 蔡定剑. 宪法精解［M］. 北京：法律出版社，2004：270.

动者与保障劳动者团体之间并无优先顺序差别，必同时并重受到保障，始能成为完整的基本权。集体的基本权虽有团结权、协商权及争议权等概念上的分别，但在发挥其实现实质劳动者的生活权及工作权的功能上绝对不可分割。该三权绝不是，也不能是切割式理解的概念，它们彼此之间有目的—形式以及工具—手段的关系。例如，必要的工具形式欠缺（如争议权被剥夺、其他的行动权被限制）、必要的法律实现形式被掏空（如资方可任意拒绝进行团体协商），就会使得团结权的行使流于空洞与无意义①。

劳动权作为公民的一项基本权利，在我国宪法变迁中都有所规定。我国宪法第四十二条规定："中华人民共和国公民有劳动的权利和义务。国家通过各种途径，创造劳动就业条件，加强劳动保护，改善劳动条件，并在发展生产的基础上，提高劳动报酬和福利待遇。劳动是一切有劳动能力的公民的光荣职责。国有企业和城乡集体经济组织的劳动者都应当以国家主人翁的态度对待自己的劳动。国家提倡社会主义劳动竞赛，奖励劳动模范和先进工作者。国家提倡公民从事义务劳动。国家对就业前的公民进行必要的劳动就业训练。"1995 年 1 月 1 日起施行的《中华人民共和国劳动法》、2008 年起施行的《中华人民共和国劳动法合同法》和《中华人民共和国就业促进法》等对公民所应享有的劳动权利及其相关权利做了详细规定，主要包括：平等就业和选择职业的权利、获得劳动报酬的权利、获得劳动安全卫生保护的权利、接受职业技术培训的权利、合法权益受侵犯时提请劳动争议处理的权利，等等。在国家的努力下，在提高劳动者就业能力、实现劳动者的就业权、保护劳动者合法权益等方面，均取得了更大的成绩。但是，相对于国家庞大数目的劳动者进入劳动力市场以及劳动者对于就业质量的期望，劳动权的促进依然任重道远。

（3）受教育权是指公民接受文化、科学、品德等方面训练的权利，教育事务上国家公权力机关所行使的权力，以及法人和其他组织的权限。

教育为建国根本，国民教育程度足以影响国家国力强弱，教育就个人而言，是受益权，人民有权向国家要求给予教育权利。站在国家整体立场，国民是国家组成分子，为提升国家竞争力及国民素质，以办理教育方式教化国

①　陈继盛. 劳工法规完整体系［M］. 台北：陈林法学文教基金会，1994：23－26.

民，因此，国民有接受教育的义务。在享受教育权的意愿上，人民无自由可言，具有强制性。质言之，宪法不许人民不享有此种权利，人民也没有抛弃此权利的权利①。具体有以下几点。①人之所以为人，是因为具有经由学习而成长发育的特质，学习是人民不可被剥夺的权利，教育只是使学习更为完备理想的方法与手段，是辅助性格而非主导性格。受教育权是每一个人作为人为谋人格的充分发展与个人的自我实现所不可或缺的与生俱来的基本人权。提供基础教育，应是国家的义务，人民享有给付请求权，国家不能拒绝提供。同时由于人的一生都是学习的过程②，因此基于终身学习的需要，国家也应提供终身教育的机会，让每个人能够有机会接近使用，此虽也为国家义务，但人民对此仅能享有各种基础教育以外的教育机会的给付分享请求权。②经由学习（受教育）而成长，是受教育权拥有者的权利，故教育内容须以受教育对象的人格健全发展为主体来考量，而非施行教育者为中心来决定。每个人都应有获得教育资源的权利，每个人的受教育权是为了实现其受教育权而加以保障，因此受教育权是以受教育内容为其本质。教育必须以学习为中心，以学习者为主体。国家或私人所提供的教育机会，必须能够满足学习者，即受教育者的基本学习需要，并且应具有可获得性（Availability）、可近用性（Accessibility）、可接受性（Acceptability）以及可调整性（Adaptability），且符合学生最佳利益。③教育除了追求教育机会平等

---

① 一般宪法学理将人民接受国民教育列入受益权概念范围，虽宪法并未明确规定其他人权可自由抛弃如生存权、人身自由权、财产权等，但许多人权在本质上不可抛弃，且国家也并不一定承认人民自愿抛弃人权的后果。如人民能抛弃其人身自由权，而甘为他人奴隶；或是愿弃生存权，由他人决定其死生，都非宪法及法律所许可的。而放弃人权非宪法所许可，须视人权本身之性质及放弃对社会公益之影响，例如财产权、请愿、诉讼权、集会结社等，不会侵害公益，即可自行放弃。但人民享有受国民教育权利便是一个不可抛弃之人权。国家实行此强制性的国家教育制度，乃国家开化之结果。人民有由国家提供教材、师资、器材设备而使智识增长、开拓人生观之可能性。国家之所以提倡教育，目的在使知识普及，希望部分人民可借教育改变出生状态时的家世弱势，从而增加日后在社会就业与改善其谋生的能力。同时也培养人才、发掘人才，因此，教育发达的国家，社会阶层是相对流动的，个人的才干不易被埋没。陈新民．中华民国宪法释论［M］．台北：三民书局，1991：185-186.

② 周志宏．学习权的形成与发展：从受教育的权利到学习的权利［C］//李永炽，张炎宪，薛化元．人权理论与历史论文集．台北："国史馆"，2004：431-432.

及经济层面的义务教育免费、奖学制度等部分之外，更应重视教育目的、内容的人权本质。④教育必须以人权为中心来思考。人生的任何阶段都有学习的权利，国民有接受成长教育的权利，也有要求社会教育及各种学习环境的权利。受教育的形式与内容，会影响学习者的人格发展，应尊重学习者或其父母或监护人的抉择，因而国家应避免专断决定与控制。此外，教师、父母、私校设立者在以学习者最佳利益为指导原则下，均应保有一定的教育上的自由。每个人的学习自由必须建立在能够取得所欲学习内容信息的前提下，因此，宽泛意义上来说，受教育权与知情权有密切的关联。

我国宪法第十九条规定："国家发展社会主义教育事业，提高全国人民的科学文化水平。国家举办各种学校，普及初等义务教育，发展中等教育、职业教育和高等教育，并且发展学前教育。国家发展各种教育设施，扫除文盲，对工人、农民、国家工作人员和其他劳动者进行政治、文化、科学、技术、业务的教育，鼓励自学成才。国家鼓励集体经济组织、国家企事业组织和其他社会力量依照法律规定举办各种教育事业。"第四十六条规定："中华人民共和国公民有受教育的权利和义务。国家培养青年、少年、儿童在品德、智力、体质等方面全面发展。"该条应指人民受教育的权利与人民的教育义务①，而非指受教育既是权利也是义务。因为，将受教育视为人民义务的观念，隐含着国家有权教育人民的国家教育权思想，将人民视为教育客体；人民受教育权只有表现出人民有追求自我人格发展、主动学习知识技能以获得有尊严幸福生活的国民教育权思想，才是真正将人民看作是教育的主体②。教育义务则是指家长有给予子女教育的义务，至于家长给子女的教育则不限于是在学校或非学校形态的其他教育方式中进行，只要子女所受教育能达到与同阶段学校教育相当的水平即可③。教育义务尚包括国家为满足与

---

① 董保城教授认为，义务教育之义务包括：1. 就学义务，对父母或监护人而言；2. 设校义务，政府应提供人民受教育机会；3. 教育保障义务，保障儿童有健全受教育之条件。董保城. 教育法与学术自由［M］. 台北：月旦出版社，1997：247.

② 薛化元，周志宏. 人民受教育权利与义务之再认识［M］薛化元，周志宏. 国民教育权的理论与实际. 台北：稻乡出版社，1983：26.

③ 周志宏. 教育义务与义务教育——义务教育是谁的义务？［J］. 月旦法学杂志，2001（75）.

实现人民接受教育权利，有提供该课程国民教育的教育机会、场所、人员、设备与设施之义务①。从中华人民共和国成立，尤其是改革开放到现在，中国的各类教育都取得了前所未有的成功，公民受教育权得到很好的保障。根据《2009 年中国人权事业的进展》记载，全国普及九年义务教育人口覆盖率达 99.7%，普及九年义务教育的县数占全国县数的 99.5%。城市小学新生中接受学前教育的比例达 97.64%，农村小学新生中接受学前教育的达 88.55%。小学学龄儿童净入学率达 99.4%，小学五年巩固率达到 99.31%，初中毛入学率达到 99%，初中三年巩固率达到 94%，高中阶段毛入学率达 79.2%。普通高校招生 639.5 万人，比上一年增加 31.8 万人，研究生招生 51.1 万人，比上一年增加 7.5 万人。但是相对于世界范围内的教育和人才竞争来说，我国的受教育权现状还有待一步步推进。例如，根据教育部财务司、《中国统计年鉴2009》及国家统计局公布的数据计算，从 2000 年到 2009 年 10 年间，以 4% 的比例为目标，国家财政性教育经费支出 10 年累计"欠账"已达 16843 亿元②。在 2012 年全国两会上，政府工作报告中则指出："中央财政已按全国财政性教育经费支出占国内生产总值的 4% 编制预算，地方财政要相应安排，确保实现这一目标。"③

（四）　基本权利的主要特点

宪法以基本权利作为核心内容，便会以基本权利形成一个法秩序，使国民获得主权者的实质地位；同时也形成一个客观的文化价值决定，以确定社会整合与发展的方向。因此，承载上述客观价值的公民基本权利保障质量，既是内涵上述文化价值决定的宪法发展程度的标志，也是文明发展和社会进

① 周志宏. 教育义务与义务教育——义务教育是谁的义务？［J］. 月旦法学杂志，2001（75）.

② 张璐晶. 教育经费占 GDP4% 目标 18 年未实现欠账超 1.6 万亿［N］. 中国经济周刊，2011 - 03 - 08.

③ 温家宝. 政府工作报告——2012 年 3 月 5 日在第十一届全国人民代表大会第五次会议上［N］. 人民日报，2012 - 03 - 16.

步的标尺，还是政治体系正当性强弱的标识。基本权利是由宪法规定的，公民为实现自己必不可少的利益、主张或自由，在公民权利体系中处于核心地位，构成普通法律所规定的公民的基础性权利。经过六十多年的发展，我国公民基本权利的特征表现在如下方面①。

1. 公民观的发展规定着基本权利的发展。拉德布鲁赫在《法律中的人》一文指出：一个法律时代的风格，重要的莫过于对人的看法，它决定着法的发展方向。基于对人的理解，即无身份自由人、经济人、社会人，他划分了法发展的三个阶段：民俗法、官吏法与社会法②。虽然拉德布鲁赫关于法的发展所划分的三个阶段值得推敲，但其认为对人的看法会影响法的内容与发展却是不争的事实。不同社会有关于人的不同观点，以人为基础的法律便表现出不同的特征，法律因此也呈现出随人类社会历史类型的变化而发展的现象。在宪法中，公民是宪法关系的基本主体，公民的基本权利是组成宪法的核心内容。因此，公民观既是宪法基本权利的基础，同时也是基本权利变化、发展的动力。宪法中的公民观包含了政治性、社会性、自然性三种属性，三者之间的消长变化引领基本权利不断发展的同时也推动宪法变迁。我国宪法对公民观的反映，大致可分为三个阶段：突出政治性、兼顾社会性阶段（1954—1981），降低政治性、提升社会性阶段（1982—2003 年），弱化政治性、突出社会性与关注自然性阶段（2004 年至今）。

突出政治性、兼顾社会性的公民观阶段。公民是宪法关系的基本主体，突出政治性的特点自然也渗透在本身就富含政治性的宪法中。首先，分裂的公民群体。基于"法是以立法形式规定的表现统治阶级意志的行为规则和为国家政权所认可的风俗习惯和公共生活规则的总和"的主流观点，公民在宪法中被分裂为统治阶级与被统治阶级两种相互对抗、善恶分明的形象，"人民"与"敌人"的二元划分在宪法中表述为"人民"及其相对应的"反革命分子""卖国贼""人民公敌""内外敌人"等。在人民内部，也划分出不同的阶级，核心的工农阶级之外，还有属于"统一战线"的劳动者、爱国者等。其次，富有政

---

① 胡正昌，李云霖. 公民图像：基本权利立法保障的返视、反思与展望——纪念我国 1982 年宪法颁布 [J]. 政治与法律，2012（12）.

② ［德］古斯塔夫·拉德布鲁赫. 法律智慧警句集 [M]. 舒国滢，译. 北京：中国法制出版社，2001：143 – 152.

治性的宪法行为。宪法行为是人们所实施的、能够发生宪法上的效力、产生特定宪法效果的行为，因而一般是中性的表达。但出于政治性的需要，宪法行为富于政治性与革命性。如，1954 年宪法序言中连续出现"斗争""反对""镇压""消灭"等富有政治性的表述，其中"斗争"用了 3 次，"反对"共有 5 次①。第三，政治性的宪法概念。翻阅当时宪法书籍中关于"宪法"的定义，主要将宪法定义为"阶级对比关系的集中体现""反映了统治阶级对被统治阶级的经济统治与政治统治"等②。公民是宪法关系最重要的基本主体，关于公民的图像必然直接或间接作用于宪法的概念。虽然在这一阶段突出公民观中的政治性，但是基本权利体系中的政治性基本权利的法律规定很不完善，更谈不上发达。公民行使政治权利固然有自觉的成分，但是国家动员的痕迹非常明显，甚至与政治斗争需要有紧密的联系。

马克思主义认为"人的本质不是单个人所固有的抽象物，在其现实性上，它是一切社会关系的总和"③，因此强调政治性的同时，自然会兼顾公民的社会性。首先，强调公民的集体性。"人民"一词的含义就是在集体意义上适用的。宪法除单独使用"人民"一词外，在任何国家机构之前冠以"人民"一词也是如此，以致 1954 年宪法中的"人民"达 269 次之多。其次，强调公民经济上的集体性。由于权利永远不能超出社会的经济结构以及由经济结构所制约的社会的文化发展④，因此，虽然宪法中规定了国家所有制、合作社所有制、个体劳动者所有制与资本家所有制四种经济形式，但是明确提出公民经济上的集体性发展方向：优先发展国营经济，发展生产合作为改造个体农业和个体手工业，逐步以全民所有制代替资本家所有制，以经济上的所有制形式来强化公民

---

① 喻中教授认为 1954 年宪法中的公民是"人民"与部分改造好了的"反动分子"汇合之后形成的一种新形象。喻中. 变迁与比较：宪法文本描绘的人 [J]. 法商研究，2009 (5). 另外，刘松山教授从权利角度详细讨论了公民的政治性问题。刘松山. 宪法文本中的公民"政治权利" [J]. 华东政法学院学报，2006 (2).
② 宪法表现统治阶级的意志，是阶级力量对比和阶级斗争的总结，反映了统治阶级对被统治阶级的经济统治与政治统治。孟光. 人民宪法讲话 [M]. 广州：华南人民出版社，1955：1-5. 宪法是阶级力量对比关系的表现，是国家的根本大法，是社会的上层建筑的一部分。吴家麟. 宪法基本知识讲话 [M]. 北京：中国青年出版社，1954：2-5.
③ 马克思，恩格斯. 马克思恩格斯选集：第 1 卷 [M]. 北京：人民出版社，1995：56.
④ 马克思，恩格斯. 马克思恩格斯文集：第 3 卷 [M]. 北京：人民出版社，2009：435.

的集体性。再次，模糊公民的定位。宪法中有公民概念，但是并没有关于公民认定的资格和条件；宪法中虽然有公民的基本权利规范，却没有行使基本权利的主体规定。模糊的公民观中隐现集体主义的倾向①。

降低政治性、提升社会性的公民观阶段。以阶级斗争为纲并没有实现进入共产主义的国家目标，反而使国家面临经济崩溃的边缘。以经济建设为中心路线的确立，使阶级斗争中所必需的政治性在经济中已无举足轻重的地位；社会国的理念、经济上的全民所有制与集体所有制的绝对重心地位需要社会性观念做支撑。基于前述需要，对公民观做出了新的定位：降低政治性、提升社会性。该公民观在1982年修改后的宪法中有充分的体现。首先，与人民相对的"敌人"色彩淡化。如，"反革命分子""卖国贼""人民公敌"等包含强烈政治色彩的词汇被去除。同时，将政治色彩浓厚的"反革命罪"改成"危害国家安全犯罪"的中性词汇。其次，宪法行为上，法律用语的特性大幅提升。宪法中虽然还保留"斗争""反对""镇压""消灭"等表述，但是相对于1954年宪法，上述用语与宪法全文字数的比例已经大为减小。而宪法中法律用语的数量与质量得到前所未有的重视与提高。最后，强调宪法概念中阶级力量对比关系的同时，加入了"治国安邦的总章程"的管理色彩与"国家根本法"的权利观念②。"治国安邦的总章程"显示的管理色彩与"国家根本法"蕴含的权利观念部分对冲了宪法概念中的政治性。提升公民社会性图像主要表现在如下方面。首先，在宪法中定义公民概念，畅通公民融入社会的渠道。宪法第三十三条规定，凡具有中华人民共和国国籍的人都是中华人民共和国公民。这是我国宪法中继1980年制定实施的国籍法后将"公民"概念仅仅与国籍相联系，也是宪法中首次定义"公民"概念。将"公民"仅仅与国籍相连，否定了1954年宪法中所规定的"封建地主、

---

① 胡正昌，李云霖. 公民图像：基本权利立法保障的返视、反思与展望 [J]. 政治与法律，2012 (12).

② 宪法的实质是治国安邦的总章程。何华辉，邓波. 治国安邦的总章程——新宪法讲话 [M]. 武汉：武汉大学出版社，1983：5. 宪法是国家的根本法，处理国家大事的总章程。张友渔. 加强宪法理论的研究——在全国新宪法理论研讨会上的讲话 [M] //中国法学会. 宪法论文选. 北京：法律出版社，1983：1. 宪法是新时期治国安邦的总章程。董成美. 我国宪法的历史发展 [M] //中国法学会编. 宪法论文选. 北京：法律出版社，1983：58.

官僚资本家"的"改造"过程①，从而自动赋予了在中国土地上出生的人以及申请加入中国的自然人的主体地位，畅通公民融入社会的渠道。其次，公民社会性的内涵逐步丰富。"个人"在1954年宪法中根本没有出现②，但在1982年修改后的宪法中出现了14次。"个人"概念的出现，在公民的社会性中注入了新的元素：以集体人概念为出发点的民主思想开始兼容以个人概念为出发点的民主思想。最后，强调公民观的经济上的多样性。公民的社会性需要经济上的支撑，宪法中对经济体制的多样化规定成为公民社会性的坚实基础。除传统的全民所有制与集体所有制以外，个体、私营经济先后取得"补充"地位，分别获得"帮助"和"允许"等待遇；确立社会主义市场经济方向后，所有制经济形式越来越多，非公有制经济形式地位日益提高③。

弱化政治性、突出社会性与关注自然性的公民观阶段。挣脱权力经济的羁绊，市场经济确立了自由经济、权利经济与法治经济的基础。市场经济本能地、内在地要求主体平等、意思自治，这需要对公民的自然性加以关注；但市场经济的社会主义性质要求在此体系下继续突出公民观的社会性。而不断加强公民观中的社会性、自然性，本身就是公民观中政治性的弱化。公民观中社会性的增加主要有以下表现。首先，强化国有经济的主体地位，以支撑公民中社会性的经济基础。国有经济是社会主义性质的经济基础，并且也是公民中社会性的经济基础。在市场经济不可回避的洪流中，国有经济被要求做大做强，反映在公民观中，就是保障公民社会性的后盾。其次，建立健全同经济发展水平相适应的社会保障制度。社会保障制度是公民观中社会性在经济保障制度上的表现，通过保障公民的基本需要和物质文化福利来增强

---

① 1954年宪法总纲第七条规定：国家依照法律在一定时期内剥夺封建地主和官僚资本家的政治权利，同时给以生活出路，使他们在劳动中改造成为自食其力的公民。

② 1975年宪法第十三条、1978年宪法序言中有一处涉及"个人"，分别是"国家保障人民群众运用这种形式，造成一个又有集中又有民主，又有纪律又有自由，又有统一意志又有个人心情舒畅、生动活泼的政治局面，以利于巩固中国共产党对国家的领导，巩固无产阶级专政"和"要在全国人民中努力造成又有集中又有民主，又有纪律又有自由，又有统一意志、又有个人心情舒畅、生动活泼那样一种政治局面，以利于调动一切积极因素，克服一切困难，更好地巩固无产阶级专政，较快地建设我们的国家"。

③ 胡正昌，李云霖. 公民图像：基本权利立法保障的返视、反思与展望 [J]. 政治与法律，2012（12）.

公民彼此之间的社会连带关系。最后，通过法律固定国家与公民之间的联系。依法治国从党章进入宪法后，在此阶段向纵深发展。从立法、行政、司法部门的法治建设推进，到政治、经济、社会、文化建设的法制化努力，莫不是在通过法律固定国家与公民之间的社会联系。如"依照法律规定对土地实行征收或者征用并给予补偿"的宪法规定，是对公民图像中国家与公民关系，尤其是经济关系中社会性的进一步法治化①。

公民观的自然性沿袭前述宪法中加入对"个人"的规定而来，在"国家尊重和保障人权"中得到了跃升。首先，由于人权是一种自然权，源于自然法，表现为价值体系，有永久不变的价值上的效力②，该规定表现出宪法对公民观中自然性的关注，表明与国家发生法律关系的身份除基于法律的"公民"身份外，还有基于自然人身份的"人"。其次，增加社会主义事业建设者群体。社会主义事业建设者不是以"爱国者"所具有的思想与情感作为基础，也不是以"劳动者"所具有的单位制为基础，增强了公民观中的自然性。最后，关注支撑公民观自然性的财产权。在洛克看来，人人享有的自然权利包括自然自由、生命权、财产权和平等权。"对非公有制经济依法实行监督和管理"将自然人获取财产从政策调整纳入法制化轨道，"公民的合法的私有财产不受侵犯""国家依照法律规定保护公民的私有财产权和继承权"等营造了有利于公民观中自然性成长的法律屏障。

2. 基本权利内容适应人权发展需要的同时隐含着不少缺失。在市场经济发展、依法治国实施、历史教训反思与国际社会影响下，我国不断加强对公民宪法基本权利的保障，以宪法为核心所组成的法律体系中，公民权利的数量和内容日益丰富、体系日趋合理、权利理念更为科学，与中国现代化建设同步，成为中国发展模式中的一个精彩篇章。

基本权利数量和内容日益丰富。从规定公民基本权利的条文数目、公民基本权利一章的字数与"权利"出现次数来看，1954 年宪法有 15 条，1125字，21 次"权利"；而 1982 年修改后的宪法相关部分则有 18 条，1973 字，

---

① 胡正昌，李云霖. 公民图像：基本权利立法保障的返视、反思与展望［J］. 政治与法律，2012（12）.

② 韩大元. 宪法文本中"人权条款"的规范分析［J］. 法学家，2004（4）.

30次"权利"。在条文数量增加的同时，1982年修改后的宪法同1954年宪法相比，权利种类也得到了充实。1982年修改后的宪法规定公民的基本权利包括平等权，选举权，言论、出版、集会、结社、游行、示威等权利等共计27项。而自1988年开始的修正案促使宪法对公民权利、政治权利与经济社会文化权利的规定更全面（见下表）。因此，1982年宪法及其修正案对公民权利保护的重视程度为新中国历部宪法之最。

宪法修正案中基本权利数量与内容充实与完善的具体情形如下表所示：

权利名称	宪法修正案条文
源泉性权利	第二十四条：人权
公民权利	第十九条
政治权利	第八、九条
经社文权利	第七、十、十四、十五、十六、二十一、二十二、二十三条

宪法中基本权利不仅数量上大体反映了当今世界权利发展的普遍性要求，而且各个权利的具体内容也随着时代发展不断得以充实与完善，表现在主体、客体、功能、保障方式、国家义务等方面不断地丰富。基本权利内容的逐步丰富不断反射至部门法的规定方面。例如，赔偿权。该权利在1982年再次被纳入宪法，随之在1994年出台了《国家赔偿法》。而且，国家赔偿的归责原则也不断进步。2010年修改后的国家赔偿法采用侵害结果归责和违法归责的多重标准，而非采用此前单纯的违法归责标准，反映了对公民权利保护的加强。基本权利数量的增长与内容的逐渐丰富推进了权利保障的扩展与加强，这在齐玉苓案、延安"黄碟"案、在校学生结婚怀孕开除事件、孟母堂事件、乙肝歧视案、彭水诗案、深圳"失足女"示众案等系列宪法性事件的进程中均产生了有利于权利主体的积极影响①。

基本权利体系日趋合理。基本权利体系是指宪法中基于公民观的客观价值决定而规定的基本权利所构成的体系。当代中国宪法的基本权利体系框架溯源于新民主主义革命时期根据地的法制创建与司法实践活动，形成于20

---

①　胡正昌，李云霖．公民图像：基本权利立法保障的返视、反思与展望［J］．政治与法律，2012（12）．

世纪 50 年代，其后随着社会的变迁而日趋合理。我国的基本权利有四大版块：参与政治方面的权利与自由；人身自由和信仰自由；社会、经济、教育和文化方面的权利；特定人的权利①。该基本权利体系包括了公民权利、政治权利和社会权利的基本内容，既继承了宪法学上传统的基本权利内容，同时也体现了当代基本权利的内容多样性。该权利体系中增加的权利有些是对以往惨痛教训的经验总结，有些是对人类普遍理性的尊重。前者如人格尊严，既是对"文革"中极"左"路线的否定，也是对以刘少奇在"文革"中未经任何法律程序被迫害致死等为代表的否定人格尊严行为的警惕。后者如保障人权，既是世界人权实践发展的需要，也是对世界人权理论进步的回应。

基本权利的理念更为科学。首先，基本权利相对于国家机构的重心定位更合理。宪法的内容主要包括两大块，即公民的基本权利与国家权力。前三部宪法均把公民基本权利一章放在国家机构一章后面，而 1982 年宪法把公民基本权利放在国家机构之前。公民基本权利与国家权力的序位变化反映了价值理念的进步，诚如许崇德先生和何华辉先生的评价：把公民的基本权利的规定从国家机构之后移到了国家机构之前……更体现它对公民基本权利的重视，体现我国国家、社会制度的民主本质②。其次，公民权利观念更为理性化。经学者引介，输入了大量有关基本权利的新思想，人们的权利思想更为丰富，如在来源上由国家赋予权利向公民权利产生国家的人民主权理念转变，在价值取向上由国家权力本位向公民权利本位转变，在重心定位上由强调对基本权利的约束向加强对国家权力的规范转变。上述思想已逐步贯穿于公民对立法、执法、司法、守法与法律监督认识的各个环节。如程金华博士利用香港科技大学社会科学部于 2005 年对中国 28 个省份开展的综合社会调查数据进行实证分析，在此基础上揭示，中国公民的法律权利意识已经随着时间的推移而逐步高涨③。

---

① 周叶中. 宪法 [M]. 北京：高等教育出版社，2020：247 – 267.
② 许崇德，何华辉. 我国新宪法同前三部宪法的比较研究 [J]. 中州学刊，1983（1）.
③ 在问及虚拟纠纷的解决渠道时，有 41.3% 的被访者愿意把行政诉讼或者行政复议视为解决纠纷的首要渠道。选择这些司法渠道解决问题，表明了选择者具有相当鲜明的法治程序意识。程金华. 中国行政纠纷解决的制度选择——以公民需求为视角 [J]. 中国社会科学，2009（6）.

行政立法对公民基本权利保障发挥重要的辅助作用。除了通过制定基本法律保障基本权利外，行政立法等措施来保障公民基本权利①。行政立法、行政机关发布的白皮书、行政计划或规划等可以在一定程度上分担法律在基本权利实现方面的责任；而行政主体在我国国家权力体系中的强势地位，又加强了它的作用。我国现有行政法规 714 件，加上规章、行政机关的规范性文件，这对保障公民基本权利功不可没。行政机关发布的白皮书对公民权利保障也发挥着重要作用。如 1991 年，国务院发布第一个人权白皮书，所阐述的"继续促进人权的发展，努力达到中国社会主义所要求的实现充分人权的崇高目标"成为日后基本权利发展的风向标。此外，人权行动计划等对公民基本权利的保护有直接的促进作用。2009 年，国务院发布的以人权为主题的《国家人权行动计划（2009—2010）》，推动中国人权事业取得了重大进展②。随着国务院第二、三个以人权为主题的国家规划——《国家人权行动计划（2012—2015）》和《国家人权行动计划（2016—2020）》的颁布，中国公民基本权利得到更加有力的保障。

公民观的内容的丰富以及公民观的政治性、社会性与自然性之间比例的协调固然进步不小，但我们也应该看到由于惯性的影响以及公民观政治性、社会性与自然性之间并没有真正合理，最主要的表现是公民观中自然性的不足与政治性的弱法律化。公民观中自然性的不足方面。"个人"进入宪法，固然是对人的自然性的尊重，但在宪法中，14 处"个人"大都与宪法的禁止性规定相连，如"禁止个人""个人不得""个人必须""不受……个人干涉"等，体现出强烈的义务倾向③。公民观中"自然性"的缺失在私法规范

---

① 此处行政立法采用广义概念。即凡是制定行政法规范的行为，不论制定主体的性质如何，都属于行政立法。应松年，等. 行政法学总论［M］. 北京：工人出版社，1985：266.

② 中华人民共和国国务院新闻办公室. "国家人权行动计划（2009—2010 年）"评估报告［N］. 光明日报，2011－07－15.

③ 含有"个人"的宪法条文分别为第五条第五款，第九条第二款，第十条第四、五款，第十二条第二款，第十四条第三款，第十五条第三款，第十八条第一款，第三十六条第二款，第四十条，第九十一条第二款，第一百二十六条，第一百三十一条。其中只有第十四条第三款和第十八条第一款不是禁止性规定，分别为"兼顾""允许"。

与实践中可以得到印证:《民法通则》第二章使用的标题是极其矛盾的表达方式——"公民（自然人）"。此处的纠结，王作堂、魏振瀛等主编《民法教程》有最好的注脚:资本主义国家的民法典和民法学有"自然人"的用语。"自然人"这个词显然只是着眼于人的自然属性。但是，人的本质是人的社会属性……在阶级社会里，人必然处于一定的社会关系中。因此，关于个人，我们不用"自然人"这一措辞①。公民观中的弱法律化方面。首先，公民与国家之间政治联系的法律化不足。在强化政治性时代，政治权利主要以群众运动等方式进行，法律上的规范才刚刚起步。其次，在降低政治性、弱化政治性阶段，因工作重心转移又忽视了对政治权利的立法保障。即使部分政治权利予以立法，但因指导思想上宜粗不宜细的缘故仅仅限于粗线条的规定。如"人权"字眼虽然进入了宪法，但人权的丰富内涵是否进入了宪法却不得而知。有人认为"国家尊重与保障人权"条款可以作为公民未列举权利的安身之所，但是该观点似乎过于乐观，因为人权的内涵、人权是否具有自然性、人权究竟是何种人权等这些问题，宪法都并没有作出具体阐释②。

宪法中基本权利不完整。经历 30 年的发展，虽然从比较宪法学角度看，中国宪法规定的基本权利的类型与体系是比较丰富和科学的，而且基本权利的内容随着时代的发展增加了诸如人格尊严、社会保障权、人权等非常重要的权利，但对照域外主要国家宪法基本权利条款的规定和国际人权公约的内容，宪法基本权利内容还有较大的欠缺。

法律中部分传统基本权利没有规定。虽然宪法保障的公民基本权利中许多已由普通的法律将其具体化，从而使得公民可以直接依具体法律寻求司法保护，但仍有相当一部分基本权利未具体化为普通法律法规上的权利，使得立法出现了相较于基本权利的缺位③。固然，由于立法发展的滞后性，宪法规定的基本权利难以化为法律上的具体权利是必然的，但这种现象应该是新近发展的基本权利，而不应是传统的基本权利。有学者统计，宪法规定的公民基本权利有 27 项之多，但其中 9 项则长期停留在宪法"字面"上，其中

---

① 王作堂，等 . 民法教程［M］. 北京:北京大学出版社，1983:52.

② 秦前红，等 . "人权"入宪的理性思考［J］. 法学论坛，2004（3）.

③ 刘志刚 . 立法缺位状态下的基本权利［J］. 法学评论，2011（6）.

就包含传统的基本权利。譬如宪法规定了公民有言论、出版、结社的自由，但是并没有狭义的法律对此加以规定。由于宪法只规定原则以及最基本的问题，加上我国没有宪法诉讼，因此，当公民的宪法权利在受到侵犯后，如果没有一部具体的法律的话，这些权利就会落空。"宪法的这种性质决定了它的各项规定只有通过各种具体法律加以体现才能得到实施……只有宪法而没有具体法律，宪法的各项规定就很难得到贯彻。"①

部分基本权利法律限制过严与保障不足并存。公民观的缺失使得法律对权利的保障与限制有时处于尴尬境地。在实定法上，各国宪法对基本权利均采用相对保障主义，而非绝对保障主义，即基本权利的不受侵犯性与受制约性相伴而生、结伴而行。不过，国家对基本权利限制，如果超越宪法的界限即构成违宪限制，会形成基本权利侵害状态。这在公民权利与政治权利领域表现比较明显，《集会游行示威法》就是一个非常典型的例子。纵观该法颁布实施20余年以来发生的许多重大事件，公民游行、示威的权利很少以合乎法律形式的方式出现或发生的事实显示，该法并未有效发挥保障基本权利实现的作用，实际上构成了对基本权利的严重限制。同时，在经济、社会权利中却存在保障不足的问题。经济权领域中，现行宪法对公民社会经济权利规定存在供给不足的问题，权利性质理论不能嵌入社会经济权利的保障制度中，社会经济权利司法性保护制度也难以在中国实现②。社会保障权领域，学者通过对1992—2010年《人民法院案例选》中的案例分析后认为：在工伤保险方面，主要表现为国家的尊重和保护义务；在养老保险、社会救助权等方面，国家对其法定义务的履行还非常艰巨③。社会福利权方面，补缺型的福利制度向适度普惠型转变还面临平等权的拷问④。上述经济、社会权利保障不足的问题，固然有法律操作中的缘由，但立法保障不足却是主要原因。

部分行政立法与规范性文件虚置公民基本权利。公民观缺失的范围也及于行政立法与规范性文件。行政立法虽然在一定程度上分担了法律在基本权

① 张友渔. 张友渔文选：下卷 [M]. 北京：法律出版社，1997：259.

② 秦前红. 略论中国公民社会经济基本权利的保障 [J]. 金陵法律评论，2009（1）.

③ 龚向和，邓炜辉. 当代中国社会保障权之可诉性透视 [J]. 河北法学，2012（3）.

④ 党波涛. 中国形成了具有特色的社会福利理论和制度 [N]. 人民日报，2012 - 07 - 03.

利保障方面的责任，却不能从根本上取代法律在基本权利保障方面的作用。宪法第五十一条规定，限制人民自由权利须以"合法"为据。这里的"法"是基本法律和一般法律，即由全国人大及其常委会通过的法律。但是，在实际中，行政法规、政府规章以及规范性文件有时也成为限制基本权利和自由的依据。不仅如此，部分行政立法从实施后果看还成为虚置公民基本权利的载体。如 1954 年宪法中规定的迁徙自由权因 1958 年以后逐步建立的户籍管理制度而实际上被取消，《户籍管理条例》成为阻碍迁徙自由权和城乡公民平等权实现的重要障碍。此外，如《城市房屋拆迁管理条例》是违法强制拆迁、暴力拆迁等违法案件经常发生的一个法律上的原因，《城市流浪乞讨人员收容遣送办法》实施过程中发生的"孙志刚案"、《关于劳动教养问题的决定》及其规范性文件可以限制公民人身自由达 4 年之久等是行政立法弊端的一个缩影①。

3. 基本权利在来源、功能和保障模式等方面保持中国特色。首先，基本权利的来源侧重实在法的规定。基本权利的来源，在西方有自然法和实在法两个来源。古典的自然法是关于人本性的法则，从人的理性出发，强调人应顺从自然的方式生活，而这种自然是弥漫于整个宇宙的支配原则，是人类的理性，它是法律与正义的基础。现代的自然法一般指独立于政治上的实在法而存在的正义体系。实在法又名实定法，是指一个国家正在适用的所有法律的总和，包括实体法和程序法。自然法和实在法中权利的关系是：自然法中的权利所体现的基本价值是宪法制定与修改过程中的最高目标，表明人类生存与发展的要求、理念与期待；自然法中的权利也在价值变迁中不断完善自身体系的过程之中，不断向基本权利转化。因此，基本权利的来源不以实在法的规定为限。在我国，关于权利的定义有利益说、主张说、资格说、力量说和自由说，但都是以法律规定为前提②。许

---

① 当然，上述涉及的行政立法与规范性文件现在已经被废止，从另一个侧面也证明其虚置公民基本权利的特征。
② 利益说认为法律权利是法律所确认和保护的利益；主张说认为法律权利是正当而具有法律效力的主张；资格说认为法律权利是法律赋予权利主体作为或不作为的资格；力量说认为法律权利是法律赋予权利主体实现其利益的一种力量；自由说认为法律权利是法律所允许的权利主体不受干预的自由。

崇德教授认为基本权利是"由国家根本法规定的，是公民必不可少的也即基本的权利和义务"①。周叶中教授认为基本权利是指由宪法规定的，公民为实现自己必不可少的利益、主张或自由，从而为或不为某种行为的资格或可能性②。蔡定剑教授指出基本权利是公民"最重要的那些权利，在公民权利体系中处于核心地位，构成普通法律所规定的公民的权利的基础"③。因此，权利的来源一般认为是实在法的规定，即宪法及宪法相关法、民法商法、行政法、经济法、社会法、刑法、诉讼与非诉讼程序法中的具体规定。我们认为，权利是与人及人类社会同生共长的。人之所以享有权利、承担义务，乃是由于他既是一个个体，又是一个社会的人；既需要维护自己的人格、自由和利益，又需要一种有秩序的社会生活④。马克思和恩格斯在《神圣家族》中深刻地指出："人权不是天赋的，而是历史产生的。"恩格斯在《反杜林论》中指出："在最古的自发的公社中，最多只谈得上公社成员之间的平等权利，妇女、奴隶和外地人自然不在此列。在希腊人和罗马人那里，人们的不平等比任何平等受重视得多。如果认为希腊人和野蛮人、自由民和奴隶、公民和被保护民、罗马的公民和罗马的臣民（指广义而言），都可以要求平等的政治地位，那么在古代人看来必定是发了疯。"⑤ "权利决不能超出社会的经济结构以及由经济结构制约的社会的文化发展。"⑥ 因此，中国特色社会主义法律体系中所规定的权利体系，是运用马克思主义权利观，总结我国各族人民争取自由、解放的经验所坚持的主张。其特点是坚持从中国实际出发，坚持以人为本，将人民的生存权、发展权放在首位，在改革、发展、稳定的相互促进中全面推进人权，依法保证全体社会成员平等参与、平等发展的权利，促进公民、政治

---

① 许崇德. 中国宪法［M］. 北京：中国人民大学出版社，1996：400.
② 周叶中. 宪法［M］. 北京：高等教育出版社，2020：239.
③ 蔡定剑. 宪法精解［M］. 北京：法律出版社，2004：206 – 207.
④ 夏勇. 人权概念起源［M］. 北京：中国政法大学出版社，2001：23.
⑤ 马克思，恩格斯. 马克思恩格斯选集：第3卷［M］. 北京：人民出版社，1972：142.
⑥ 马克思. 哥达纲领批判［M］//马克思，恩格斯. 马克思恩格斯选集：第3卷. 北京：人民出版社，1995：199.

权利与经济、社会、文化权利以及个人权利与集体权利的协调发展①。

其次，基本权利的功能侧重利益。基本权利的功能有双重性质，包括主观面向和客观面向。基本权利功能的主观面向包括防御权和给付请求权。防御功能指基本权利赋予人民一种法的地位，在其遭受来自国家的侵害时，可直接据以向国家请求停止其侵害行为，借以使免于国家权力恣意干预。给付请求权功能，即人民站在主动地位，得以请求国家为一定行为。基本权利功能的客观面向包括保护义务功能、客观价值秩序功能和程序保障功能等，即国家有义务采取保障人民基本权利的措施，至于可否作为人民请求国家作为或不作为的基础，则须视情形而定。保护义务功能，指国家负有保护其国民法益以及宪法上所承认的其他制度的义务，特别要保护国民生命、身体自由与以财产权为内容的义务。客观价值秩序功能是指基本权利不但是主观的公权利，通过相关的制度加以实现，而且也是一种客观价值秩序，具有客观规范的意义。程序保障功能是宪法课予国家提供一个适当的组织与程序的义务，以积极营造一个适合基本权利实践的环境，借以落实人民基本权利。与西方权利的丰富功能相比，我国法律在权利的功能上比较单一。我国的法律倾向于"利益说"，认为权利是法律所确认和保护的利益；一项权利之所以能成立，是为了保护某种利益。邓小平同志在《坚持四项基本原则》的讲话中，分析了个人利益、集体利益，局部利益、整体利益，暂时利益、长远利益等各种利益关系后指出："权利和义务的关系，归根到底就是以上所说的各种利益的相互关系在政治上和法律上的表现。"② 对权利的限制也是以利益为着眼点："公民在行使自由和权利的时候，不得损害国家的、社会的、集体的利益。"应该说，将权利的功能定位为利益是比较切合我国实际的。具体来说，在我国现代化进程中，各种矛盾和问题不是依次递进而是同时集中地出现，容易产生集聚和放大效应，从而给国家的领导能力、政治秩序和社会稳定带来严重挑战。因此，权利的功能必须与社会和经济发展水平相适应。

再次，基本权利的保障主采客观权利保护模式。基本权利的保障主要有

---

① 董云虎. 从中国人权发展看西方认知的误区 [N]. 人民日报, 2010 - 10 - 21.
② 邓小平文选：第 2 卷 [M]. 北京：人民出版社, 1994: 176.

两种模式：主观权利保护模式和客观权利保护模式。主观权利保护模式就是指国家设立权利救济制度的核心功能在于保障人民的权利与合法权益。其理论基础是个人主义和自由主义，逻辑假设是个人权利优先，把国家看作是个人为了实现本质上属于个人的目的而建构起来的工具。在个人权利优先及注重立法、司法与行政分立的理念下，司法审查的重心被定位为救济权利而不是监督行政和立法，权利的范围既包括实定法上的权利，也包括从抽象的自然法概念如"人性尊严""自然权利"中引申出来的未被法律明确规定的权利，隐私权、日照权等就是明显的例证。客观权利模式是指国家确立权利救济制度的主要目的是维持、促进客观的法秩序并确保法实施的有效性，其功能取向在于协助创造或重建国家、社会行为的合法性。国家的权利救济制度的目的突出体现监督行政以及立法的合法性。因此，权利的范围严格限制在法律规定以内，即法律规定的权利受到保护，而法律没有明文规定的权利则一般得不到救济。这样，有助于维护既定的以宪法为统帅的实在法所构建的法秩序。从上述两种基本权利的保障模式的特征看出，我国是侧重于客观权利保护模式。基本上，法律没有明确规定的权利很难得到支持与保障，这可以从最重要的两种权利保障方式——诉讼和仲裁制度看出。权利保障的前提是相关主体享有请求国家维护自己权益的资格，但相关的资格严格局限于实定法的范围之内："法律、法规规定"。行政诉讼主体资格是行政诉讼法第十一条规定的8种情形，其他可以起诉的行政案件必须是"法律、法规规定可以提起诉讼的其他行政案件"。民事诉讼法的任务，固然有"保护当事人行使诉讼权利、确认民事权利义务关系，制裁民事违法行为"等规定，但前提是保护当事人的"合法"权益，未进入"法"范围的则另当别论。仲裁法规定，当事人申请仲裁应当"属于仲裁委员会的受理范围"。

八、国家权力

（一）国家权力的构成

国家权力是国家的重要属性，也是构成国家的要素之一。凯尔森认为："国家被认为是居住在地球表面上某一限定部分并从属于某种权力的人的集合，整体意义上的人民（people）。一个国家、一片领土、一个整体意义上的人民及一个权力。"① 国家权力具有公共性、统一性和强制性。李龙教授认为，从国家权力的构成来说，它主要包括层次不同的两个部分：一是国家的最高权力，即主权；二是国家的一般权力。就其关系而言，主权是对国家一般权力的概括和抽象，而国家的一般权力则是派生于主权的国家权力。两者在本质上是一致的，但也有各自的特点：作为国家最高权力的主权是不可分割的，但国家的一般权力则是可以分立的，如分为立法权、行政权、司法权等②。凯尔森也认为对国家权力可以做两种不同的理解。主权是国家众权合一性的一个特征或标志。尽管国家权力的统一性被认为是与领土和人民的统一性一样的重要，但人们都仍然设想有可能划分开三种不同的组成权力，即国家的立法（legislative）权力、行政（executive）权力和司法（judicial）权

---

① ［奥］凯尔森. 法与国家的一般理论 ［M］. 沈宗灵，译. 北京：中国大百科全书出版社，1996：283.
② 李龙. 宪法基础理论 ［M］. 武汉：武汉大学出版社，1999：159.

力①。我们认为，一般而言，国家权力由三个部分构成：一是国家主权，二是国家政权，三是国家机构的法定职权。就我国的实际情况而言，国家权力包括四个部分，即国家主权、国家政权、党的领导权和国家机构的法定职权。

1. 主权是国家的最高权力，也是产生其他一切国家权力的源头。国家主权表现为对外和对内的两个方面：对外的主权由执政当局代表国家统一行使和维护；对内的主权则由全体人民来行使，集中体现在人民对国家事务有最终的决定权。我国宪法确立了人民主权原则，国家的一切权力来自于人民，归属于人民，并通过人民代表大会制度这一根本性的制度安排来使人民主权实现，马克思主义人民主权学说在中国的建成是伟大而生动的实践。

2. 国家政权是指掌握国家机器、处理国家事务的权力。一般而言，国家政权的行使表现为国家机构职权的具体运行，在我国则表现为党的领导权和国家机构职权的具体运行。我国政权的性质是人民政权，人民当家做主，管理国家事务，具体则是由领导阶级、工人阶级的先锋队组织中国共产党来掌握国家政权的。

3. 中国共产党作为执政党，与西方国家的执政党性质不同。在我国，中国共产党的长期执政地位是宪法确认了的，不会发生西方国家那种多党或两党轮流执政的情况。同时，在西方国家，司法是独立的，一个党派取得国家行政权，即可认为是取得执政权。在总统制国家，一个党派如果在总统选举和议会选举中同时获胜，便称之为完全执政。在议会内阁制国家，由议会多数党组阁，自然就是完全执政了。在我国，中国共产党执政是全面执政，即对全体国家机关、企事业单位、群众组织和人民团体的统一领导。我国宪法和法律没有对党的领导权的具体内容和运行方式做出明确规定，根据《中国共产党章程》的表述，从总体上来说，党政军民学，东西南北中，党是领导一切的。党要适应改革开放和社会主义现代化建设的要求，坚持科学执政、民主执政、依法执政，加强和改善党的领导。②

---

① ［奥］凯尔森. 法与国家的一般理论［M］. 沈宗灵，译. 北京：中国大百科全书出版社，1996：283.

② 中国共产党章程［N］. 人民日报，2017 – 10 – 29.

4. 国家机构的职权及其运行方式是法定的。按照凯尔森的观点，国家机构的职权实际上是一种国家职能。他说："当人们讲到国家的三种权力时，权力就被理解为国家的一种职能，并且就划分出国家的三种不同的职能。"① 宪法对我国的国家机构及其职权范围和相互关系做出了明确规定。中央的国家机关有全国人民代表大会、中华人民共和国主席、国务院、中央军事委员会、国家监察委员会、最高人民法院、最高人民检察院。地方国家机关有：地方各级人民代表大会、地方各级人民政府、地方各级监察委员会、地方各级人民法院、地方各级人民检察院。

5. 党的领导权与国家机构的法定职权之间是什么关系呢？我们认为，党的领导权与国家机构的法定职权都是宪法确认的我国公权力，都是源于人民授权，都是对国家主权的共同行使②。我国宪法确认了中国共产党对国家和人民的领导地位，党的最高权力机关和决策机关对国家政治、经济和社会生活中的重大事项拥有最终的决策权和决定权，党的领导权在国家公权力体系中居于核心地位。这种权力配置模式和运行机制虽然在我国宪法及其相关法中确实没有明确的规定，但是《中国共产党章程》和《党政领导干部选拔任用工作条例》等都有明确的规范，党管干部、党管军队是我国国家权力配置的两个重要原则。至于国家机构的法定职权在宪法中有明确规定就不需赘述了。代议型民主在我国国家机构方面表征为以全国人大为代表的各级权力机关及其所产生的各级政府、监察委、法院、检察院等国家机构③。代议型民主固然是经典的政权合法性理论，但西方代议型民主在 21 世纪也暴露出越来越多的缺陷，诸如选举蜕变为"选主"、政治极化与衰败等；作为代议型民主类别的人民代表大会制及其选举制度也存在未能全面真实充分反映人民声音的弊端。在独立自主基础上，我国同时发展出了自上而下的代表型民主，即人民对中国共产党的授权，表现为党的领导权，区分为革命时期、建

---

① ［奥］凯尔森. 法与国家的一般理论［M］. 沈宗灵，译. 北京：中国大百科全书出版社，1996：283.

② 李伯超，李云霖."最高国家权力机关"论析——基于宪法第57条的讨论及其展开［J］. 政治与法律，2016（6）.

③ 李云霖，胡正昌. 法治中国建设中的公务员法治思维论［J］. 湖南科技大学学报，2015（1）.

设时期与改革时期等不同的阶段。在革命过程中确立了领导地位的中国共产党自然成为建设与改革的中坚力量而成为主权的行使者；宪法序言对于"在中国共产党领导下"的强调，必然在中华人民共和国中安置了中国共产党这个主权的行使者而外化为党的领导权。事实上，主权虽然不能由两个或两个以上的个人或机关独立地各自行使，却可由两个或两个以上的个人或机关共同行使①，因此党的领导、人民民主与依法治国三者有机统一就成为我国主权行使的现行方式。

同时，党的领导权与国家机构的法定职权在理论基础、权力内容和权力运行机制等方面也存在不同之处。首先是理论基础不同。党的领导权的理论基础是马克思主义的政党理论，国家机构法定职权的理论基础是马克思、恩格斯的代议制理论和苏联的苏维埃原理。其次是权力内容不同。党的领导权内容宪法中并未做出明确规定，也没有专门立法来具体规定，只有在《中国共产党章程》有概括表述：党政军民学，东西南北中，党是领导一切的。党要适应改革开放和社会主义现代化建设的要求，坚持科学执政、民主执政、依法执政，加强和改善党的领导②。国家机构的法定职权则为宪法和法律明确规定，譬如最高国家权力机关法定职权的内容和范围就为宪法和全国人民代表大会组织法等所规定。通过上述概括表述，党的领导权的内容与范围大于国家机构的法定职权，不过虽然党的领导权的内容与范围大于国家机构的法定职权，但党的领导权必须在宪法和法律的范围内活动。最后是权力运行机制不同。总体而言，国家机关的权力运行方式是法定的，党的领导权的运行方式主要是根据党章等党内法规，当然要遵守宪法和法律，党行使领导权与国家机关行使职权的结合处则多依宪法惯例③。

---

① 王世杰，钱端升. 比较宪法［M］. 北京：中国政法大学出版社，2004：45.
② 中国共产党章程［N］. 人民日报，2017 - 10 - 29.
③ 李伯超，李云霖. "最高国家权力机关"论析——基于宪法第57条的讨论及其展开［J］. 政治与法律，2016（6）.

（二）国家权力的配置原则

国家权力的配置原则指的是国家职能的划分原则或者是国家机构职权的配置原则。国家权力的配置原则无疑要体现一国宪法的立宪宗旨、立宪精神和立宪原则，并且与该国的政权组织形式相适应，而国家权力的配置原则本身又在很大程度上决定着一国的政权架构或权力格局，影响着该国政权的建设和发展。因此，国家权力配置原则的确立对于立宪者来说是件非同寻常的重大事情。如美国的开国者们就曾为此进行过长时间的激烈争论。西方国家的权力配置总体上是采取分权制衡的原则。我国国家权力的配置主要有三大原则，即党管干部的原则、党管军队的原则和权力制约的原则。

1. 党管干部的原则是实现党的政治领导、思想领导和组织领导的根本保障。党管干部的原则主要体现在两个方面。一是管理的对象和范围非常广泛。根据《中国共产党章程》和中共中央印发的《党政领导干部选拔任用工作条例》，党管干部的"干部"指的是担任一定职务的各级负责领导干部，既包括中共党员领导干部，也包括非中共党员领导；既包括党政机关的领导干部，也包括人大、军队、政协、人民法院、人民检察院、事业单位以及工会、共青团、妇联等人民团体中的领导干部。《党政领导干部选拔任用条例》第四条第一款明确规定："本条例适用于选拔任用中共中央、全国人大常委会、国务院、全国政协、中央纪律检查委员会工作部门领导成员或者机关内设机构担任领导职务的人员，国家监察委员会、最高人民法院、最高人民检察院领导成员（不含正职）和内设机构担任领导职务的人员；县级以上地方各级党委、人大常委会、政府、政协、纪委监委、法院、检察院及其工作部门领导成员或者机关内设机构担任领导职务的人员；上列工作部门内设机构担任领导职务的人员。"也就是说，一般所说的科级以上领导干部以及科局级部门的内设机构的领导成员，其选拔任用工作都适用该条例。同时，该条还规定，选拔任用参照公务员法管理的群团机关和县级以上党委、政府直属事业单位的领导成员及其内设机构担任领导职务的人员，参照本条例执行。上列机关、单位选拔任用非中共党员领导干部，参照本条例执行。该条例第五条规定，各级党委（党组）及其组织（人事）部门，按照干部管理权限履行选拔任用党政领导干部的职责，负责该条例的组织实施。该条例第六十九条规定，中国人民解放军和中国人民武装警察部队领导干部的选拔任用办法，由中央军事委员会根据本条例的原则规定。二是对选拔任用程序的有效控制。除了由各级党委（党组）直接任命的干部以外，凡由人民代表大会或者人大常委会选举、任命、决定任命的领导干部，都由党委决定提出推荐意见，再由人民代表大会临时党组织、人大常委会党组和人大常委会组成人员及人大代表中的党员来贯彻落实党委推荐意见。党委向政府提名由政府任命的政府工作部门和机构的领导成员人选，在党委讨论决定后，由政府任命。

2. 党对军队的绝对领导是我国国家权力配置的另一个重大原则。中国人民解放军是由中国共产党缔造和领导的人民军队，是国家机器中的重要组成部分，是捍卫国家主权和维护国家政权的专门力量。党指挥枪是中国共产党领导人民进行革命和建设的一个传统。新中国成立以前的革命战争时期自不必说，新中国成立初期，共同纲领就明确规定："人民解放军和公安部队，受中央人民政府人民革命军事委员会统帅"，人民革命军事委员会是当时国家最高军事领导机关。1954 年制宪时在国家机构中设立国防委员会，中华人民共和国主席统帅全国武装力量，担任国防委员会主席。这两个时期担任人民革命军事委员会主席和国防委员会主席的都是中共中央主席毛泽东①。1975 年和 1978 年两次修宪时，取消了国防委员会的设置，规定由中国共产党中央委员会主席统帅全国武装力量。1982 年修宪时，在国家机构中设立了中央军事委员会，领导全国武装力量。依宪法规定，中央军事委员会是国家的最高军事领导机关，领导和指挥全国武装力量。而从国家机构体系看，它由最高权力机关产生并向它负责，表明中央军事委员会处在从属于最高权力机关的地位。

那么党管军队原则是如何实现的呢？首先，中央军事委员会的组成人员是由中共中央决定的，中央军事委员名义上有两个机关，实际上是一套班子。两个机关指的是党的中央军事委员会和国家的中央军事委员会。根据《中国共产党章程》第二十三条的规定，党的中央军事委员会组成人员由中

---

① 1959 年，刘少奇任国家主席。

央委员会决定。而国家的中央军事委员会主席是由中共中央推荐，全国人民代表大会会议主席团提名，全国人民代表大会选举产生的；其他组成人员是由中央军事委员会主席提名，全国人民代表大会决定的。这种情况下中央军事委员会主席在提名时无疑要体现中共中央的意图，而且多数情况下中央军事委员会主席是由中共中央总书记担任的。此外，根据《中国共产党章程》的规定，全国人大常委会设有党组，党组发挥领导核心作用，有责任执行中共中央的决策，完成中共中央交给的任务。因此，从提名程序到选举、决定程序，都会体现中共中央的决策意图，党的中央军事委员会组成人员和国家的中央军事委员会组成人员最终必然是一致的。其次，《中国共产党章程》第二十四条明确规定，中国人民解放军的党组织，根据中央委员会的指示进行工作。中央军事委员会负责军队中党的工作和政治工作，对军队中党的组织体制和机构做出规定。最后，人民解放军连以上单位都设有党的组织，起政治保障和领导核心作用。连队有支部，营以上设有党委，凡重大事项特别是干部人事问题都由党组织集体讨论决定。比如说，大的战区除设有司令部、职勤部、装备部等各司其职以外，还设有一个统一的战区（大军区）党委，领导该战区的工作。

3. 以权力制约权力，这是防止权力异化，保障公民权利的重要途径。民主集中制作为党的根本组织制度和国家机关活动的基本原则，其本身就充分体现了权力制约的思想和精神。按照民主集中制的要求，无论是党的组织，还是国家机构，都实行集体领导和分工负责的制度。凡属重大问题都要按照集体领导、民主集中、个别酝酿、会议决定的原则，由党的委员会或国家机关的领导成员集体讨论，做出决定，这就从根本上防止出现因权力过分集中而走向个人专断的情况。从国家机构的设置和其职权范围来看，宪法都有明确的规定。不同的国家机关之间既有分工，又有联系和制约，能够协调、有序地运行。十九大报告指出，要加强对权力运行的制约和监督，让人民监督权力，让权力在阳光下运行，把权力关进制度的笼子①，这是持续加强权力制约权力的政治决断。

---

① 习近平. 决胜全面建成小康社会 夺取新时代中国特色社会主义伟大胜利——在中国共产党第十九次全国代表大会上的报告［N］. 人民日报，2017 - 10 - 28.

（三） 国家权力的结构模式

国家权力结构指的是国家权力的构成要素及其相互之间的关系。如前所述，我国国家权力由四个方面的要素构成，即国家主权、国家政权、党的领导权和国家机关的法定职权。国家主权是其他一切国家权力的来源，政权又表现为党的领导权和国家机关的职权，这种关系已经阐明，无须赘言。这里探讨我国国家权力的结构模式，只是就党的领导权和国家机关的职权之间的相互关系以及它们各自的内部关系来进行分析和概括。

1. 在分析党的领导权与国家机关的职权之间的关系时，有几点需要明确。一是总体而言，党的领导权高于国家机关的职权。因为国家机关在行使职权时，要接受同级党组织和上级党组织的领导，亦即要执行党的路线、方针、政策和决定，并依法定程序将党的意志转变为国家意志。二是在整个权力体系或权力结构中，中共中央的领导权居于最高地位，并及于全国。三是各级党的组织必须在宪法和法律的范围内活动，按照党的章程和党内法规开展工作。四是国家机关按法定程序履行法定职权。五是国家机关及其内设部门的领导成员与其党组成员往往是重叠的。由此我们可以得出我国国家权力的总体结构是宝盖型双构单边交融式的。所谓宝盖型，指的是中共中央居于结构体的顶端，总揽全局；双构指的是党的组织和国家机构两套组织体系；单边交融指的是国家机构体系中同时设有党的组织。这种结构模式可以图示如下①：

---

① 为清晰起见，国家机构中党的组织在示意图中用的是虚线。依《中国共产党章程》规定，国家机构中党的组织仍然处于领导核心地位。同时，地方各级党委在本级行政区域内居于领导地位。

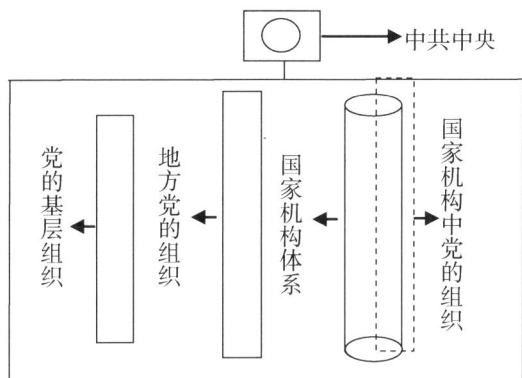

图1　我国国家权力结构的基本模式

2. 执政体系内部的权力结构则比较简单，是阶梯式或层级式的，同时是纵横两条线。纵向的是由中共中央到地方党委再到基层党组织；横向的是中共中央同时直接领导中央国家机关中的党组，地方党委直接领导地方国家机关中的党组。这种结构关系可以图示如图2：

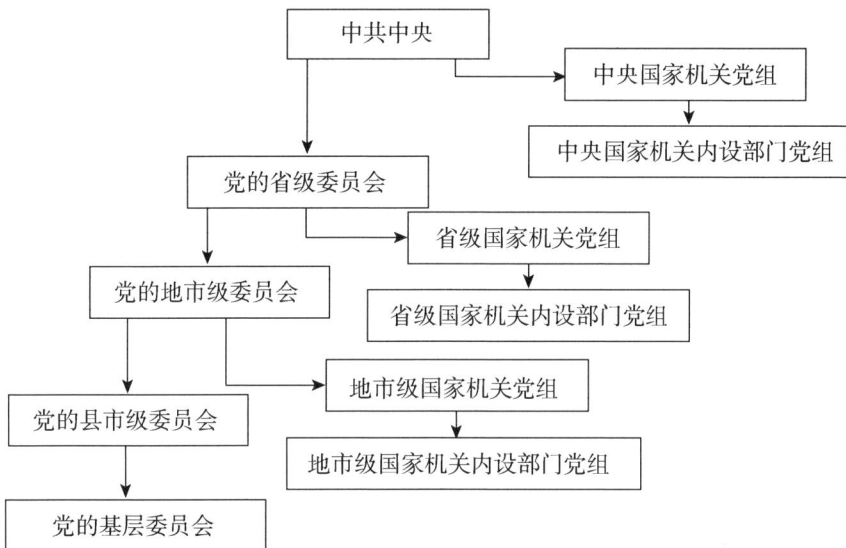

图2　执政体系内部的权力结构关系

3. 国家机关的职权及其运行方式是法定的。不同国家机关之间的权力关系，以及不同国家机关内部的权力关系不一定相同，很难用一种模式来概括。总体而言，有纵向和横向两个方面。从横向方面看，中央国家机关中，全国人民代表大会作为最高国家权力机关，处于最高地位，其他中央国家机关都由它产生并向它负责，法理上都应从属于它。同时，最高人民法院和最高人民检察院实际上不能与国家主席、国务院、国家监察委和中央军事委员会并列。地方的各级国家行政机关、人民法院和人民检察院都要对产生它的同级国家权力机关负责，同样，地方各级人民法院和人民检察院实际上不能与同级人民政府、地方监察委并列。从纵向来看，最高国家权力机关与地方国家权力机关之间有层级（上下位）关系，但是并无直接的隶属关系或从属关系。宪法只规定，省、直辖市的人民代表大会和它们的常务委员会，在不同宪法、法律、行政法规相抵触的前提下，可以制定地方性法规，报全国人民代表大会常务委员会备案。这实际上是一种审查权。此外，全国人民代表大会常务委员会有监督宪法的实施。不同层级的地方国家权力机关之间也有上下位关系，但并无直接的隶属关系或从属关系。从法理上讲，地方各级国家权力机关应向所在区域的选民负责。依宪法规定，国务院作为中央人民政府统一领导全国地方各级人民政府，地方各级人民政府都要服从国务院，同时，地方各级人民政府都要对上一级国家行政机关负责并报告工作。依宪法和法律规定，国家监察委员会领导地方各级监察委员会的工作，上级监察委员会领导下级监察委员会的工作。最高人民法院与地方各级人民法院、专门人民法院之间有层级关系和监督关系，但没有直接的隶属关系或从属关系。地方不同层级的人民法院之间的关系也是如此。依宪法规定，最高人民检察院领导地方各级人民检察院和专门人民检察院的工作，上级人民检察院领导下级人民检察院的工作。下面用 7 个示意图（图 3—图 9）分别表示上述国家机关之间不同的权力结构关系。

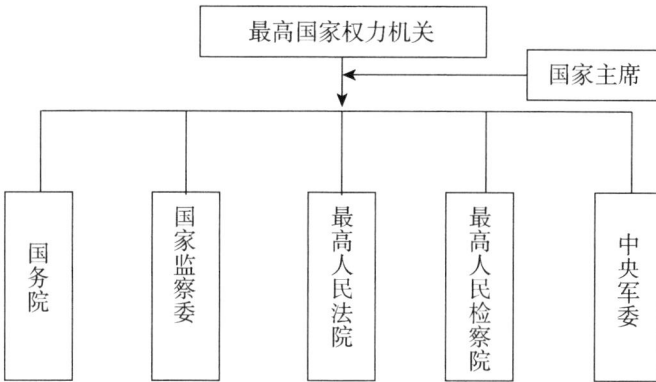

图 3　中央国家机关之间的权力结构关系

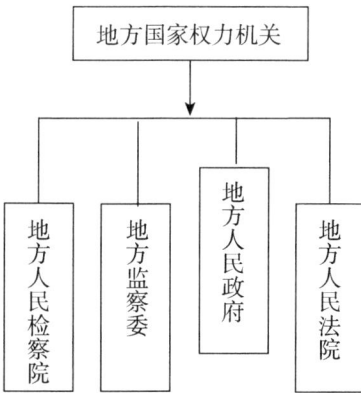

图 4　地方国家机关之间的权力
结构关系

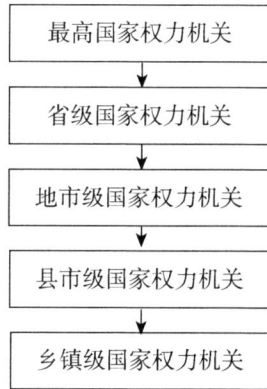

图 5　国家权力机关内部权力
监督结构关系

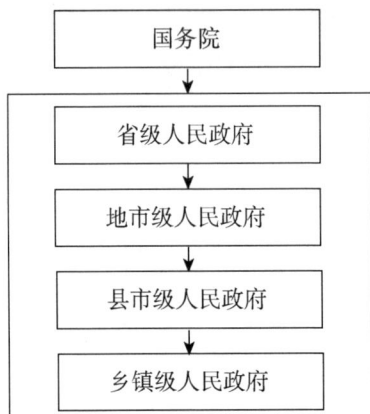

图 6　国家行政机关内部
权力结构关系

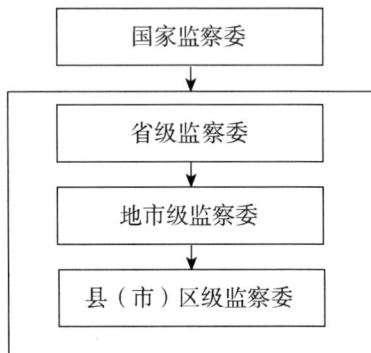

图 7　国家监察委内部权力
结构关系

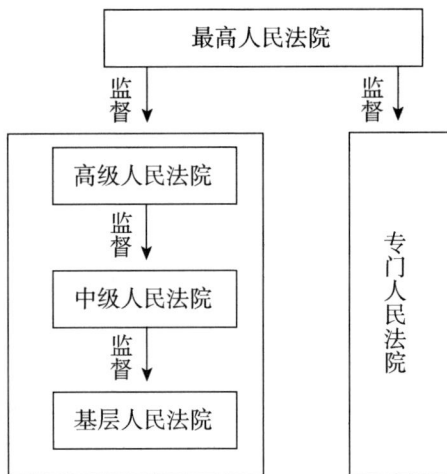

图 8　人民法院内部的权力结构关系

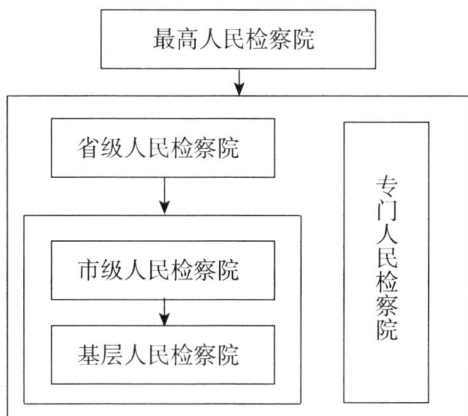

图9　人民检察院内部权力结构关系

（四）国家权力的运行机制

国家权力运行机制是指规范国家权力运行的程序和制度体系。国家权力本身就是一个极其复杂的结构体系，不同性质、不同层次的权力，其运行机制是不同的。总体而言，国家机关的权力运行方式是法定的，党的领导权的运行方式主要是根据党章和党规，当然要遵守宪法和法律；党行使领导权与国家机关行使职权的结合处则多依宪法惯例。下面主要从决策机制、协商机制和监督机制三个方面进行简要的阐述。

1. 核心层集体会议决策制度是我国国家权力运行的一个最重要的机制。一般而言，决策权是党政机关对重大事项的讨论决定权。但就我国国家机关的权力结构而言，全国人民代表大会及其常务委员会，既是立法机关，又是最高权力机关，其职权无疑带有决策性。就制度而言，民主集中制既是一切国家机关的活动原则，又是党的根本组织制度和各级党委的决策制度。《中国共产党章程》第十条在阐述民主集中制的基本原则时明文规定：党的各级委员会实行集体领导和个人分工负责的制度。凡属重大问题都要按照集体领导、民主集中、个别酝酿、会议决定的原则，由党的委员会集体讨论，做出决定。就组织机构而言，也是按照核心层集体决策体制来设计的。中共中央设有政治局和政治局常务委员会，在中央委员会全体会议闭会期间，行使中央委员会职权。因此，中共中央政治局及其常务委员会实际上是党的最高决策机关。县以上党的地方各级委员会均设有常务委员会，实际上处于决策核心的地位。最高国家权力机关全国人民代表大会也设有常务委员会，作为全国人民代表大会的常设机关，其职权非常重要而广泛。同时，依照《中华人民共和国全国人民代表大会组织法》的规定，由全国人大常务委员会的委员长、副委员长、秘书长组成委员会会议，处理常务委员会的重要日常工作。可见，委员长会议的组成人员是常务委员会重要日常工作的决策核心。当然，常务委员会重大事项的决策核心在其党组。依《中华人民共和国地方各级人民代表大会和地方各级人民政府组织法》的规定，地方县级以上人民代表大会均设有常务委员会，同时建有主任会议制，由主任会议处理常务委员会的重要日常工作。同样，地方各级权力机关均设有党组，党组是领导核心和重大事项的决策核心。国务院实行总理负责制，但是依《中华人民共和国国务院组织法》的规定，国务院工作中的重大问题，必须经国务院常务会议或者国务院全体会议讨论决定。国务院全体会议由国务院全体成员组成，而常务会议则由总理、副总理、国务委员、秘书长组成。依《中国共产党章程》的规定，国务院也成立党组，党组是领导核心和决策核心。地方县级以上人民政府的组织架构和决策方式也是如此。

2. 协调机制也是我国国家权力运行的重要机制。《中国共产党章程》规定："党必须按照总揽全局、协调各方的原则，在同级各种组织中发挥领导核心作用。""党必须集中精力领导经济建设，组织、协调各方面的力量，同心协力，围绕经济建设开展工作，促进经济社会全面发展。"实现党的领导，除了依靠组织和制度保障以外，充分发挥协调作用也是一个非常重要的方面。国家立法机关、司法机关和行政机关，各有其法定职权，如何保证它们既要依法独立负责地行使职权，又要相互配合，协调一致，这就需要党站在总揽全局的高度，发挥协调作用。同时，党既要通过国家机关将自己的意志转变为国家意志，又要带头遵守宪法和法律，就必须借助灵活多样的协调方式，尤其是在处理党和国家权力机关的关系时更是如此。如各级党委向同级国家权力机关推荐干部的过程，实际就是协调的过程，就是统一思想认识的过程。《党政领导干部选拔任用工作条例》第四十五条规定："党委向人民代表大会或者人大常委会推荐需要由人民代表大会或者人大常委会选举、任命、决定任命的领导干部人选，应当事先向人民代表大会临时党组织或者人大常委会党组和人大常委会组成人员中的党员介绍党委的推荐意见。人民代表大会的临时党组织、人大常务委员会党组和人大常委会组成人员及人大代表中的党员，应当认真贯彻党委推荐意见，带头依法办事，正确履行职责。"人民代表大会的预备会议和主席团会议，实际上也具有协调的功能和性质。再如从中央到地方，为完成某项重要工作而成立的各种非常设领导机构，实际上就是跨系统（党委系统和政务系统）、跨部门的协调机构。十九大报告指出，协商民主是实现党的领导的重要方式，是我国社会主义民主政治的特有形式和独特优势。要推动协商民主广泛、多层、制度化发展，统筹推进政党协商、人大协商、政府协商、政协协商、人民团体协商、基层协商以及社会组织协商。加强协商民主制度建设，形成完整的制度程序和参与实践，保证人民在日常政治生活中有广泛持续深入参与的权利①。

3. 监督机制是保证国家权力正常运行的重要机制。要实现依法治国、建设社会主义法治国家的宏伟目标，就必须将国家权力纳入法治的轨道，使权力处于宪法和法律的规制之下，并建立健全有效的权力监督机制。就专门的监督制度和承责机构而言，我国的权力监督机制还是相当完备的。党内有《中国共产党党内监督条例》《中国共产党纪律处分条例》；国家法律法规有《中华人民共和国各级人民代表大会常务委员会监督法》《中华人民共和国监察法》《行政机关公务员处分条例》等。中央部门和地方的专门制度和相关的法律规范更是不计其数。就专门的承责机构而言，党内有纪律检查机关，国家有检察机关和监察委员会。此外，各级党委和其他国家机关内部也都有监督责任。完备的监督制度和监督机构对国家权力的正常运行起到了重要的作用，但从实际效果来看，尚未达到理想的状态。

---

① 习近平. 决胜全面建成小康社会 夺取新时代中国特色社会主义伟大胜利——在中国共产党第十九次全国代表大会上的报告［N］. 人民日报，2017 – 10 – 28.

九、执政体系

　　党的执政体系是由党的中央组织、地方组织、基层组织、党的纪律检查机关和党组构成的一个相互联系、相互制约的有机整体。党的组织在凝聚党的力量、联系人民群众、执行党的任务、完成党的使命中发挥着至关重要的作用。《中国共产党章程》明确规定了党的各级组织的职权、任务和设置原则。党的中央组织是全党的最高领导机关，拥有最高决策权和监督权，党的地方组织担负着不同地区党的领导工作，在中央和基层组织之间起着承上启下和上通下达的作用。党的基层组织是党在社会基层组织中的战斗堡垒，是党的全部工作和战斗力的基础。《中国共产党章程》还设立专章，明确规定党的组织制度，强调从中央到地方到基层各级党组织都必须严格遵守民主集中制和集体领导的原则，以利于集中全党的力量和智慧，推进党的科学执政、民主执政和依法执政，同时最大限度地发挥全党的积极性、主动性和创造性，并且坚决维护党的统一和中央政令的畅通，达到全党在思想、意志和行动的统一。党的组织制度还明确规定，党的中央和省、自治区、直辖市委员会实行巡视制度，党的市（地、州、盟）和县（市、区、旗）委员会建立巡察制度。

　　党的组织是党赖以存在的物质基础，承载着党的领导功能，党的路线、方针和政策必须依靠党的组织来贯彻执行，党与人民群众的联系必须依靠党的组织来加强。没有党的组织，就无从实现党的领导。

（一）中央组织

1. 党的中央组织是全党的首脑机关。党的中央组织包括：党的全国代表大会；党的全国代表会议；党的中央委员会；中央政治局；中央政治局常务委员会；中央军事委员会；中央纪律检查委员会；中央政治局和中央政治局常务委员会的办事机构，即中央书记处；中央委员会的各职能部门。其中，党的全国代表大会和党的中央委员会是党的最高领导机关。

2. 党的全国代表大会每五年举行一次，由中央委员会召集。中央委员会认为有必要，或者有三分之一以上的省一级组织提出要求，全国代表大会可以提前举行，如无非常情况，不得延期举行。

党的全国代表大会的职权是：①听取和审查中央委员会的报告；②审查中央纪律检查委员会的报告；③讨论并决定党的重大问题；④修改党的章程；⑤选举中央委员会；⑥选举中央纪律检查委员会。

3.《中国共产党章程》第十二条规定，党的中央委员会和地方各级委员会在必要时召集代表会议，讨论和决定需要及时解决的重大问题。代表会议代表的名额和产生办法，由召集代表会议的委员会决定。党的全国代表会议是党的一种重要的中央组织形式。

党的全国代表会议职权是：讨论和决定重大问题；调整和增选中央委员会、中央纪律检查委员会的部分成员。调整和增选中央委员及候补中央委员的数额，不得超过党的全国代表大会选出的中央委员及候补中央委员各自总数的五分之一。

4. 党的中央委员会每届任期五年。全国代表大会如提前或延期举行，它的任期相应地改变。中央委员会委员和候补委员必须有五年以上党龄。中央委员会委员和候补委员的名额，由全国代表大会决定。中央委员会委员出缺，由中央委员会候补委员按照得票多少依次递补。

中央委员会全体会议由政治局召集，每年至少举行一次。中央政治局向中央委员会全体会议报告工作，接受监督。

在全国代表大会闭会期间，中央委员会执行全国代表大会的决议，领导党的全部工作，对外代表中国共产党。

5. 党的中央政治局、中央政治局常务委员会和中央委员会总书记，由中央委员会全体会议选举。中央委员会总书记必须从中央政治局常务委员会委员中产生。

中央政治局、中央政治局常务委员会在中央委员会全体会议闭会期间，行使中央委员会的职权，是党的中央领导机构。中央委员会总书记、中央政治局和它的常务委员会的组成人员，是党的中央领导人。

中央书记处是中央委员会和它的常务委员会的办事机构，成员由中央政治局常务委员会提名，中央委员会全体会议通过。

中央委员会总书记负责召集中央政治局会议和中央政治局常务委员会会议，并主持中央书记处的工作。

每届中央委员会产生的中央领导机构和中央领导人，在下届全国代表大会开会期间，继续主持党的经常工作，直到下届中央委员会产生新的中央领导机构和中央领导人为止。

6. 党的中央军事委员会是党的军事领导机构，其组成人员由中央委员决定。党的中央军事委员会与中华人民共和国中央军事委员会是重合的，统称为中央军事委员会，简称为中央军委，领导全国武装力量。

7. 中国人民解放军的党组织，根据中央委员会的指示进行工作。中央军事委员会负责军队中党的工作和政治工作。军队中党的组织体制和机构，由中央军事委员会做出规定。

（二）地方组织

1. 党的地方组织包括：党的省、自治区、直辖市的代表大会，设区的市和自治州的代表大会，县（旗）、自治县、不设区的市和市辖区的代表大会。党的地方各级委员会由同级党的代表大会选举产生，由委员、候补委员组成，每届任期五年。党的地方委员会的常务委员会（简称"常委会"）由党的地方委员会全体会议（简称"全会"）选举产生，由党的地方委员会书记、副书记和常委会其他委员组成。党的地方各级代表大会和它们所产生的委员会是党的地方各级领导机关。

2. 党的地方各级代表大会由同级党的委员会召集，每五年举行一次，在特殊情况下，经上一级委员会批准，可以提前或延期举行。党的地方各级代表大会代表的名额和选举办法，由同级党的委员会决定，并报上一级党的委员会批准。

党的地方各级代表大会的职权是：①听取和审查同级委员会的报告；②审查同级纪律检查委员会的报告；③讨论本地区范围内的重大问题并做出决议；④选举同级党的委员会，选举同级党的纪律检查委员会。

3. 党的省、自治区、直辖市、设区的市和自治州的委员会，每届任期五年。这些委员会的委员和候补委员必须有五年以上的党龄。党的县（旗）、自治县、不设区的市和市辖区的委员会，每届任期五年。这些委员会的委员和候补委员必须有三年以上的党龄。

党的地方各级代表大会如提前或延期举行，由它选举的委员会任期相应地改变。

党的地方各级委员会的委员和候补委员的名额，分别由上一级委员会决定。党的地方各级委员会任期内委员出缺，由候补委员按照得票多少依次递补，递补后仍有空缺的可以召开党代表大会或者党代表会议补选。

党的地方各级委员会全体会议，每年至少召开两次，遇有重要情况可以随时召开。全会由常委会召集并主持，议题一般由常委会征询党委委员、候补委员意见后确定。

党的地方各级委员会在党代表大会闭会期间，执行上级党组织的指示和同级党代表大会的决议，领导本地方的工作，定期向上级党的委员会报告工作。

4. 党的地方各级委员会全体会议，选举书记、副书记和常务委员会，并报上级党的委员会批准。党的地方各级委员会的常务委员会，在委员会全体会议闭会期间，行使委员会职权；在下届代表大会开会期间，继续主持经常工作，直到新的常务委员会产生为止。

党的地方委员会应当通过召开全会的方式履行以下职责：①制定贯彻执行党中央和上级党组织决策部署以及同级党代表大会决议、决定的重大措施；②讨论和决定本地区经济社会发展战略、重大改革事项、重大民生保障等经济社会发展重大问题；③讨论和决定本地区党的建设方面的重大问题，审议通过重要党内法规或者规范性文件；④决定召开同级党代表大会或者党代表会议，并对提议事项先行审议、提出意见；⑤听取和审议常委会工作报告或者专项工作报告；⑥选举书记、副书记和常委会其他委员；通过同级党的纪律检查委员会全体会议选举产生书记、副书记和常委会其他委员；⑦决定递补党委委员；批准辞去或者决定免去党委委员、候补委员；决定改组或者解散下一级党组织；决定或者追认给予党委委员、候补委员撤销党内职务以上党纪处分；⑧研究讨论本地区行政区划调整以及有关党政群机构设立、变更和撤销方案；⑨对常委会提请决定的事项或者应当由全会决定的其他重要事项做出决策。

常委会在全会闭会期间行使党的地方委员会职权，主持经常工作。其主要职责是：①召集全会，向全会报告工作并接受监督；对拟提交全会讨论和决定的事项先行审议、提出意见；②组织实施上级党组织决策部署和全会决议、决定；③向上级党组织请示报告工作，讨论和决定下级党组织请示报告的重要事项；④对本地区经济社会发展和宣传思想文化工作、组织工作、纪律检查工作、群众工作、统一战线工作、政法工作等方面经常性工作中的重要问题做出决定；⑤按照有关规定推荐、提名、任免干部，必要时对重要干部的任免可以征求党委委员意见；教育、管理、监督干部；研究决定党员干部纪律处分有关事项；⑥对应当由常委会决定的其他重要事项做出决定。

党的地方委员会向同级党代表大会负责并报告工作，应当自觉接受上级党委领导和工作监督，并接受上级和同级纪律检查机关监督，接受下级党组织和党员群众的监督，接受各民主党派和无党派人士的民主监督。

党的地方各级委员会的常务委员会定期向委员会全体会议报告工作，接受监督。

5. 根据《中国共产党章程》第十三条第三款的规定，党的中央和地方各级委员会均可以派出代表机关，但《中国共产党章程》只对省一级党委的派出机关作出了规定。《中国共产党章程》第二十九条明确：党的地区委员会和相当于地区委员会的组织，是党的省、自治区委员会在几个县、自治县、市范围内派出的代表机关。它根据省、自治区委员会的授权，领导本地区的工作。据此可以得出：①中央和地方党委的派出机关的职权范围分别依中央和地方党委的授权来确定；②中央和地方党委的派出机关的组织人员和负责人分别由中央和地方党委任命，而不是经由选举产生；③中央和地方党委的派出机关不设常务委员会。

从历史来看，新中国成立后中央曾沿用战争年代的做法，按地理方位，分大块区域设立过派出机关，分别称为东北局党委、西北局党委、华北局党委、华东局党委、中南局党委、西南局党委等，一个局党委领导若干个省；党省一级的委员会普遍设立过派出机关，称为地委，如湘潭地委、衡阳地委等，一个地委领导若干个县；党的县级委员会也曾普遍设立过派出机构，称为区委，一个区委领导若干个公社。依现状来看，中央设立的上述派出机关早已不复存在；地方党委设立的上述派出机关也极少保留，只是各省一级党委为了加强教育战线的学生思想政治工作和校园的稳定工作，普遍设立了派出机关，即省级党委的教育工作委员会，如中共北京市委教育工作委员会、中共湖南省委教育工作委员会等。

（三）基层组织

1.《中国共产党章程》第三十条规定，企业、农村、机关、学校、科研院所、街道社区、社会组织、人民解放军连队和其他基层单位，凡有正式党员三人以上的，都应当成立党的基层组织。

党的基层组织，根据工作需要和党员人数，经上级党组织批准，分别设立党的基层委员会、总支委员会、支部委员会。基层委员会由党委大会或代表大会选举产生，总支委员会和支部委员会由党员大会选举产生，提出委员候选人要广泛征求党员和群众的意见。

2. 党的基层委员会每届任期三年至五年，总支部委员会、支部委员会每届任期三年至五年。基层委员会、总支委员会、支部委员会选出的书记、副书记，应报上级党组织批准。

3. 党的基层组织的基本任务是：①宣传和执行党的路线、方针、政策，宣传和执行党中央、上级组织和本级组织的决议，充分发挥党员的先锋模范作用，团结、组织党内外的干部和群众，努力完成本单位所担负的任务；②组织党员认真学习马克思列宁主义、毛泽东思想、邓小平理论、"三个代表"重要思想、科学发展观、习近平新时代中国特色社会主义思想，推进"两学一做"学习教育常态化制度化，学习党的路线、方针、政策和决议，学习党的基本知识，学习科学、文化、法律和业务知识；③对党员进行教育、管理、监督和服务，提高党员素质，坚定理想信念，增强党性，严格党的组织生活，开展批评和自我批评，维护和执行党的纪律，监督党员切实履行义务，保障党员的权利不受侵犯。加强和改进流动党员管理；④密切联系群众，经常了解群众对党员、党的工作的批评和意见，维护群众的正当权利和利益，做好群众的思想政治工作；⑤充分发挥党员和群众的积极性、创造性，发现、培养和推荐他们中间的优秀人才，鼓励和支持他们在改革开放和社会主义现代化建设中贡献自己的聪明才智；⑥对要求入党的积极分子进行教育和培养，做好经常性的发展党员工作，重视在生产、工作第一线和青年中发展党员；⑦监督党员干部和其他工作人员严格遵守国家法律法规，严格遵守国家的财政经济法规和人事制度，不得侵占国家、集体和群众的利益；⑧教育党员和群众自觉抵制不良倾向，坚决同各种违纪违法行为做斗争。

4. 街道、乡、镇党的基层委员会和村、社区党组织，领导本地区的工作和基层社会治理，支持和保证行政组织、经济组织和群众自治组织充分行使职权。

5. 国有企业党委（党组）发挥领导作用，把方向、管大局、保落实，依照规定讨论和决定企业重大事项。国有企业和集体企业中党的基层组织，发挥政治核心作用，围绕企业生产经营开展工作。保证监督党和国家的方针、政策在本企业的贯彻执行；支持股东会、董事会、监事会和经理（厂长）依法行使职权；全心全意依靠职工群众，支持职工代表大会开展工作；参与企业重大问题的决策，加强党组织的自身建设，领导思想政治工作、精神文明建设和工会、共青团等群团组织。

6. 非公有制经济组织中党的基层组织，贯彻党的方针、政策，引导和监督企业遵守国家的法律法规，领导工会、共青团等群团组织，团结凝聚职工群众，维护各方的合法权益，促进企业健康发展。

7. 社会组织中的基层组织，宣传和执行党的路线、方针、政策，领导工会、共青团等群团组织，教育管理党员，引领服务群众，推动事业发展。

8. 实行党委领导下的行政领导人负责制的事业单位中党的基层组织，发挥战斗堡垒作用，对重大问题进行讨论并做出决定，同时保证行政领导人充分行使自己的职权。

9. 各级党和国家机关中党的基层组织，协助行政负责人完成任务，改进工作，对包括行政负责人在内的各个党员进行教育、管理、监督，不领导本单位的业务工作。

（四）党的纪律检查机关

1. 党的纪律检察机关包括：党的中央纪律检查委员会、党的地方各级纪律检查委员会和党的基层纪律检查委员会。

2. 党的中央纪律检查委员会全体会议，选举常务委员会和书记、副书记，并报党的中央委员会批准。党的地方各级纪律检查委员会全体会议，选举常务委员会和书记、副书记，并由同级党的委员会通过，报上级党的委员会批准，党的基层委员会是设立纪律检查委员会，还是设立纪律检查委员，由它的上一级党组织根据具体情况决定。党的总支委员会和支部委员会设纪律检查委员。

党的中央和地方纪律检查委员会向同级党和国家机关全面派驻党的纪律检查组。纪律检查组组长参加驻在部门党的领导组织的有关会议。他们的工作必须受到该机关党的领导组织的支持。

党的各级纪律检查委员会每届任期和同级党的委员会相同。

3. 党的中央纪律检查委员会在党的中央委员会领导下进行工作。党的地方各级纪律检查委员会和基层纪律检查委员会在同级党的委员会和上级纪律检查委员会双重领导下进行工作。上级党的纪律检查委员会加强对下级纪律检查委员会的领导。

上级纪律检查委员会有权检查下级纪律检查委员会的工作，并且有权批准或改变下级纪律检查委员会对于案件所做的决定。如果所要改变的该下级纪律检查委员会的决定，已经得到它的同级党的委员会的批准，这种改变必须经过它的上一级党的委员会批准。

党的地方各级纪律检查委员会和基层纪律检查委员会如果对同级党的委员会处理案件的决定有不同意见，可以请求上一级纪律检查委员会予以复查；如果发现同级党的委员会或它的成员有违反党的纪律的情况，在同级党的委员会不给予解决或不给予正确解决的时候，有权向上级纪律检查委员会提出申诉，请求协助处理。

4. 党的各级纪律检查委员会是党内监督专责机关，主要任务是：维护党的章程和其他党内法规，检查党的路线、方针、政策和决议的执行情况，协助党的委员会推进全面从严治党、加强党风建设和组织协调反腐败工作。

党的各级纪律检查委员会的职责是监督、执纪、问责，要经常对党员进行遵守纪律的教育，做出关于维护党纪的决定；对党的组织和党员领导干部履行职责行使权力进行监督；受理处置党员群众检举举报，开展谈话提醒、约谈函询；检查和处理党的组织和党员违反党的章程和其他党内法规的比较严重或复杂的案件，决定或取消对这些案件中的党员的处分；进行问责或提出责任追究的建议；受理党员的控告和申诉；保障党员的权利。

各级纪律检查委员会要把特别重要或复杂的案件中的问题和处理的结果，向同级党的委员会报告。党的地方各级纪律检查委员会和基层纪律检查委员会要同时向上级纪律检查委员会报告。

各级纪律检查委员会发现同级党的委员会委员有违反党的纪律的行为，可以先进行初步核实，如果需要立案检查的，应当在向同级党的委员会报告的同时向上一级纪律检查委员会报告，涉及常务委员的，报告上一级纪律检查委员会，由上一级纪律检查委员会进行初步核实，需要审查的，由上一级纪律检查委员会报它的同级党的委员会批准。

从党的各级纪律检查机关产生的程序、方式，它的主要任务、职权范围和隶属关系可以看出，党的纪律检察机关与党的各级委员会的职能部门性质不完全相同，它在党的组织体系中具有特殊的地位和作用。

（五）党组

1.《中国共产党章程》规定，在中央和地方国家机关、人民团体、经济组织、文化组织和其他非党组织的领导机关中，可以成立党组。党组发挥领导核心作用。

2. 党组的成员，由批准成立党组的党组织决定。党组设书记，必要时还可以设副书记。

党组必须服从批准它成立的党组织领导。

3. 党组的任务，主要是负责贯彻执行党的路线、方针、政策；加强对本单位党的建设的领导，履行全面从严治党责任；讨论和决定本单位的重大问题；做好干部管理工作；讨论和决定基层党组织设置调整和发展党员、处分党员等重要事项；团结党外干部群众，完成党和国家交给的任务；领导机关和直属单位党组织的工作。

十、国家机构

（一） 中央国家机构

1. 全国人民代表大会。全国人民代表大会以及各级人民代表大会，基本对应于西方学者所指称的代议机关或立法机关，它建立在现代民主政治基础之上，相对于行政机关和司法机关而言，主要是通过选举方式所组成的国家机关①。在世界上不同的国家和地区，这种代议机关有不同的称呼，英国称为"Parliament"，美国称为"Congress"，联邦德国称为"d1et"，法国称为"Parlement"，瑞士称为"Bundesversammlung"，印度尼西亚称"人民协商会议"，俄罗斯称"国家杜马"，蒙古称"大人民呼拉尔"等。从法律地位来看，各国的情况不尽相同。在有些国家，代议机关是国家的最高权力机关，如我国的全国人大及其常委会；而在另外一些国家，代议机关仅仅是国家的立法机关，如美国、德国等国的议会；少数国家的代议机关甚至只起某种咨询作用。尽管如何定义代议机关一直是争论不休的问题，但是，代议机关对于政治合法性的象征意义早已为各国普遍认识，早在1985年，就已经有155个国家宣称有代议机关，只有实行军人统治的27个国家不承认代议机关的存在。②

---

① 张庆福. 宪法学基本理论 [M]. 北京：社会科学文献出版社，1994：565.

② ［美］罗德·哈格，马丁·哈罗. 比较政府与政治：英文版 [M]. 北京：中国人民大学出版社，1987：186.

从组织结构的形式来说，各国的代议机关一般可以分为单一结构与复合结构两种。凡代议机关仅由一院组成，为单一结构；如由两院或多院组成，则是复合结构；但主要还是分为两院制和一院制两种①。西方国家有的采用两院制，如英、美、法、日、意、德；有的用一院制，如丹麦、瑞典、芬兰、希腊、西班牙等。社会主义国家有的采用一院制，如朝鲜；有的采用多院制，如前南斯拉夫。

代议机关的职权，是指代议机关所拥有的与其职能相适应的国家权力。如果代议机关分为两院，则两院的职权分配随之产生，具体有三种情形：两院的职权完全平等或几乎平等；两院关于财政案的职权不平等；两院的职权全不平等。这是代议机关内部的职权关系。代议机关外部的职权关系从整体而观，虽然各国代议机关职权的范围虽极不一致，但都享有三种性质的职权，即立法权、财政权及监督权。立法权，是以国家名义制定、修改、废止、解释法律的权力，是国家的权能和主权的表现。立法权为代议机关的主要职权，现代一般所谓的法律，大多须经过代议机关立法程序才能成立。代议机关议定财政案的财政权，是与立法权一样重要的权力，甚至比立法更为重要，因为财政是运转全部国家政治的指南针，一切内政、外交、军备、司法和国家一切设施，都是通过财政而进行运转，影响国民生活也最为强烈②。财政权的种类甚多，有预算议定权、预算超过或预算外支出的事后承诺权、议决赋税以及其他公共征课权、同意发行公债权、对于成立于预算之外可使国库发生负担的契约同意权和决算审查权等，其中最重要的是预算权③。监督权是国家权力机关职权的重要组成部分，没有监督权，其他权力就难以发挥和落实。监督权的范围，随国家宪法体制（采取总统制或内阁制）不同而有异。

各国宪法为保障议员个人的安全与自由起见，对于议员均给予了两种特

---

① 许崇德，何华辉. 宪法与民主制［M］. 湖北：湖北人民出版社，1982：99.

② ［日］美浓部达吉. 议会制度论［M］. 邹敬芳，译. 北京：中国政法大学出版社，2005：264.

③ 由于预算权是财政权中最主要和最重要的种类，限于篇幅，后文直接以预算权的论述代替财政权，具体参见［日］美浓部达吉. 议会制度论［M］. 邹敬芳，译. 北京：中国政法大学出版社，2005：266.

165

殊的保障：一是关于议员言论的特殊保障，另一为关于议员人身的特殊保障。议员享有言论免责的特权的制度起始于英国的1689年的权利法案，该法案规定"议会内言论、辩论或议事之自由，于法院或国会之外任何场所，不受告发式审问"。此后，该制度为各国宪法所仿效。为了严格而全面地保护议员的言论免责权，许多国家通过宪法解释将"言论"扩展为"言论、表决以及功能上与之相当的正当立法所为"①，亦即只要议员之行为与立法具有关联性、寻常性与必要性，均属言论免责条款的保护范畴。议员的人身保障与言论保障一样，其目的在于保障议员的自由与安全，使之免受政府的迫害，从而有精力从事议员的工作。

我国宪法规定，中华人民共和国的一切权力属于人民。人民行使国家权力的机关是全国人民代表大会和地方各级人民代表大会。全国人民代表大会是代表会议的名称，又是一个行使国家最高权力的国家机关。就其由公民选举产生民意代表组成并行使国家的立法权而言，全国人民代表大会与世界大多数国家称之为国会或议会的国家机关没什么区别，是代议机关的一种。全国人民代表大会就是中国的国会，它参加了世界各国议会联盟，是当今世界议会中的一员。只不过它是议会在中国的称呼而已。我们国家将这种机关称为人民代表大会，直接表明了这一国家机关权力的民主性质②。

但同时，我国的各级人民代表大会又不仅仅是代议机关。我国宪法规定："全国人民代表大会是最高国家权力机关，是行使国家立法权的机关。"这一规定表明了全国人民代表大会在我国国家机构体系中居于最高地位，其他中央国家机关都由全国人民代表大会产生并对它负责，受它监督。不过，"最高国家权力机关"的定位需要结合宪法序言和我国的政治显示来理解：如果单从权力机关体系和国家机构权力体系和序列来看，那么最高国家权力统一于全国人民代表大会；如果从我国公权力体系来看，那么包括"最高国家权力机关"在内的所有国家机构权力最终统一于中共中央和中央政治局。由于党的领导权经宪法确认，党内法规是受宪法支持的我国公权力规范的组成部分，"最高国家权力机关"法定职权与党的领导权都是宪法确认的我国

---

① Kilbourn V. Thompson, 103 U. S168, 203（1881）.
② 蔡定剑. 宪法精解［M］. 北京：法律出版社，2006：298.

公权力，都源于人民授权，都是对国家主权的共同行使①。

全国人民代表大会作为最高国家权力机关，其地位主要体现在以下几个方面：①全国人民代表大会统一行使全国人民赋予的最高国家权力，向全国人民负责，受全国人民监督；②全国人民代表大会的职权具有全面性，覆盖了国家政治、经济、军事、外交、文化教育以及社会生活的方方面面；③全国人民代表大会的权力具有至上性，高于行政权、监察权、审判权、检察权；最高国家行政机关、监察机关、审判机关、检察机关都由它产生，对它负责，并接受它的监督；④全国人民代表大会制定的法律、通过的决议和决定，一切国家机关和武装力量、各政党和各社会团体、各企事业组织以及所有公民都必须严格遵守。②

根据宪法规定，全国人民代表大会的主要职权有以下四个方面。

第一，立法权。立法权从其对象来说，包括宪法、基本法律和一般法律，从行为来说，包括制定、认可和修改等活动。全国人民代表大会的立法职权主要有两个方面。①修改宪法。宪法第六十二条规定第一项规定，全国人民代表大会修改宪法。根据宪法规定，宪法的修改由全国人民代表大会常务委员会或者五分之一以上的全国人民代表大会代表提议，并由全国人民代表大会以全体代表的三分之二以上的多数通过。②制定和修改国家基本法律。基本法律主要是指刑事、民事、国家机构、公民基本权利义务等方面的法律。由于这些法律涉及整个国家生活，关系到全国各族人民的根本利益，因此必须由全国人民代表大会来行使这些法律的制定权和修改权。宪法第五十八条规定，全国人民代表大会和全国人民代表大会常务委员会行使国家立法权。第六十二条规定第三项规定，全国人民代表大会制定和修改刑事、民事、国家机构的和其他的基本法律。根据宪法规定，法律由全国人民代表大会以全体代表的过半数通过。

第二，对中央国家机关组成人员的选任权。根据宪法和全国人民代表大会组织法，全国人民代表大会选举全国人大常委会委员长、副委员长、秘书

---

① 李伯超，李云霖. "最高国家权力机关"论析——基于宪法第57条的讨论及其展开 [J]. 政治与法律，2016（6）.

② 胡肖华，肖北庚. 宪法学 [M]. 长沙：湖南人民出版社，湖南大学出版社，2001：253.

长和委员；选举中华人民共和国主席、副主席；根据中华人民共和国主席的提名，决定国务院总理人选，根据国务院总理的提名，决定国务院副总理、国务委员、各部部长、各委员会主任、审计长和秘书长的人选；选举中央军事委员会主席，根据中央军事委员会主席的提名，决定中央军事委员会其他组成人员的人选；举国家监察委员会主任、最高人民法院院长、最高人民检察院检察长；等等。

第三，国家重大事项决定权。决定省、自治区和直辖市的建置；决定特别行政区的设立及其制度；决定战争与和平问题等。

第四，监督权。为了维护宪法尊严，保证宪法的实施，宪法规定，全国人民代表大会监督宪法的实施，全国人民代表大会有权改变或者撤销其常务委员会不适当的决定，审查和批准国家的预算和预算执行情况的报告等。全国人民代表大会有权对国务院、中央军事委员会、国家监察委员会、最高人民法院和最高人民检察院进行监督。全国人民代表大会有权罢免全国人大常委会委员长、副委员长、秘书长和委员，中华人民共和国主席、副主席，国务院总理、副总理、国务委员、各部部长、各委员会主任、审计长和秘书长，中央军事委员会主席、中央军事委员会其他组成人员，国家监察委员会主任、最高人民法院院长、最高人民检察院检察长。对于以上人员，全国人大主席团或者三个以上代表团或者1/10以上的代表可以提出对他们的罢免案，罢免案由主席团审议后，提请大会全体会议审议，经全体代表的过半数同意即获通过。

全国人民代表大会常务委员会（简称"全国人大常委会"）是全国人民代表大会的常设机关，是最高国家权力机关的组成部分，是在全国人民代表大会闭会期间经常行使最高国家权力的机关，也是国家立法机关。在全国人民代表大会闭会期间，国务院、国家监察委员会、最高人民法院、最高人民检察院都要对全国人大常委会负责，向它报告工作，接受它的监督。按照宪法和有关法律的规定，全国人大常委会的职权可以归纳为以下四个方面。第一，立法权。根据宪法，全国人大常委会有权对宪法进行解释。根据宪法、《中华人民共和国香港特别行政区基本法》和《中华人民共和国澳门特别行政区基本法》的规定，全国人大常委会有对这两个基本法的解释权。根据《立法法》的规定，全国人大常委会对于法律规定需要进一步明确具体含义或者法律制定后出现新的情况需要明确适用法律依据的，有权做出法律解释。全国人大常委会有依照法定程序和权限制定、修改和补充法律的权力。它包括制定和修改除应当由全国人民代表大会制定的基本法律以外的其他法律；在全国人民代表大会闭会期间，对全国人民代表大会制定的基本法律进行部分补充和修改，但不得同该法律的基本原则相抵触。

第二，人事任免权。在全国人民代表大会闭会期间，全国人大常委会根据国务院总理的提名，决定部长、委员会主任、审计长、秘书长的人选；根据中央军事委员会主席的提名，决定中央军事委员会其他组成人员的人选；根据国家监察委员会主任的提请，任免国家监察委员会副主任、委员；根据最高人民法院院长的提请，任免最高人民法院副院长、审判员、审判委员会委员和军事法院院长；根据最高人民检察院检察长的提请，任免最高人民检察院副检察长、检察员、检察委员会委员和军事检察院检察长；批准省、自治区、直辖市人民检察院检察长的任免；决定驻外全权代表的任免。

第三，重大事项决定权。如全国人大常委会有权决定特赦；全国人民代表大会闭会期间，如果遇到国家遭受武装侵犯或者履行国际间共同防止侵略的条约的情况，决定战争状态的宣布；决定全国总动员或者局部动员；决定全国或个别省、自治区、直辖市的戒严；在全国人民代表大会闭会期间，有权根据国务院总理提出的议案，决定国务院各部、各委员会的设立、撤销或者合并等。在全国人大闭会期间，有权审查和批准国民经济和社会发展计划，国家预算在执行过程中的部分调整方案。

第四，监督权。全国人大常委会有权监督宪法的实施。全国人大常委会监督国务院、中央军事委员会、国家监察委员会、最高人民法院和最高人民检察院的工作。其主要方式有：听取和审议人民政府、监察委员会、人民法院和人民检察院的专项工作报告；审查和批准决算，听取和审议国民经济和社会发展计划、预算的执行情况报告，听取和审议审计工作报告；法律法规实施情况的检查；规范性文件的备案审查，包括撤销国务院制定的同宪法、法律相抵触的行政法规、决定和命令，撤销省、自治区、直辖市国家权力机关制定的同宪法、法律和行政法规相抵触的地方性法规和决议；询问和质询；特定问题调查；撤职案的审议和决定等。

全国人民代表大会代表，简称全国人大代表，是依照法律规定选举产生的最高国家权力机关的组成人员。他们代表全国人民的利益和意志，依据宪法和法律规定的程序，按照民主集中制原则，集体行使最高国家权力。

根据宪法和法律的规定，全国人大代表享有以下权利：出席全国人民代表大会会议，参与国家重大问题的讨论；根据法律规定的程序提出议案，或提出批评、意见和建议；提出质询或询问；对议案进行审议、表决，参加国家机关领导人的选举、决定以及罢免等。另外，根据宪法和有关法律的规定，全国人大代表在执行代表职务时，享有以下几项保障措施。①言论免责权。即全国人大代表在全国人大各种会议上的发言和表决不受法律追究。②人身特别保护权。全国人大代表在全国人民代表大会会议期间，非经全国人民代表大会主席团许可，在全国人民代表大会闭会期间，非经全国人大常委会许可，不受逮捕或刑事审判。③执行代表职务的时间保障。全国人大代表在全国人民代表大会闭会期间，参加全国人民代表大会或全国人大常委会安排的代表活动，代表所在单位必须给予时间保障；当与其他事项冲突时，优先保障执行代表职务。④执行代表职务的物质保障和服务保障。全国人大代表在闭会期间参加全国人大及其常委会安排的活动，其所在生产、工作单位应当按照正常出勤对待，不得扣发工资和取消其他待遇。根据有关法律的规定，全国人大代表执行代表职务所需经费由中央财政承担。

根据宪法和法律的规定，全国人大代表还必须履行以下相应的义务：模范遵守宪法和法律，宣传法制，协助宪法和法律的实施；保守国家秘密；接受原选举单位和群众的监督，全国人大代表经原选举单位过半数同意可以罢免其代表资格；密切联系群众和原选举单位，倾听广大人民群众的意见，经常列席原选举单位的人民代表大会会议等。

2. 中华人民共和国主席。国家元首是最重要的国家机关之一，是按照宪法规定的权限与程序履行国家首脑职能的国家最高代表者，我国的国家元首一般认为是中华人民共和国主席。现代民主制国家的元首一般具有如下特征。首先，对外代表国家。在国际活动中以及在与他国的交往过程中，每个国家都需要一个代表者代表本国。虽然元首、政府首脑和使节都可以行使代表国家之权，但是国家元首享有最高代表权。其次，位居国家机构的首脑部分。在不同的国家，元首可能是行政机关的一部分，也有可能是最高权力机关的一部分；其地位或者是握有实权，或者只是名义，但总是处于国家机关的首脑部分或至少是首脑机关的组成部分。再次,根据宪法行使元首职权。对于元首有哪些职权,宪法一般有较明确的规定。最后,享有礼仪上的待遇。由于元首是主权国家的代表与象征,并且拥有系列重要职权,因此,在国内莫不享有最高规格的国家礼遇。在国际交往中,遵循对等原则,元首出访享有礼仪上的特殊待遇已成为国际惯例。

综观世界各国的元首制度,根据不同的标准,可以对国家元首做出不同的分类。根据政体不同,可以划分为君主国的国家元首和共和国的国家元首;根据产生方式不同,可以划分为世袭的国家元首和选举的国家元首;根据任职时间不同,可以划分为无限期任职的国家元首和有限期任职的国家元首;根据行使职权的虚实程度不同,可以划分为虚位国家元首和实位国家元首;根据国家元首本身的组织结构不同,可以划分为个体元首与集体元首。现以个体元首与集体元首为例说明。个体元首是指由一个人担任国家元首职务,行使元首职权,包括绝对的个体元首与相对的个体元首。绝对的个体元首是指元首在国家体系中独自构成一部分,成为国家的象征,如美国总统。相对的个体元首是指元首是作为集体机关组成部分的个体元首,如朝鲜民主主义人民共和国主席。集体元首是指由两人以上组成合议制机关,由该机关全体成员共同担任国家元首职务、行使国家元首职权。全体成员中虽然可能有一个人作为形式上的首领,但这种首领仅仅是对外的代表或在内部集会时担任主席,并不具有超乎其他成员之上的权限①。

元首的产生方式可分为世袭制与选举制。世袭制是指国家元首不经选举,而是按照血统依法世代相传的制度。国家元首世袭制是君主国家的普遍方式,在近现代的君主立宪国家也都是如此。在现代君主立宪国家中,皇位的继承一般由议会通过的法律加以规定,对继承者加以一定的限制。选举制是指国家元首由选举产生的制度,更大程度上体现了民主精神。根据选举的程序与方法,包括由选民直接投票选举、选举人参加的间接投票选举、议会或代表机关选举、混合团体选举四种方式。在元首缺位的代理方面,世袭制与选举制国家不同。世袭制国家,当终身任职的君主因特殊原因如退位、让位或被废黜,或未成年,或丧失行为能力等使得元首职权无法行使时产生元

---

① 李步云. 比较宪法研究 [M]. 北京:法律出版社,1998:712.

首缺位的代理问题。如英国先后通过的摄政法区分情况，规定由成年的王位继承人、女王的丈夫以及大法官、下院议长、高等法院院长和上诉法院院长中的某些人来摄政。选举制国家，当在职的元首因特殊原因在其任期内不能行使元首职权时也会产生元首缺位的代理问题。如美国宪法规定，如遇总统免职、死亡、辞职或丧失履行总统权力和责任的能力时，该项职务应移交给副总统。在总统和副总统均免职、死亡、辞职或丧失履行职务能力时，国会依法律规定宣布某一官员代行总统职权，该官员即为代总统，直至总统恢复任职能力或新总统选出为止。在元首任职时间方面，世袭君主制国家的元首一般是终身任职；少数共和国的元首也有终身任职的，但大多数共和国的元首有任期限制。而且，除每届的任期外，还存在连选连任的问题，大多数国家对元首的连选连任问题在宪法中都做了明确规定。

　　虽然各国宪法对元首职权没有划一的规定，但是综合起来一般有批准和公布法律权、发布命令权、统帅武装权、任免官吏权、外交权、赦免权、荣典权等。但由于奉行三权分立或权力制约原则，上述权力一般是元首与其他国家机关共享以达到分权制衡或权力监督的目的。总结起来大致有以下几种情形：某些职权是代议机关或行政机关实权，国家元首只有虚权；某些职权是代议机关或行政机关实权与国家元首共有，互享实权与虚权；某些职权是代议机关或行政机关实权与国家元首共有，但代议机关只起"把关"作用或基本不过问，国家元首有实权。

　　我国宪法关于国家元首没有明确规定，但实践中一般都认为国家主席是国家元首。"国际间的政治性文书以及中外的新闻媒体都以'国家元首'来称呼中华人民共和国主席，这应该说是合乎惯例的。主席即元首，虽在我国宪法里没有文字的出现，但这一点存在于实际生活之中，是我国的一个为公众接受的宪法惯例。"① 根据1982年全面修改的宪法文本，国家主席是选举产生的个体元首，"中华人民共和国主席、副主席由全国人民代表大会选举"。在国家主席缺位的代理方面，宪法第八十四条规定，中华人民共和国主席缺位的时候，由副主席继任主席的职位。中华人民共和国副主席缺位的时候，由全国人民代表大会补选。中华人民共和国主席、副主席都缺位的时

----

① 许崇德. 中华人民共和国宪法史［M］. 福州：福建人民出版社，2005：516.

候，由全国人民代表大会补选；在补选以前，由全国人民代表大会常务委员会委员长暂时代理主席职位。

国家主席职权方面，根据宪法规定是虚位元首。国家主席不掌管实际职权，行使职权必须以全国人大和全国人大常委会的决议为根据。如根据全国人民代表大会的决定和全国人民代表大会常务委员会的决定，公布法律，任免国务院总理、副总理、国务委员、各部部长、各委员会主任、审计长、秘书长，授予国家的勋章和荣誉称号，发布特赦令，宣布进入紧急状态，宣布战争状态，发布动员令，派遣和召回驻外全权代表，批准和废除同外国缔结的条约和重要协定；只是在进行国事活动，接受外国使节时代表中华人民共和国。宪法典中，国家主席虽然是虚位元首，不过根据实际的政治生活中形成的宪法惯例，国家主席并不是虚位元首。自从 1993 年开始，国家主席的主体除了该职权以外，另外还有三重身份：党的总书记、党中央军委主席、中华人民共和国中央军事委员会主席①。1993 年八届全国人民代表大会选举江泽民为国家主席，江泽民此时已经为中共中央总书记，并且在 1993 年又兼任了中华人民共和国中央军事委员会主席和中共中央军事委员会主席。党的领袖、国家元首、军队统帅三位一体的领导体制一直延续下来，实际上已经成为根本法上的一种惯例。在 2018 年修改宪法中，"中华人民共和国主席、副主席每届任期同全国人民代表大会每届任期相同，连续任职不得超过两届"中，"连续任职不得超过两届"被删去，这有利于维护以习近平同志为核心的党中央权威和集中统一领导，有利于加强和完善国家领导体制②。

3. 国务院。行政机关是指依宪法或行政组织法的规定而设置的行使国家行政职能的国家机关，其基本特征在于执行和管理③。首先，行政机关是国家机关，是由国家设置，代表国家行使国家职能的机关。这一点使它与政

---

① 党的中央军事委员会和国家的中央军事委员会在人员构成上有很大部分重合。
② 王晨向十三届全国人大一次会议做关于"中华人民共和国宪法修正案（草案）"的说明（摘要）［N］. 人民日报，2018 – 03 – 07.
③ 如以西方国家为参照，定义行政机关的范围要宽，如吴庚认为行政机关是国家或地方自治团体（狭义之行政主体）所设置的独立组织体，依行政权范围内的管辖分工，有行使国家公权力并代表国家或地方自治团体为各种行为权限，其效果则归属于国家或该自治团体。吴庚. 行政法之理论与实用［M］. 台北：三民出版社，2001：166.

党、社会组织、团体相区别。其次，行政机关是行使国家行政职能的国家机关。这一点使它与立法机关、司法机关相区别。再次，行政机关是依宪法或行政组织法的规定而设置的行使国家行政职能的国家机关。这一点使它与法律、法规授权的组织和其他社会公权力组织区别开来①。行政机关一般具有五项要素：独立的组织体；依权力分立原则设置的行使行政权的机关；负责公权力行使；各机关间的权限依管辖分工决定；为行为主体非权力主体。

行政机关与政体和政权的组织形式密切相关。政体是指政权的宏观体制，说明权力的组织过程和基本形态。政权组织形式则侧重于政权机关，说明国家机关之间的相互关系②。政体可分成君主制、共和制、贵族制、民主制等，政权组织形式分为总统制、内阁制、委员会制、半总统制、人民代表大会制等。世界各国的行政机关体制差别很大，与上述政权组织形式的内阁制、总统制、委员会制、半总统制、人民代表大会制有密切的联系。

实行内阁制的典型国家是英国。从立法与行政的关系看，具有如下特征：①立法与行政合一，首相因多数议员支持而产生，议员为阁员；②内阁对国会负责，议员有质询权，国会有不信任投票权，首相也可以请求元首解散国会；③内阁决策提案，领导立法；国会为朝野政党论政的场所，平时国会被内阁所控制，处于弱势。

实行总统制的典型国家是美国。从立法与行政的关系看，具有如下特征：①分权制衡，总统不对国会负责，总统与国会议员分别民选，各有一定任期，总统无权解散国会，亦不会因国会之不信任而去职；②立法与行政部门人事分离，官员不得兼任议员；③总统有复议权与咨文权，可影响国会立法。国会有立法权、预算决议权、同意权、调查权、弹劾权，防止行政滥权。

实行委员会制的典型国家是瑞士。从立法与行政的关系看，具有如下特征：①联邦议会选举联邦委员会委员和联邦委员会委员主席；②立法部门与行政部门人员分离，行政官员不得兼任议员；③联邦委员会无权解散联邦议

---

① 姜明安. 行政法与行政诉讼法 ［M］. 北京：北京大学出版社，高等教育出版社，2007：117.

② 何华辉. 比较宪法 ［M］. 武汉：武汉大学出版社，1988：136，139.

会，议会也不能罢免联邦委员会或其中的某成员，联邦议会决定国家大政方针，联邦委员会负责执行。

实行半总统制的典型国家是法国。从立法与行政的关系看，具有如下特征：①内阁成员基于多数议员支持，由总统任命产生，议员可兼任阁员；②总统不对国会负责，由内阁对国会负责，议员有质询权，国会有不信任投票权，并有议决预算及法案等权；③内阁决策提案，内阁成员出席国会，领导立法；④国会处于弱势，立法权限于宪章明文规定事项，不信任投票权受严格限制；⑤总统有复议权及主动解散国会权力，无须总理副署。

人民代表大会制是指人民运用和具体行使主权的制度，也就是作为一种既能代表人民利益，又具有国家主权最高行使者地位的制度。从立法与行政的关系看，人民代表大会制具有如下特征：①人民代表大会是国家最高权力机关，其代表由选民选举产生，受人民监督，对不称职的人民代表选民有权罢免；②国家行政机关、监察机关、司法机关、军事机关由人民代表大会产生，对它负责并受它监督，保证国家权力的集中行使；③人民代表大会制度实行少数服从多数、下级服从上级、地方服从中央的民主集中制原则。在中央和地方的国家机构职能划分上，遵循在中央统一领导下，充分发挥地方积极性和主动性。因此，人民代表大会制度的建立对中国政府制度的完善和法制化具有积极的意义。然而，中国宪法的基本精神之一是强调坚持中国共产党对国家的领导，因此人民代表大会必须接受和服从中国共产党的领导。

行政机关为履行其职责，必须具有相应的职权，职权是职责的保障。不管是在议会内阁制或总统制国家，还是在半总统制、委员会制以及人民代表大会制度之下，国家行政机关掌握的权力大体上有相同之处。多数国家的宪法列举了行政机关的权力，这些权力包括执行法律、管理国务、处理外交关系、缔结条约、掌管官吏、编造并提出预算、制定政令、决定特赦等。综合起来，一般有行政立法权和行政命令权、行政处理权和行政处罚权、行政监督权和行政强制权、提案权和行政组织权等几项①。

在我国，国务院是最高国家权力机关的执行机关，是国家最高行政机

---

① 韩大元，林来梵，郑贤君．宪法学专题研究［M］．北京：中国人民大学出版社，2004：482．

关，通常称为"中央人民政府"（宪法第八十五条）。在横向的意义上，国务院必须对产生它的全国人民代表大会及其常务委员会负责并报告工作，相对于最高国家权力机关而言，国务院处于从属地位。在纵向的意义上，国务院在全国行政机关系统中居于最高地位，统一领导地方各级人民政府的工作。国务院实行总理负责制，这是我国宪法的突出特点之一。我国1954年宪法以前的国务院领导体制是委员会制，1954年宪法开始实行类似于部长会议制的体制。宪法将这两种领导体制结合起来，既设置国务委员作为国务院的组成人员，又将全体部长和委员会主任都作为国务院的组成人员，并明确规定实行首长负责制。我国宪法第八十九条规定了国务院的职权，共列举了18项。另外，《中央人民政府和地方各级人民政府组织法》《中华人民共和国立法法》等法律对国务院的权力也有规定。归纳起来，这些权力主要有：

行政法规的制定和发布权。国务院有权根据宪法和法律制定有关行政机关的活动准则、行政权限以及行政工作制度和各种行政管理制度等方面的规范性文件。

行政措施的规定权。国务院在行政管理过程中认为有需要的时候，或者为了执行法律和执行最高国家权力机关的决议，有权采取各种具体办法和实施手段。

提出议案权。我国宪法第八十九条第二项规定："国务院向全国人民代表大会或者全国人民代表大会常务委员会提出议案。"实践中国务院可以就五个方面提出议案：①国民经济和社会发展计划及其执行情况；②国家预算及其执行情况；③必须由全国人民代表大会常务委员会批准和废除的同外国缔结的条约和重要协定；④国务院组成人员中必须由全国人民代表大会或者全国人民代表大会常务委员会决定任免的人选；⑤在国务院职权范围内的其他必须由全国人民代表大会或者全国人民代表大会常务委员会审议或决定的事项。

行政管理权。国务院是国家的最高行政机关，行政管理权是它的主要职权。根据宪法的规定，国务院有权规定各部和各委员会的任务和职责，统一领导各部、各委员会的工作；国务院还统一领导全国地方各级国家行政机关的工作，规定中央和省、自治区、直辖市的国家行政机关的职权的具体划分。国务院有权管理全国性的行政工作，包括编制和执行国民经济和社会发展规划以及国家预算；领导和管理经济工作和城乡建设；领导和管理教育、科教、文化、卫生、体育和计划生育工作；领导和管理民政、公安、司法行政等工作；管理对外事务，同外国缔结条约和协定；领导和管理国防建设事务；领导和管理民族事务；保护归侨和侨眷的合法权利和利益；批准省、自治区、直辖市的区域划分，批准自治州、县、自治县、市的建置和区域划分；决定省、自治区、直辖市范围内部分地区的戒严。

行政监督权。根据宪法的规定，国务院的监督权主要有：①对各部委、地方各级行政机关及其工作人员是否履行法定职责进行监督；对各级行政机关及其工作人员的违法失职行为进行处理；依照法律规定任免、培训、考核和奖惩行政人员。②国务院设审计机关审计署，对国务院各部门和地方各级政府的财政收支，以及国家财政金融机构和企事业组织的财务收支进行审计监督。为保障审计监督的顺利开展，宪法规定审计机关受国务院总理领导，依照法律独立行使审计监督，并领导和监督地方各级审计机关的工作。审计机关根据其审计的情况有权做出审计结论，对违反国家财政法规和财政纪律的机关和个人做出处理决定。③国务院有权对其各部委及地方各级行政机关的抽象行政行为进行监督，根据宪法的规定，国务院有权改变或者撤销各部、委员会发布的不适当的命令、指示和规章；有权改变或者撤销地方各级国家行政机关的不适当的决定和命令①。

最高国家权力机关授予的其他职权。该项权力中最重要的一项权力就是授权立法。全国人大及其常委会授予的其他职权是指宪法和有关法律没有明确授权，但在行政管理中，国务院行使而由全国人大及其常委会以决议、决定等形式专门授予国务院的职权。改革开放以来，我国国务院也多次行使委任立法的权力。全国人民代表大会及其常务委员会多次授权国务院制定委任立法。1978 年 5 月，全国人民代表大会授权国务院对全国人民代表大会常务委员会原则批准的国务院《关于安置老弱病残干部的暂行办法》和国务院《关于工人退休退职的暂行办法》做必要的补充修改。1984 年 5 月，第六届全国人民代表大会第二次会议决议授权国务院对外商在沿海开放城市投资办

---

① 刘茂林. 宪法学 [M]. 北京：中国人民公安大学出版社，人民法院出版社，2003：311.

厂在税收方面可以采取比现行税法更加优惠的待遇。1984 年 9 月，第六届全国人民代表大会常务委员会第七次会议授权国务院在实施国营企业利改税和改革工商税制过程中，拟定有关税收条例，以草案形式发布施行。1985 年 4 月，第六届全国人民代表大会第三次会议决定："授权国务院对于有关经济体制改革和对外开放方面的问题，必要时可以根据宪法，在同有关法律和全国人民代表大会及其常务委员会的有关决定的基本原则不相抵触的前提下，制定暂行的规定或者条例。"但是，总体而言，我国的授权立法还存在着一系列问题，其规范化程度还不高。主要表现在以下几方面：授权立法的依据不明确；立法授权的方式不统一；授权立法的限制不明确；授权决定相互矛盾；立法授权的监督不够明确；依授权立法所制定的规范性文件的等级不明确；等等①。

4. 中央军事委员会。国家军事机关的结构一般是指具体军令权和军政权意义上的结构，即具体由哪一个部门掌握军令权和军政权②。各国一般为国家元首统帅下的国防部。战争的宣布权和统帅权一般属于国家元首，而且涉及国家的政体形式，在总统制国家通常是总统，在内阁制国家通常是总理（首相）。如美国宪法规定，"总统是合众国陆军、海军和征调为合众国服役的各州民兵的总司令"；瑞典宪法规定，"首相通过国防部和联合司令部对全国武装力量实施领导和指挥"。因此，国家元首是国家军事机关结构中的重要角色，但我们着重讨论国防部。

国防部有两种类型，分别为合权国防部和分权国防部。合权国防部既有军事行政权（包括民政方面的国防事务和军队行政事务），又有作战指挥权，全面负责国防事宜及各种武装组织的建设和作战指挥。合权国防部的典型是英国。"国防部为国防执行机构，既是政府行政部门，又是军事最高司令部，负责具体贯彻和执行首相和'国防与外交政策委员会'的指示和决议，并负责制定政策、预算和三军的作战指挥。国防参谋部负责三军的作战指挥，由

---

① 陈伯礼. 授权立法研究 [M]. 北京：法律出版社，2000：241；郑贤君. 宪法学 [M]. 北京：北京大学出版社，2002：280 - 281.
② 马岭. 宪法中的战争权 [J]. 政法论丛，2011（1）.

第一国防副参谋长主持日常工作。"① 实施合权国防部体制的国家还有美国、意大利、加拿大、德国、法国、日本、以色列、比利时、捷克、爱尔兰、荷兰、波兰、葡萄牙、西班牙、阿根廷、智利等。分权国防部是指国防部的军事行政权与作战指挥权分离，只有军事行政权而没有作战指挥权，作战指挥权属总参谋部、联合参谋部等机构。如在土耳其，"总参谋长是武装部队最高指挥官，管辖各军兵种司令部；国防部是同参谋部合作的最高行政机构"。还有的国家的国防部只负责民政方面的国防事务，没有军事行政权，更没有作战指挥权，如北欧的丹麦、挪威、瑞典、芬兰，南美的洪都拉斯、秘鲁等②。"合权国防部"体制可能成为各国国防体制的发展方向。

从国家的总体结构来看，军事机关的职权包括战争的决定权、宣布权、指挥权三个方面③。战争决定权是国家自卫权的一种表现，是对行使还是放弃自卫权的决定。战争决定权一般为国家代议机关享有。战争宣布权是国家之间关系由和平进入战争状态的重要标志，表明国家之间从此进入战争状态。传统战争法认为战争必须经过宣战，否则就是非法的行为。不过"《联合国宪章》明确禁止战争之后，如果某一国家主动宣战，就势必等于把自己推上了违反国际法的被告席。因此，目前国际上很少有正式宣战的战争，通常都是发生战争后，交战国互相指责是对方首先违反了国际法，而本国是在行使自卫权"④。战争指挥权是指有指挥权的统帅为了战争的目的对国内军队或联合军队实施预定方案的行为。战争指挥权的启动是由于外国的入侵，行使这一权力的目的也是为了抗击这种外来入侵。上述权力宪法虽然都可能不同程度地涉及，但宪法一般只规定其权力主体，而法律规定该最高权力主体行使权力的程序以及一般权力主体（如国防部）及其行使权力的程序。

在战争的决定权、宣布权、指挥权中，决定权是最高的，是战争的启动

---

① 军事科学院《世界军事年鉴》编辑部. 世界 2006 军事年鉴［M］. 北京：解放军出版社，2006：241.

② 朱建新，王晓东. 各国国家安全机构比较研究［M］. 北京：时事出版社，2009：80 - 84.

③ 此处军事机关的职权是从国家总体上来说，包括国家的代议机关、国家元首以及具体军事行动执行机关. 马岭. 宪法中的战争权［J］. 政法论丛，2011（1）.

④ 丛文胜. 战争法原理与实用［M］. 北京：军事科学出版社，2003：206.

（决定打不打）；宣布权是名义上的，是启动战争的仪式（宣布打不打）；指挥权是战争胜负的关键（决定怎么打以及是否能打赢的重要因素）。在独裁体制下，一个国家的战争决定权和宣布权、军事指挥权、最高军令权和最高军政权等往往都集中于皇帝一人，而在宪法分权体制下，这些权力被分门别类并互相制约，接受分权和法治原则的约束①。

　　我国宪法规定："中华人民共和国中央军事委员会领导全国武装力量。"这表明中央军事委员会作为全国武装力量的领导机关，是中央国家机关体系中的一个独立机构。它从属于全国人民代表大会，对全国人民代表大会负责。全国人民代表大会及其常务委员会主要通过人事任免、监督、预算等使中央军事委员会对其负责。人事任免方面。首先，军委主席和中央军委其他成员的产生。宪法第六十二条第六项的规定，全国人民代表大会有权"选举中央军事委员会主席"，全国人民代表大会有权"根据中央军事委员会主席的提名，决定中央军事委员会其他组成人员的人选。"宪法第六十七条第十项规定："在全国人民代表大会闭会期间，根据中央军事委员会主席的提名，决定中央军事委员会其他组成人员的人选。"其次，中央军事委员会所有成员的罢免。宪法第六十三条规定，全国人民代表大会有权罢免"中央军事委员会主席和中央军事委员会其他组成人员"。监督方面。宪法第六十七条第六项规定全国人民代表大会常务委员会有权"监督国务院、中央军事委员会、最高人民法院和最高人民检察院的工作"。预算方面。宪法第六十二条第九项规定全国人民代表大会有权"审查和批准国民经济和社会发展计划和计划执行情况的报告"；第十项规定，"审查和批准国家的预算和预算执行情况的报告"；宪法第六十七条第五项规定，全国人民代表大会常务委员会"在全国人民代表大会闭会期间，审查和批准国民经济和社会发展计划、国家预算在执行过程中所必须作的部分调整方案"。因此，有关中央军事委员会的预算理论上也在全国人民代表大会及其常务委员会的审查和批准范围之内。

　　我国军事的领导权属于中央军事委员会。宪法第九十三条规定，"中华人民共和国中央军事委员会领导全国武装力量"。国防法第十三条细化了宪

---

　　① 马岭.宪法中的战争权［J］.政法论丛，2011（1）.

法第九十三条第 1 款关于"中华人民共和国中央军事委员会领导全国武装力量"的规定，具体包括行使下列职权：①统一指挥全国武装力量；②决定军事战略和武装力量的作战方针；③领导和管理中国人民解放军的建设，制定规划、计划并组织实施；④向全国人民代表大会或者全国人民代表大会常务委员会提出议案；⑤根据宪法和法律，制定军事法规，发布决定和命令；⑥决定中国人民解放军的体制和编制，规定总部以及军区、军兵种和其他军区级单位的任务和职责；⑦依照法律、军事法规的规定，任免、培训、考核和奖惩武装力量成员；⑧批准武装力量的武器装备体制和武器装备发展规划、计划，协同国务院领导和管理国防科研生产；⑨会同国务院管理国防经费和国防资产；⑩法律规定的其他职权。应当注意的是，中央军委只是对国防中的"武装力量"进行领导，并不领导"武装力量"之外的其他国防内容。国防法第二十二条规定："中华人民共和国的武装力量，由中国人民解放军现役部队和预备役部队、中国人民武装警察部队、民兵组成。"可见"武装力量"包括现役部队、预备役部队、武装警察部队、民兵四个部分。

我国坚持党对军队的绝对领导原则。坚持党对军队的绝对领导，就是坚持中国共产党对人民武装力量实施绝对领导。对地方党委来说，就是认真贯彻落实党中央、中央军委的军事战略方针，大力支持国防和军队建设，扎实抓好国防动员、国防教育、国防后备力量建设和拥军优属等工作。具体包括管政治方向，高举旗帜，听党指挥；管思想建设，突出首位，坚定信念；管组织队伍，优化结构，提升能力；管服务保障，围绕打赢，办好实事；管作用发挥，平战结合，用兵强兵等①。

5. 国家监察委员会。监察委员会是行使国家监察职能的专责机关。其主要是对所有行使国家公权力的公职人员进行监察，开展反腐败工作和廉政教育。目前，世界上大多数国家都有类似的机构，根据各个国家的实际情况，监察机构有着不同的规定和履行职能的方式。

国外的监察模式概括起来分为三种：代议机关内部的行政监察模式、行政机关内部的行政监察模式和监审合一的行政监察模式。在代议机关内部设立的监察机构是议会行政专员，是世界上运用最广泛的监察制度。瑞典是最

---

① 赵洪祝. 坚持在党旗下行动［N］. 人民日报，2011－07－30.

先实行议会行政专员的国家，随后被欧洲各国引入。现今瑞典议会行政监察专员公署由 4 名地位相同的行政监察专员组成，其中一人为首席行政监察专员。行政监察专员的监督对象涵盖从中央到地方的权力机构及其工作人员，同时还包括其他一切行使公共权力的机关和人员①。截至目前，全世界已经有超过 120 个国家设立监察专员公署②。行政机关内部设立行政监察机构也被大多数国家所采用，如美国、日本等。监审合一的行政监察模式是将行政监察与审计监督合二为一的监察制度，目的是更好地监督政府工作人员，韩国、波兰等国家均采取这种模式③。

各国监察机构的职权大多包括调查权、纠举权、建议权、报告权、起诉权、强制执行权等，其中最重要的是调查权。国外监察机构的调查权侧重于监察政府的行为，因而其监察权主要包括书面审查、视察、传唤证人、听证和调查权保障等。不同的国家为了确保在调查中实现利益最大化，保障调查权的顺利实现，以达到震慑的效果，还制定了符合各自国家的对监察机构调查权的保障措施。

我国宪法第一百二十五条规定："中华人民共和国国家监察委员会是最高监察机关。"监察委员会已经被宪法纳入国家机关的行列，与我国行政、审判、检察机关并列，形成"一府一委两院"的格局。关于监察委员会的职权，宪法只规定了"监察委员会的组织和职权由法律规定"。根据《监察法》第十一条的规定，监察委员会依法履行监督、调查、处置的职责，并规定监察委员会可以采取谈话、讯问、询问、查询、冻结、调取、查封、扣押、搜查、勘验检查、鉴定、留置等措施，即三项职权十二项措施。

监督，是指"对公职人员开展廉政教育，对其依法履职、秉公用权、廉洁从政从业以及道德操守情况进行监督检查"。调查，是指"对涉嫌贪污贿赂、滥用职权、玩忽职守、权力寻租、利益输送、徇私舞弊以及浪费国家资财等职务违法和职务犯罪进行调查"。处置，是指"对违法的公职人员依法做出政务处分决定；对履行职责不力、失职失责的领导人员进行问责；对涉

---

① 刘卉. 国外行政监察专员制度可资借鉴 [N]. 监察日报, 2015 – 03 – 26.

② 张一琪. 国外监察模式一览 [N]. 人民日报海外版, 2018 – 03 – 26.

③ 张一琪. 国外监察模式一览 [N]. 人民日报海外版, 2018 – 03 – 26.

嫌职务犯罪的，将调查结果移送人民检察院依法审查、提起公诉；向监察对象所在单位提出监察建议"。

监察委员会行使三项职权十二项措施须遵循权力行使的基本原则。①严格遵照宪法和法律，以事实为根据，以法律为准绳。指监察机关在开展监察工作的时候要以事实为依据，做到客观公正，在做出处置决定的时候要以监察法等法律法规为标准。②在适用法律上一律平等，保障当事人的合法权益。即不论民族、职业、出身、性别、教育程度都应一律平等地适用法律，不允许有任何特权。且不得侵犯公民、法人和其他组织的合法权益。③权责对等，严格监督。体现了行使权力和责任担当相统一的思想。④惩戒与教育相结合，宽严相济。严格贯彻我们党"惩前毖后、治病救人"的方针，体现了党的十八大以来监督执纪"四种形态"的思想和理念，也是从当前反腐败斗争形势依然严峻复杂的实际出发而做出的规定。

6. 最高人民法院和最高人民检察院。司法机关是行使国家审判权的机关。司法机关有广义、狭义与中义之分。广义上的司法机关包括审判机关、检察机关、公安（警察）机关、司法行政机关，等等；狭义上的司法机关仅指审判机关，即各级各类法院；中义的司法机关包括审判机关、检察机关。本书采用中义说。

在单一制国家，法院的组织通常是四级或者三级，分为最高法院、高等法院和初级法院或者地方法院。将法院分为最高、高级和地方法院并非是为了体现级别的高下，而只是审级和管辖上的区别。设立初级法院、高等法院和最高法院是出于以下几方面的考虑：减轻只设一个法院而出现的管辖上的负担；为了方便当事人的诉讼；由上一审级的法院纠正错案；如果所有案件都由一个法院来审理，如有关外国大使等，就会有损这些高官的体面，或者不能很好地保证审理的质量，因为不同级别法官的素质有高下之分。

联邦制国家确认双重主权，各成员单位自成体系，有自己全套的政治组织机构，包括立法机关、行政机关与司法机关。各成员单位与联邦中央之间互有自己的法律传统、法律体系、法律制度，且彼此之间有一定的差异。为保证联邦中央和各成员单位落实各自的主权，实施自己的法律，联邦制国家在法院系统上实行双轨制。联邦有适用自己法律的联邦法院系统，各州也有实施自己法律的州法院系统。另外，联邦法院系统与各成员单位系统之间有一定的联系，如果成员单位审理的案件被认为必须适用宪法，或者涉及联邦法律、国际关系、州与州之间的商务关系、两州之间的争执、一州公民和另一州公民之间的争执以及联邦政府为诉讼之一的争执，则由联邦法院系统审理①。

在法院和检察机关的相互关系方面，主要有三种类型。第一是审检合一型。检察机关没有自己独立的组织系统，而附设于法院内部。这种方式被很多大陆法系国家所采纳。如德国刑事诉讼法规定，法院设立检察机关办公室；在联邦最高法院设一名总检察长和若干名副检察长。第二种是审检分离型。检察机关自行单独设置，与审判机关完全分离，有自己的组织系统。如英国1985年《犯罪起诉法》规定，检察体制为中央设法律事务部，首脑称总检察长和副总检察长，由首相从下议院议员中提名任命；在地方设立刑事检察署。这些检察机关是分级设置、上下统一的。日本的审判机关与检察机关的设置，也采取审检分离式。第三种是检察机关附属于行政机关。美国是其典型代表。美国联邦政府的司法部长兼任总检察长。联邦最高法院审理重大案件时，司法部长代表政府出庭提起公诉。总检察长领导下的联邦检察官，被派往各司法管辖区执行检察职务，各州的情况和联邦基本类似②。

最高人民法院是我国的最高审判机关，设在首都北京。根据人民法院组织法和有关法律的规定，最高人民法院的职责权限是：审判法律规定由它管辖的和它认为应当由自己审判的第一审案件，由高级人民法院、专门人民法院判决和裁定的上诉案件和抗诉案件，最高人民检察院按照审判监督程序提出的抗诉案件，核准判处死刑的案件，对于在审判过程中如何具体应用法律的问题进行解释、领导和管理全国各级人民法院的司法行政工作事项。最高人民法院是国家的最高审判机关，统一监督地方各级人民法院和专门人民法院的工作，所以它又是审判监督的最高机关，监督地方各级人民法院和专门人民法院的审判工作。对地方各级人民法院和专门人民法院已经发生法律效力的判决和裁定，如果发现确有错误，有权提审或者指令下级法院再审。十

---

① 韩大元，林来梵，郑贤君. 宪法学专题研究［M］. 北京：中国人民大学出版社，2004：497-498.

② 周叶中. 宪法［M］. 北京：高等教育出版社，2020：312.

八大以来，法院系统进行了许多重大改革，如推行员额制、最高人民法院设立巡回法庭、在深圳市设立"第一国际商事法庭"、西安市设立"第二国际商事法庭"，等等。

我国实行的审级制度是四级两审终审制，即凡案件经两级人民法院审理即告终结的制度。对地方各级人民法院所做的第一审判决和裁定，如果当事人或他们的代理人不服，可以按法定程序向上一级人民法院上诉；如果人民检察院认为确有错误，应依法向上一级人民法院抗诉；上一级人民法院做出的判决和裁定，是终审的、发生法律效力的判决和裁定，当事人不得再上诉；最高人民法院作为第一审法院审判的一切案件都是终审判决。在整个法院系统，上级人民法院监督下级人民法院的审判工作，上下级之间是一种审判监督关系。

根据我国宪法和人民法院组织法的规定，人民法院在开展审判工作中，必须遵守以下主要原则。①公民在适用法律上一律平等的原则。②依法独立行使审判权，不受行政机关、社会团体和个人的干涉。我国实行人民代表大会制，司法独立并不是指法官独立，也非指独立于立法机关，而仅指独立于行政机关、社会团体和个人。③公开审判原则。除涉及国家机密、商业秘密、个人隐私和未成年人的案件外，一律公开审理。不公开审理的案件也应公开宣判。④被告人有权获得辩护的原则。⑤合议制原则。即除法律规定的情况外，人民法院应组成合议庭审理案件。⑥回避原则。这是指与案件有利害关系，可能影响公正审判的人不应参加案件的审理。

最高人民检察院是国家最高检察机关，领导地方各级人民检察院和专门人民检察院的工作。人民检察院是国家的法律监督机关。在我国，人民检察院通过行使检察权，对各级国家机关以及国家机关工作人员、公民是否遵守宪法和法律实行监督，以保障宪法和法律的统一实施。我国宪法和人民检察院组织法规定，中华人民共和国设立最高人民检察院、地方各级人民检察院和军事检察院等专门人民检察院。2018年《中华人民共和国监察法》通过后，检察院的部分职权如反贪反渎等职权及其内设机构转隶到了监察委。

（二）一般地方国家机构

1. 地方各级人民代表大会和地方各级人民政府。依照宪法和地方组织法的规定，我国的省、自治区、直辖市、自治州、县、自治县、市、市辖区、乡、民族乡和镇设立人民代表大会。地方各级人民代表大会是地方国家权力机关。本级的地方国家行政机关、监察机关、审判机关和检察机关都由人民代表大会选举产生，在本行政区域内对它负责，受它监督。因此，地方各级人民代表大会在本行政区域处于首要的地位。它们同全国人民代表大会一起构成我国国家权力机关体系。根据我国宪法、立法法和地方组织法等相关法律的规定，县级以上地方各级人民代表大会的职权共 15 项。重要的有以下几项：

立法权。地方各级人民代表大会在本行政区域内保证宪法、法律和行政法规的遵守和执行。省、自治区、直辖市的人民代表大会在不同宪法、法律和行政法规相抵触的前提下，可以制定地方性法规，报全国人大常委会备案。省、自治区人民政府所在地的市和经国务院批准的较大的市人大及其常委会在不同宪法、法律、行政法规和本省、自治区的地方性法规相抵触的前提下可制定地方性法规，报省、自治区的人大常委会批准后施行，并经省、自治区人大常委汇报全国人大常委会和国务院备案。民族自治地方（包括自治区、自治州、自治县）的人民代表大会有权制定自治条例和单行条例。其中自治区的自治条例和单行条例报全国人大常委会批准后生效；自治州、自治县的自治条例和单行条例，报省、自治区人大常委会批准后生效，并报全国人大常委会备案。

选任权。各级人大分别有权选举政府的省长和副省长、自治区主席和副主席、市长和副市长、州长和副州长、县长和副县长、区长和副区长、乡长和副乡长、镇长和副镇长。县级以上的地方各级人民代表大会选举并且有权罢免本级监察委员会主任、本级人民法院院长和本级人民检察院检察长。但对人民检察院检察长的选举须经上级人大常委会批准。

重大事项决定权。包括审查和决定地方经济、文化和公共事业建设的计划等。县级以上各级人民代表大会有权审查和批准本行政区域内国民经济和社会发展计划、预算以及它们的执行情况的报告。

监督权。县级以上人大有权听取和审查本级人大常委会、本级人民法院和人民检察院的工作报告；有权改变或者撤销本级人大常委会不适当的决定；县级以上地方各级人大常委会监督本级人民政府、监察委员会、人民法院和人民检察院的工作，撤销本级人民政府不适当的决定和命令，撤销下一级人大不适当的决议。各级人大分别有权罢免政府的省长和副省长、自治区主席和副主席、市长和副市长、州长和副州长、县长和副县长、区长和副区长、乡长和副乡长、镇长和副镇长。县级以上各级人民代表大会有权罢免本级人大常委会的组成人员、人民法院院长和人民检察院检察长。但对人民检察院检察长的罢免须报上级人民检察院检察长，提请该级人民代表大会常务委员会批准。

根据我国宪法和法律的规定，县级以上地方各级人大常委会享有以下职权。

立法权。省级人大常委会和省、自治区人民政府所在地的市和经国务院批准的较大的市的人大常委会在不同宪法、法律、行政法规相抵触的前提下，可以制定地方性法规。

人事任免权。在本级人民代表大会闭会期间，决定本级行政机关副职领导人的个别任免；在行政机关和司法机关正职领导人不能担任职务的时候，从副职人员中决定代理人选；根据省长、自治区主席、市长、州长、县长的提名，决定人民政府秘书长、厅长、局长、主任、科长的任免，报上一级人民政府备案；根据人民法院组织法和人民检察院组织法的规定，任免人民法院副院长、庭长、副庭长、审判委员会委员、审判员，任免人民检察院副检察长、检察委员会委员、检察员；批准任免下一级人民检察院检察长。

重大事项决定权。包括讨论决定本行政区域的政治、经济、文化、教育、民政、民族等工作的重大事项；在本级人大闭会期间，决定本行政区域国民经济和社会发展计划以及预算的部分变更；等等。

监督权。包括有权监督本级人民政府、监察委员会、人民法院和人民检察院的工作；撤销本级人民政府不适当的决定和命令，改变或撤销下一级人民代表大会不适当的决议；等等。

我国的地方各级国家行政机关是指省、自治区、直辖市、自治州、市、县、自治县、市辖区、乡、民族乡、镇的人民政府。根据我国宪法规定，地方各级人民政府是地方各级国家权力机关的执行机关，是地方各级国家行政机关。它由同级人民代表大会产生，对同级人大及其常委会负责并报告工作。对于同级国家权力机关通过的地方性法规和决议必须贯彻执行。同时，作为地方国家行政机关，要执行上级国家行政机关的决定和命令，服从上级人民政府的领导，并向上一级人民政府负责。全国地方各级人民政府都是在国务院统一领导下的地方国家行政机关。这种体制有利于保证国家行政活动的统一性，调动地方国家行政机关的主动性，便于因地制宜地开展工作。

我国地方各级人民政府分别实行省长、自治区主席、市长、州长、县长、乡长、镇长负责制，即行政首长负责制，由首长主持负责地方行政工作，有利于保证行政工作的效率。

地方各级人民政府可根据工作需要设立分别管理各种业务的工作部门。省、自治区、直辖市的人民政府设立厅、局、委员会。自治州、县、自治县、市、市辖区人民政府设局、科，乡、民族乡、镇人民政府不设工作部门。这些部门的设立、增加、减少与合并由本级人民政府报上级人民政府批准。在工作中，有关业务部门既受同级人民政府的领导，又受上一级主管部门的领导或业务指导。

宪法规定，县级以上地方各级人民政府设立审计机关，依照法律规定，独立行使审计监督权，不受其他行政机关、社会团体和个人的干涉。地方各级审计机关对本级人民政府和上一级审计机关负责。其职责是对本级人民政府和政府部门的财政收支、国家金融机构和企事业组织的财务收支进行审计监督。

地方组织法规定，省、自治区人民政府在必要时经国务院批准，可以设立若干行政公署，作为其派出机关。县、自治县人民政府经省、自治区、直辖市人民政府的批准，可以设立若干区公所，作为其派出机关。这些派出机关的职责是领导、督促、检查下级人民政府的工作。市辖区、不设区的市的人民政府经上级人民政府批准，可以设立若干街道办事处，作为其派出机关。因此，在省级人民政府之下设立的地区行署，在县、自治县人民政府之下设立的区公所，市辖区、不设区的市的人民政府之下设立的街道办事处，它们均不是一级地方行政机关，而只是相应地方人民政府的派出机关。

根据我国宪法和地方组织法的规定，地方各级人民政府主要有以下职权：执行本级人大及其常委会的决定、决议和上级国家行政机关的决定和命令，规定行政措施，发布决定和命令；省、自治区、直辖市人民政府以及省、自治区人民政府所在地的市和经国务院批准的较大的市的人民政府可以制定行政规章；领导所属工作部门和下级人民政府的工作，改变或者撤销它们不适当的命令、指示、决定；依照法律的规定任免、培训、考核和奖惩行政机关工作人员；执行国民经济和社会发展计划、预算，管理本行政区域内的经济、教育、科学、文化、卫生、体育、环保、城乡建设和财政、民政、公安、民族事务、司法行政、监察、计划生育等行政工作；保护公民各方面的权利，如保护社会主义公共财产和集体经济组织的自主权，保护公民的合法财产，保护妇女的合法权利，保护少数民族的自治权，等等；办理上级国家行政机关交办的其他事项等。

2. 地方各级监察委员会。依照宪法和监察法的规定，我国的省、自治区、直辖市、自治州、县、自治县、市、市辖区设立监察委员会。地方各级监察委员会由本级人民代表大会产生，负责本行政区域内的监察工作。在地方各级监察委员会中，上级监察委员会领导下级监察委员会的工作。

地方各级监察委员会依管理权限管辖本行政区域内按照《监察法》第十五条所规定的人员所涉监察事项。上级监察机关可以办理下一级监察机关管辖范围内的监察事项，必要时也可以办理所辖各级监察机关管辖范围内的监察事项。此外，各级监察委员会可以向本级党的机关、国家机关、法律法规授权或者委托管理公共事务的组织和单位以及所管辖的行政区域、国有企业等派驻或者派出监察机构、监察专员。

根据宪法和监察法规定，地方各级监察委员会的职责是监督、调查和处置。其中，监督是监察委员会的首要职责。监察委员会代表党和国家，依照宪法、监察法和有关法律法规，监督所有公职人员行使公权力的行为是否正确，确保权力不被滥用、确保权力在阳光下运行，把权力关进制度的笼子。调查国家公职人员涉嫌职务犯罪，是监察委员会的经常性工作。调查的主要内容，包括涉嫌贪污贿赂、滥用职权、玩忽职守、权力寻租、利益输送、徇私舞弊以及浪费国家资财等职务违法和职务犯罪行为，基本涵盖了公职人员的腐败行为类型。处置主要包括对违法公职人员依法做出政务处分决定；对履行职责不力、失职失责的领导人员进行问责；对涉嫌职务犯罪的，将调查结果移送人民检察院依法审查、提起公诉。除此之外，还应该对本行政区域内下级监察委员会的工作实行监督和业务领导，等等。

3. 地方各级人民法院。我国是单一制国家，司法机关的设置与运行以此为原则进行，各级人民法院基本上以国家行政区为基础设置。地方各级人民法院包括：高级人民法院、中级人民法院和基层人民法院。专门人民法院包括军事法院、海事法院、森林法院等。

高级人民法院设在省、自治区和直辖市。根据现行人民法院组织法和有关法律的规定，高级人民法院的职责权限是：审判法律规定由它管辖的第一审案件、下级人民法院移送审判的第一审案件、由下级人民法院判决和裁定的上诉案件和抗诉案件。根据刑事诉讼法的有关规定和最高人民法院授权，复核或核准某些死刑案件。指导和监督辖区内下级人民法院的审判工作。对下级人民法院已经发生法律效力的判决和裁定，如果发现确有错误，有权提审或者指令下级人民法院再审。

中级人民法院设在省、自治区的各地区，直辖市、省、自治区辖市和自治州。根据现行人民法院组织法的规定，中级人民法院的职责权限是：审判法律规定由它管辖的第一审案件、基层人民法院移送审判的第一审案件、由基层人民法院判决和裁定的上诉案件和抗诉案件、人民检察院按照审判监督程序提出的抗诉案件。中级人民法院对它所受理的刑事、民事、经济纠纷和行政案件，认为案情重大应当由上级人民法院审判的时候，可以请求上级人民法院审判。指导和监督辖区内基层人民法院的审判工作。对基层人民法院已经发生法律效力的判决和裁定，如果发现确有错误，有权提审或指令基层人民法院重审。

基层人民法院是指县、自治县、不设区的市、市辖区的人民法院，基层人民法院可以设若干派出法庭。根据现行人民法院组织法的有关规定，基层人民法院的职责权限是：审判刑事、民事（经济）纠纷和行政案件的第一审案件，法律另有规定的除外。对于所受理的案件，认为案情重大应当由上级人民法院审判的时候，可以请求上级人民法院审判。处理不需要开庭审判的民事纠纷和轻微的刑事案件。指导人民调解委员会的工作。

4. 地方各级人民检察院。地方各级人民检察院分为：省、自治区、直辖市人民检察院；省、自治区、直辖市人民检察院分院，自治州、省辖市人民检察院；县、自治县、市辖区人民检察院。在地方各级人民检察院中，上级人民检察院领导下级人民检察院的工作。

省、自治区、直辖市人民检察院分院，是一级检察机关，不是该省、自治区、直辖市人民检察院的派出机构。省、自治区人民检察院分院设在该省、自治区所辖的各个地区行政公署的所在地，直辖市人民检察院分院在它所管辖的区域内行使检察权。此外，省一级人民检察院和县一级人民检察院，根据工作需要，提请本级人民代表大会常务委员会批准，可以在工矿区、农垦区、林区等区域设置人民检察院，作为派出机构。

至于专门人民检察院的设置，目前有军事检察院和其他专门人民检察院。专门人民检察院的设置、组织和职权由全国人民代表大会常务委员会另行规定。

根据我国宪法和现行人民检察院组织法以及其他有关法律的规定，人民检察院的职责权限有以下几项。①重大犯罪案件检察权。对于叛国案、分裂国家以及严重破坏国家的政策、法律、法令、政令统一实施的重大犯罪案件，行使检察权。②对刑事案件的侦查权和侦查监督权。根据刑事诉讼法的规定，人民检察院对刑事案件的侦查权包括以下三个方面：对于依法律规定直接受理的刑事案件进行侦查；对于公安（国家安全）机关负责侦查的案件，认为需要复验、复查时，可以派员参与；对于公安（国家安全）负责侦查的案件，认为需要补充侦查的，可以自行补充侦查。人民检察院对公安（国家安全）机关的刑事侦查工作实行监督。侦查监督是人民检察院的一项重要职权，其方式包括侦查批捕、审查起诉和对侦查活动的监督等。③对刑事案件的公诉权和审判监督权。代表国家对刑事案件提起公诉和出庭支持公诉，追究犯罪人的刑事责任，是人民检察院的一项基本职能。人民检察院对刑事案件的审判监督，包括两方面：一是对法庭的审判活动实行监督；二是对确有错误的判决和裁定提出抗诉或者提出检察建议。④对刑事判决执行的监督权和对司法辅助机构的监督权。对人民法院、公安机关、国家安全机关、监狱、看守所、劳动改造机关、劳动教养机关的执法活动是否合法实行监督。监督方式，包括对违法行为有权予以纠正等。⑤对民事审判、行政审判的监督权。现行民事诉讼法、行政诉讼法均规定，人民检察院有权对人民法院的民事审判活动、行政诉讼实行法律监督，对人民法院已经发生法律效力的判决、裁定，发现确有错误的，有权按审判监督程序提出抗诉。⑥提起检察公益诉讼。根据民事诉讼法和行政诉讼法的规定，检察院为了公共利益的需要，可以提起检察公益诉讼。

（三）民族自治地方的自治机关

1. 民族区域自治是从国家结构设计的角度来解决民族关系的制度。从国家结构设计的角度来解决民族关系的制度有单一制、联邦制与邦联制等三种主要形式。民族区域自治是我国单一制治理的特色设计，是指在中华人民共和国范围内，在中央政府的统一领导下，以少数民族聚居区为基础，建立相应的自治地方，设立自治机关，行使宪法和法律授予的自治权的政治制度。民族自治机关是指在民族自治地方设立的、行使同级相应地方国家机关职权，同时行使自治权的国家机关，包括自治区、自治州、自治县的人民代表大会和人民政府。从性质上讲，民族自治地方的人民代表大会是在本民族自治地方的区域内代表人民行使国家权力的机关；民族自治地方的人民政府是它的执行机关。

2. 民族自治机关具有双重性质。民族自治机关在法律地位上是国家的一级地方政权机关，在产生方式、任期、机构设置和组织活动原则方面，与一般地方国家机关完全相同，并行使相应的一般地方国家机关的职权；民族自治机关是民族自治地方行使宪法和有关法律授予的自治权的国家机关①。因此，自治区、自治州、自治县的自治机关除行使宪法规定的一般地方国家机关的职权外，还行使宪法、民族区域自治法和有关法律授予的自治权，根据本地方的实际情况贯彻执行国家的法律、政策。

3. 民族自治地方的自治权。

自治区、自治州、自治县的自治机关除行使宪法规定的一般地方国家机

---

① 周叶中. 宪法 ［M］. 北京：高等教育出版社，2020：221.

关的职权外，还行使宪法、民族区域自治法和有关法律授予的自治权，主要有：

（1）民族自治地方的人民代表大会有权依照当地民族的政治、经济和文化的特点，制定自治条例和单行条例。上级国家机关的决议、决定、命令和指示，如有不适合民族自治地方实际情况的，可以报经该上级国家机关批准，变通执行或者停止执行。

（2）民族自治地方的自治机关依照国家的军事制度和当地的实际需要，经国务院批准，可以组织本地方维护社会治安的公安部队。

（3）民族自治地方的自治机关在国家计划的指导下，根据本地方的特点和需要，制定经济建设的方针、政策和计划，自主地安排和管理地方性的经济建设事业。在坚持社会主义原则的前提下，根据法律规定和本地方经济发展的特点，合理调整生产关系和经济结构，努力发展社会主义市场经济。

（4）民族自治地方的自治机关根据法律规定，确定本地方内草场和森林的所有权和使用权；依照法律规定，管理和保护本地方的自然资源。

（5）民族自治地方的自治机关在国家计划的指导下，根据本地方的财力、物力和其他具体条件，自主地安排地方基本建设项目。自主地管理隶属于本地方的企业、事业。依照国家规定，可以开展对外经济贸易活动，经国务院批准，可以开辟对外贸易口岸。

（6）民族自治地方的自治机关有管理地方财政的自治权，在全国统一的财政体制下，通过国家实行的规范的财政转移支付制度，享受上级财政的照顾。在执行财政预算过程中，自行安排使用收入的超收和支出的结余资金。在执行国家税法的时候，除应由国家统一审批的减免税收项目以外，对属于地方财政收入的某些需要从税收上加以照顾和鼓励的，可以实行减税或者免税。

（7）民族自治机关在执行职务时，依照自治条例的规定，使用当地通用的一种或者几种语言文字；同时使用几种通用的语言文字执行职务的，可以以实行区域自治的民族的语言文字为主。各民族公民都有使用本民族语言文字进行诉讼的权利；人民法院和人民检察院对于不通晓当地通用的语言文字的诉讼参与人，应当为他们翻译；在少数民族聚居或者多民族共同居住的地区，应当用当地通用的语言进行审理；起诉书、判决书、布告和其他文书应当根据实际需要使用当地通用的一种或者几种文字。刑事诉讼法、民事诉讼法、行政诉讼法、选举法、义务教育法、人民法院组织法等法律，都具体规定了这一自治权在相应领域的适用。

（四）　特别行政区的政权架构

1. 特别行政区是"一国两制"构想的产物，是指在中华人民共和国行政区域范围内设立的，享有特殊法律地位、实行资本主义制度和资本主义生活方式的地方行政区域①。特别行政区是我国为以和平方式解决历史遗留下来的香港问题、澳门问题和台湾问题而设立的特殊的地方行政区域。特别行政区政权机关的设置从香港和澳门的法律地位和实际情况出发，既有利于维护国家的统一和领土的完整，又能够保证实行高度自治；既有利于保持和促进经济繁荣和社会稳定，又兼顾社会各阶层的利益和要求。1982年宪法第三十一条规定，国家在必要时可设立特别行政区。在特别行政区内实行的制度按照具体情况由全国人民代表大会以法律规定；第六十二条规定，全国人民代表大会有权决定特别行政区的设立及其制度。特别行政区政权机关主要由行政长官、行政机关、立法机关和司法机关组成，其运行主要按照宪法、特别行政区基本法、予以保留的原有法律、特别行政区立法机关制定的法律、适用于特别行政区的全国性法律和适用于特别行政区的国际条约等进行，体现了以行政为主导的政治体制，行政机关和立法机关既互相配合又互相制衡、司法独立、"港人治港""澳人治澳"等特点。特别行政区基本法通过后，全国人大及其常委会通过决定、解释等方式不断充实、丰富特别行政区"一国两制"的内容。

2. 特别行政区的行政长官。特别行政区行政长官具有双重法律地位，既是特别行政区的首长，代表特别行政区对中央人民政府和特别行政区负责，又是特别行政区政府的首长，对立法会负责。香港特别行政区行政长官需年满四十周岁，在香港通常居住连续满二十年并在外国无居留权的香港特别行

---

① 周叶中．宪法［M］．北京：高等教育出版社，2020：226.

政区永久性居民中的中国公民担任，或在澳门通常居住连续满二十年的澳门特别行政区永久性居民中的中国公民担任。行政长官通过选举或者协商产生，由中央人民政府任命。行政长官产生的具体办法在基本法的附件一中做了规定。行政长官就职时，必须依法宣誓拥护基本法，效忠特别行政区。行政长官任期 5 年，可连任一次。行政长官短期不能履行职务时，由政务司长、财政司长、律政司长依次临时代理其职务。行政长官缺位时，应在 6 个月内依法产生新的行政长官，缺位期间的职务代理，依照前述规定办理。行政长官因疾病或者其他原因无力履行职务时，必须辞职。

行政长官职权主要有以下几类。（1）执行权。执行基本法和依照基本法适用于特别行政区的其他法律；执行中央人民政府就基本法规定的有关事务发出的指令；代表特别行政区政府处理中央授权的对外事务和其他事务。（2）立法方面的职权。签署立法会通过的法案，公布法律；签署立法会通过的财政预算案，将财政预算、决算报中央人民政府备案。（3）行政方面的职权。领导特别行政区政府；决定政府改革和发布行政命令；提名并报请中央人民政府任命各司司长、副司长，各局局长，廉政专员，审计署署长，警务处处长，入境事务处处长，海关关长，并可建议中央人民政府免除上述官员的职务；依照法定程序任免公职人员；批准向立法会提出有关财政收入或者支出的决议。（4）司法方面的职权。赦免或者减轻刑事罪犯的刑罚；处理请愿、申诉事项；依照法定程序任免各级法院法官。此外，行政长官有权根据安全和重大公共利益的考虑，决定政府官员或者其他负责政府公务的人员是否向立法会或者其属下的委员会作证和提供证据。应当注意的是，澳门特别行政区行政长官还有制定行政法规并颁布执行、委任部分立法会议员并依照法定程序任免检察官等权力。

3. 特别行政区的行政机关。特别行政区政府是特别行政区的行政机关，其首长是行政长官。香港特别行政区政府设政务司、财政司、律政司和各局、处、署。澳门特别行政区政府设司、局、厅、处。香港特别行政区的主要官员由在香港通常居住连续满十五年并在外国无居留权的香港特别行政区永久性居民中的中国公民担任。澳门特别行政区政府的主要官员由在澳门通常居住连续满十五年的澳门特别行政区永久性居民中的中国公民担任。行政机关主要有以下六项职权：制定并执行政策；管理各项行政事务；办理基本法规定的中央人民政府授权的对外事务；编制并提出财政预算、决算；拟定并提出法案、议案、附属法规；委派官员列席立法会并代表政府发言。

4. 特别行政区的立法机关。立法会是特别行政的立法机关。香港特别行政区立法会由在外国无居留权的香港特别行政区永久性居民中的中国公民组成，或由香港特别行政区永久性居民组成。但非中国籍的香港特别行政区永久性居民和在外国有居留权的香港特别行政区永久性居民也可以当选为香港特别行政区立法会议员，其所占比例不得超过立法会全体议员的百分之二十。

立法会由选举产生，产生办法根据特别行政区的实际情况和循序渐进的原则确定，最终达到全部议员由普选产生的目标。香港特别行政区立法会由选举产生。澳门特别行政区立法会议员由选举产生。香港特别行政区立法会除第一届任期为两年外，每届任期四年。澳门特别行政区立法会除第一届另有规定外，每届任期四年。香港特别行政区立法会主席由立法会议员互选产生。香港特别行政区立法会主席由年满四十周岁，在香港通常居住连续满二十年并在外国无居留权的香港特别行政区永久性居民中的中国公民担任。澳门特别行政区立法会设主席、副主席各一人。主席、副主席由立法会议员互选产生。澳门特别行政区立法会主席、副主席由在澳门通常居住连续满十五年的澳门特别行政区永久性居民中的中国公民担任。

根据基本法的规定，立法会享有广泛的权力。(1) 立法权。根据基本法的规定并依照法定程序制定、修改和废除法律。(2) 财政权。根据政府的提案，审核、通过财政预算；批准税收和公共开支。(3) 监督权。听取行政长官的施政报告并进行辩论；对政府的工作进行质询；就任何有关公共利益的问题进行辩论；对有严重违法或者渎职行为而不辞职的行政长官进行弹劾。(4) 任免权。同意终审法院和高等法院首席法官的任免。此外，立法会还有权接受居民的申诉并作出处理。

5. 特别行政区的司法机关。特别行政的各级法院是特别行政区的司法机关，行使特别行政区的审判权。

香港特别行政区设立终审法院、高等法院、区域法院、裁判署法庭和其他专门法庭。高等法院设上诉法庭和原讼法庭。原在香港实行的司法体制，除因设立香港特别行政区终审法院而产生变化外，予以保留。香港特别行政区的终审权属于香港特别行政区终审法院。香港特别行政区法院的法官，根据当地法官和法律界及其他方面知名人士组成的独立委员会推荐，由行政长官任命。香港特别行政区法院的法官只有在无力履行职责或行为不检的情况下，行政长官才可根据终审法院首席法官任命的不少于三名当地法官组成的审议庭的建议，予以免职。香港特别行政区终审法院的首席法官只有在无力履行职责或行为不检的情况下，行政长官才可任命不少于五名当地法官组成的审议庭进行审议，并可根据其建议，依照本法规定的程序，予以免职。

澳门特别行政区设立初级法院（包括行政法院）、中级法院和终审法院，初级法院还可根据需要设立若干专门法庭。行政法院是管辖行政诉讼和税务诉讼的法院，不服行政复议裁决者，可向中级法院上诉。终审法院是澳门特别行政区的最高法院，行使澳门特别行政区终审审判权。澳门特别行政区各级法院的法官，根据当地法官、律师和知名人士组成的独立委员会的推荐，由行政长官任命。法官的选用以其专业资格为标准，符合标准的外籍法官也可聘用。法官只有在无力履行其职责或行为与其所任职务不相称的情况下，行政长官才可根据终审法院院长任命的不少于三名当地法官组成的审议庭的建议，予以免职。终审法院法官的免职由行政长官根据澳门特别行政区立法会议员组成的审议委员会的建议决定。终审法院法官的任命和免职须报全国人民代表大会常务委员会备案。

（五）中央国家机关与地方国家机关的关系

1. 中央国家机关与相应地方国家机关的关系与国家的结构形式紧密联系。国家结构形式是国家整体与组成部分之间、中央政权与地方政权之间的相互关系，主要有单一制和联邦制。单一制是指国家由若干普通行政单位或自治单位、特别行政区等组成，各组成单位都是国家不可分割的一部分的国家结构形式。在单一制国家，全国只有一部宪法，只有一个中央国家机关体系，各行政单位或自治单位均受中央政府的统一领导；各行政单位或自治单位所拥有的权力都通常由中央以法律形式授予。联邦制是指由两个或者两个以上的联邦组成单位组成联盟国家的国家结构形式①。在联邦制国家，联邦和其成员国分别有自己的宪法和法律，以及包括立法机关、行政机关和司法机关等在内的各自国家机关体系；联邦的权力，包括立法权、行政权和司法权，来自各成员国的授予，凡未授予联邦的权力通常由各成员国保留。

在联邦制国家，中央国家机关与相应地方国家机关的关系，应区分英美模式的联邦制和欧洲大陆模式的联邦制。英美模式的联邦制以美国为典型，联邦和州都有自己的执法系统，独立执行本政府制定的法律。以行政机关为例，联邦政府如果要在全国范围内实施《环境保护法》，那么联邦需成立环境保护局，并在各地设立分部以执行这部法律。就此而言，联邦政府的环境保护局与各地设立的分部是领导与被领导关系；至于联邦政府的环境保护局、分部与州政府的环境保护部门，则没有隶属关系。欧洲大陆模式的联邦制以德国为典型。德国宪法规定，联邦制定法律、各州执行法律，而且还授权联邦政府对各州执法进行广泛的监督。德国基本法第八十三条规定，在本基本法不做其他规定或许可时执行联邦法律是各州的职责。第八十四条规定，各州在履行其执行联邦法律的职责时，除经联邦参议院同意的联邦法律另有规定外，应规定建立必要的机构和调整行政程序。联邦政府经联邦参议院同意，可以颁布适当的一般性行政法规。联邦政府监督各州按现行法执行联邦法律。为此，联邦政府可以向各州最高机关派遣代表。经各州最高机关同意，或如遭拒绝经联邦参议院同意，也可向各州下级机关派遣代表。如联邦政府发现各州执行联邦法律过程中存在缺点而未被纠正时，由联邦参议院根据联邦政府或有关州的请求，决定该州是否违反现行法。对联邦参议院的决定，可以向联邦宪法法院上诉。为执行联邦法律，联邦政府由需经联邦参议院同意的联邦法律授权，对特殊情况发布个别指令。这些指令向各州最高机关发出，联邦政府认为情况紧急时除外。在上述情形中，联邦政府的国家机关与地方相应的国家机关的关系主要通过法律授权来具体规定。当然，德国也有联邦的直接行政。德国基本法第八十五条规定，联邦通过直接联邦行政手段或通过公法规定的联邦法人团体或机构执行法律时，如有关法律没有专门规定，可发布适当的一般性行政法规。除法律另有规定外，联邦政府应

---

① 周叶中．宪法［M］．北京：高等教育出版社，2020：217–218.

规定建立必要的机构。在联邦政府建立必要的机构的情形中，联邦政府的机构与"联邦政府建立必要的机构"存在隶属关系。

2. 我国中央国家机关与相应地方国家机关的关系，自然是在单一制国家的意义上来讲。《中国人民政治协商会议共同纲领》及新中国的宪法均明确规定，中华人民共和国是全国各民族人民共同缔造的统一的多民族国家。这表明，我国实行单一制的国家结构形式，中央政府代表国家的所有主权，地方政府只是中央政府的分支，除宪法法律规定的自治权外，有义务服从中央命令。随着《中华人民共和国香港特别行政区基本法》和《中华人民共和国澳门特别行政区基本法》的生效以及中国于 1997 年和 1999 年分别收回香港与澳门主权，我国单一制的国家结构形式呈现出新的特点，即中央集中统一领导下的一国两制。在该语境中，下面分述立法、行政、监察、司法的中央国家机关与地方相应的国家机关之间的关系。

全国人民代表大会及其常务委员会和地方各级人民代表及其常务委员会之间的监督关系、指导关系。全国人民代表大会及其常务委员会和地方各级人民代表及其常务委员会之间在法律上表现为监督关系。第一百条规定，省、直辖市的人民代表大会和它们的常务委员会，在不同宪法、法律、行政法规相抵触的前提下，可以制定地方性法规，报全国人民代表大会常务委员会备案。第一百零四条规定，县级以上的地方各级人民代表大会常务委员会撤销下一级人民代表大会的不适当的决议。《中华人民共和国地方各级人民代表大会和地方各级人民政府组织法》第四十三条规定，省、自治区、直辖市的人民代表大会常务委员会在本级人民代表大会闭会期间，根据本行政区域的具体情况和实际需要，在不同宪法、法律、行政法规相抵触的前提下，可以制定和颁布地方性法规，报全国人民代表大会常务委员会和国务院备案。设区的市的人民代表大会常务委员会在本级人民代表大会闭会期间，根据本市的具体情况和实际需要，在不同宪法、法律、行政法规和本省、自治区的地方性法规相抵触的前提下，可以制定地方性法规，报省、自治区的人民代表大会常务委员会批准后施行，并由省、自治区的人民代表大会常务委员会报全国人民代表大会常务委员会和国务院备案。

中央人民政府和地方各级人民政府之间的领导关系。宪法第八十五条规定，中华人民共和国国务院，即中央人民政府，是最高国家行政机关。第八十九条规定，国务院统一领导全国地方各级国家行政机关的工作，规定中央和省、自治区、直辖市的国家行政机关的职权的具体划分；改变或者撤销地方各级国家行政机关的不适当的决定和命令；批准省、自治区、直辖市的区域划分，批准自治州、县、自治县、市的建置和区域划分。

国家监察委员会与地方各级监察委员会的关系。国家监察委员会与地方各级监察委员会之间是领导关系。宪法第一百二十五条规定，中华人民共和国国家监察委员会是最高监察机关。国家监察委员会领导地方各级监察委员会的工作，上级监察委员会领导下级监察委员会的工作。《中华人民共和国监察法》第七条规定，中华人民共和国国家监察委员会是最高监察机关。第八条规定，国家监察委员会由全国人民代表大会产生，负责全国监察工作。第十条规定，国家监察委员会领导地方各级监察委员会的工作，上级监察委员会领导下级监察委员会的工作。

最高人民法院和地方各级人民法院、最高人民检察院和地方各级人民检察院之间的关系。最高人民法院和地方各级人民法院的监督关系。宪法第一百二十九条规定，最高人民法院监督地方各级人民法院和专门人民法院的审判工作，上级人民法院监督下级人民法院的审判工作。法院组织法第十六条规定，下级人民法院的审判工作受上级人民法院监督。监督的方式主要有当事人上诉、申诉机制以及法院主动进行的纠错机制。第一，当事人的上诉、申诉机制主要规定在法院组织法、民事诉讼法、行政诉讼法和刑事诉讼法中。法院组织法第十一条规定，人民法院审判案件，实行两审终审制，地方各级人民法院第一审案件的判决和裁定，当事人可以按照法律规定的程序向上一级人民法院上诉。第二，法院主动进行的纠错机制。法院组织法第十三条规定，最高人民法院对各级人民法院已经发生法律效力的判决和裁定，上级人民法院对下级人民法院已经发生法律效力的判决和裁定，如果发现确有错误，有权提审或者指令下级人民法院再审。最高人民检察院和地方各级人民检察院之间的领导关系。宪法第一百三十二条和检察院执法第十条都规定，最高人民检察院领导地方各级人民检察院和专门人民检察院的工作，上级人民检察院领导下级人民检察院的工作。不仅如此，地方检察院的检察长任免还需要上级批准。宪法第一百零一条规定，选出或者罢免人民检察院检察长，须报上级人民检察院检察长提请该级人民代表大会常务委员会批准。最高人民检察院领导地方各级人民检察院和专门人民检察院的工作，上级人民检察院领导下级人民检察院的工作。

至于中央国家机构与自治地方的自治机关以及特别行政区的政权机关之间的关系，详见自治地方的自治机关以及特别行政区的政权机关的内容，不再赘述。

十一、国宪变迁

（一）国宪变迁的含义

1. 国宪变迁的含义。通观世界各国宪法，宪法的渊源形式主要有成文宪法典、宪法性法律、宪法惯例、宪法判例、国际条约和国际习惯、宪法解释和权威性宪法著作等①。通常讨论宪法变迁，学者是在上述宪法的渊源形式的基础上进行的。宪法变迁概念中的"历史说""路径说"以及"综合说"等即是适例。"历史说"认为宪法变迁是指宪法产生、演进与发展的过程②。如学者刘庆瑞认为，宪法乃制宪时社会经济状态的反映，然而社会经济状态却时时改变，如何使具固定性特质的宪法能够适应时代潮流而维持其生命力，就得依赖宪法变迁③。"路径说"主要从宪法变迁的路径来定义，把因宪法文字的自然适应、政治传统的补充、宪法的解释、宪法修改所引起的宪法含义的变化都摄于宪法变迁之内加以论述④。"综合说"主要从三个层面理解宪法变迁："指世界各国宪法，某种类型宪法或者某个国家宪法产生、

---

① 有学者将宪法修正案也作为宪法的一种渊源形式。宪法修正案是指拥有制宪权的国家机关，依照特定程序对宪法典所做的修改和补充。因此，从本质上而言，它是宪法典必要的、正常的延伸，属于宪法典不可分割的有机组成部分，因此应属于宪法典的范围。周叶中. 宪法［M］. 北京：高等教育出版社，2011：118.

② 周永坤. 中国宪法的变迁——历史与未来［J］. 江苏社会科学，2000（3）.

③ 刘庆瑞. "中华民国宪法"要义［M］. 台北：汉荣书局有限公司，1986：17.

④ 邹文海. 比较宪法［M］. 台北：三民书局，1997：8－16.

发展的经过；指某个国家宪法修改的经过；指宪法的自然变更或者无形修改。"① 这就造成宪法变迁中的"宪法"与平常讨论的如1954年宪法中的"宪法"一词的精神分裂：宪法变迁中的"宪法"包括成文宪法典、宪法性法律、宪法惯例、宪法判例、国际条约和国际习惯等，而1954年宪法中的"宪法"却仅仅包括成文宪法典，即一国最根本、最重要的问题由一种有逻辑、有系统的法律文书加以明确规定而形成的宪法，这既是一国宪法体系的核心，又是一国最根本、最重要问题在法律上的主要存在形式。

2. 一般意义上的宪法变迁并不能概括真实宪法或者实效宪法所发生的变迁，而国宪的内涵则能准确而全面地概述一国宪法所发生的真实变化。虽然许多学者用的是宪法变迁的概念，但其涵义则是我们所主张的国宪变迁。德国著名公法学家耶利内克《宪法的修改与宪法的变迁》一书中首次提出宪法变迁概念时，他将宪法修改与宪法变迁的概念加以对照分析，认为宪法修改是通过有意识的行为而使宪法条文发生变更，而宪法变迁则是在排除法律条文形式上的变化而保持原有状态的前提下，随着社会生活的变迁，宪法条文内容发生变化的情况，即非经法定程序而通过其他形式发生质的变化的情况②。"非经法定程序而通过其他形式发生质的变化的情况"就隐含了国宪中的具体内容。学者李鸿禧认为，若反应成宪法的政治诸力与现行宪法规范产生所谓宪法规定与宪法实施之差距，亦即发生宪法变迁时，若无宪法的因应方式去调整与适应，将造成宪法危机而导致政治、社会的失序与动荡。所谓宪法的因应方式包括宪法习惯、解释、修宪乃至于重新制订新宪，均是因应宪法变迁的可行手段。当宪法规定与宪法实施的差距较小时，可借用宪法习惯之形成、宪法有权机关之解释及修改宪法等方式因应。惟当宪法规定与宪法实施的差距已大到借习惯、解释与修宪均无法因应调适时，则必须重新制定宪法，使新宪法能完全与宪法实施的新环境同步变迁③。李氏所说的"宪法习惯、解释、修宪乃至于重新制订新宪"既注重了宪法典的变迁，也关注了其他政治典章的变迁。学者强世功认为：在中国的宪法实践中，具有

---

① 秦前红．宪法变迁论［M］．武汉：武汉大学出版社，2002：3.

② 林纪东．中华民国宪法释论［M］．台北：大中国图书公司，1984：27.

③ 李鸿禧．改造宪政体制之若干宪法学见解［J］．（台湾）宪法与宪政，1997：261.

大量的、在现实中发挥宪法功能和效果的实际运行规则。……这种实际运行规则在我国的政治实践中发挥着至关重要的作用，它应该被予以宪法上的含义，即作为一种不成文宪法与宪法文本一起构成中国的宪法体系。在他看来，中国的不成文宪法渊源包括：规范性宪章，例如《中国共产党党章》；宪法惯例，例如"三位一体"国家主席制度；以及宪法学说、宪法性法律等①。

　　基于上述探讨，我们认为国宪变迁是指宪法典、政治典章、宪法性法律、宪法惯例等随着时代发展而变化的情形。而且，国宪变迁理论正凸显了宪法规范在传统与进步、安定与变迁、确定性与弹性之间的矛盾挣扎，在稳定之法与变动之生活隐含的冲突间寻求调和之道，因此从多层面来理解国宪变迁相对来说更为科学。而且单纯就文意来理解，国宪变迁可用来描述一切涉及宪法规范改变的现象，解读国宪变迁本身就具有相当大的空间与可能性②。因此，探讨国宪变迁路径有一个前提，即要区分革命时期与改革时期。革命背景下的国宪变迁往往表现为重新立宪，法国大革命时期以及我国辛亥革命之后《临时约法》取代《重大信条十九条》、1954 年宪法取代国民政府1946 年宪法都属于这种情形。但上述变迁仅仅是宪法典的变迁，国宪变迁的内容更为丰富。改革背景下的国宪变迁则有多种方式，如整体修改方式、宪法修正案方式、宪法解释方式、宪法惯例方式、怠于行权方式、宪法典文字自然变更等方式。

---

① 强世功．中国宪法中的不成文宪法——理解中国宪法的新视角［J］．开放时代，2009（12）．

② 形式意义宪法是指依制宪或修宪程序所制订的宪法规范，即宪法法典的全部条文。而实质意义宪法除包括形式意义宪法之宪法法典外，尚包括补充宪法的司法解释与宪法进一步实施所不可或缺的法规等。林纪东．"中华民国宪法"释论［M］．中国台湾：大中国图书公司，1984：3－4；法治斌，董保城．"中国民法宪法"［M］．台北：空中大学出版社，2001：5－6；吴庚．宪法的解释与适用［M］．台北：三民书局，2003：1－3.

（二）国宪变迁的历程

解放战争取得基本胜利之后，1949 年 9 月召开了具有广泛代表性的中国人民政治协商会议，制定了《中国人民政治协商会议共同纲领》。尽管它还不是一部社会主义类型的宪法，但它规定了我国的基本政治经济和文化制度，为我国社会主义成文宪法典的制定奠定了基础。1954 年 9 月 20 日，中华人民共和国第一届全国人民代表大会第一次会议，通过了我国第一部社会主义宪法，标志着我国社会主义成文宪法典的正式产生。之后，经过 1975 年、1978 年和 1982 年的三次全面修改，以及 1979 年、1980 年、1988 年、1993 年、1999 年、2004 年和 2018 年的七次部分修改。因此，在共和国的历史上只制定了一部宪法，而不是四部宪法，1975 年、1978 年和 1982 年只有过修宪，没有过制宪，所谓的 1975 年宪法、1978 年宪法和 1982 年宪法其实都是 1954 年宪法的修订本。因之，现行宪法是经过 1982 年修订后的 1954 年宪法，而不是 1982 年宪法①。

1. 中华人民共和国国宪变迁的正式起点为 1954 年宪法。共同纲领制定实施后最初几年时间里，新中国的现状发生了深刻的变化。刘少奇在《关于中华人民共和国宪法草案的报告》中做了生动的阐述：第一，我们已经结束了在外国帝国主义统治下的殖民地和附属国的地位，成为一个真正的国家；第二，我国已经结束了年代久远的封建主义的统治；第三，我国已经结束了长期的混乱局面，实现了国内和平，造成了我国全部大陆空前统一的局面；第四，我国已经在极广泛的范围内结束了人民无权的状况，发扬了高度的民主主义，全国广大人民群众已经深切地体验到，人民代表大会是管理自己国家的最好的政治组织形式；第五，由于解放后的人民在劳动战线上表现出惊人的热情和创造能力，加上苏联的援助，我国已经在很短的时间内，恢复了被帝国主义和国民党反动派所破坏了的国民经济，开始了社会主义建设和社

---

① 李伯超.共和国宪法变迁史研究中的几个重要问题［J］.湘潭大学学报，2010（2）.

会主义改造的事业①。总结刘少奇的讲话中心，就是经济结构变迁、政治结构建构的客观需要、意识形态的社会主义化、社会结构的变化客观上需要宪法对其加以确认与引导。1953 年 1 月 13 日，中央人民政府委员会第 20 次会议做出决定，成立以毛泽东为首的中华人民共和国宪法起草委员会，负责宪法的起草工作。1953 年 12 月 24 日，毛泽东带着当时的中央政治研究室的主任陈伯达、副主任田家英和胡乔木等到杭州，进行起草工作。对杭州起草的宪法草稿，中共中央前后又讨论了三次，每次都做了很多修改，由于许多情况囊括不进去，因此 100 条增加到 110 条，形成宪法草案初稿。1954 年 3 月 23 日将这个宪法草案初稿提交中华人民共和国宪法起草委员会。此后，宪法草案经过特定单位讨论、全民讨论，宪法起草委员会收集讨论意见后对进行宪法草案进行再次修改②。再次修改后的宪法草案先后提交中央人民政府委员会在 1954 年 9 月 9 日举行的第 34 次会议和 9 月 14 日举行的临时会议讨论通过，然后送全国人民代表大会会讨论审议。1954 年 9 月 20 日，第一届全国人大代表 1197 人以无记名投票方式，一致通过了这部宪法，并由第一届全国人大会议主席团公布，1954 年宪法就此诞生。

2. 宪法典的三次立法性整体修改。宪法典的第一次立法性整体修改是 1975 年。1970 年 3 月 9 日，中共中央政治局遵照毛泽东的建议，开始修宪的准备工作，成立了宪法修改小组。3 月 16 日，中共中央政治局就修改宪法的指导思想和修改宪法中的一些原则问题，写了一个《关于修改宪法问题的请示》，向毛泽东汇报，毛泽东阅批了这个请示。3 月 17 日至 20 日，中共中央召开第四届全国人大，并就修改宪法的问题，召开了工作会议。3 月 20 日，中央工作会议结束，同时，中共中央下发关于筹备第四届全国人大，动员基层群众讨论修改宪法的通知。7 月 12 日，中共中央在提出的准备召开九届二中全会和第四届全国人大的工作计划中，建议成立以毛泽东为主任的修改宪法起草委员会，并对宪法修改工作做了具体安排。7 月 20 日，正式成立了以毛泽东为主任，由中共中央政治局委员（19 人）、候补委员（4 人）和各省、

---

① 刘少奇. 刘少奇选集：下卷［M］. 北京：人民出版社，1985：140 - 141.
② 宪法草案讨论的具体情形，可见此篇文章：董成美. 制定我国 1954 年宪法若干历史情况的回忆［J］. 法学，2000（5）.

自治区、直辖市党的核心小组负责人（24 人）以及其他人员共 57 人组成的中共中央修改宪法起草委员会。8 月上中旬，修宪工作小组提出了宪法修改草案。这一草案经中央政治局和宪法修改委员会批准，再下发基层群众进行讨论。8 月中下旬，修宪工作小组汇总群众讨论意见，对草案进行修改后，上报中央政治局和宪法修改委员会，经过讨论修改，提出了一个正式的宪法修改草案。8 月 23 日至 9 月 6 日，中共中央九届二中全会在庐山召开，宪法草案提交九届二中全会审查。9 月 6 日，全会基本通过宪法草案，并建议全国人大常委会筹备召开第四届全国人大，同时还决定动员全国人民对宪法草案再进行讨论和修改。9 月 12 日，中共中央发出通知，将宪法修改草案发给基层单位，组织人民群众进行讨论，提出修改意见。后由于政治形势的变化，修宪工作一度被搁置，原来预备将宪法修改草案提交全民讨论和提交人大通过的工作没能进行，这个草案也没来得及公布。1974 年 10 月 11 日，中共中央发出通知，决定召开第四届全国人大修改宪法。1975 年 1 月 8 日至 10 日，党的十届二中全会在北京举行。全会讨论了第四届全国人大的准备工作，决定将《中华人民共和国宪法修改草案》《关于修改宪法的报告》等提交第四届全国人大讨论。这次提出的宪法修改草案是在 1970 年草案的基础上稍加修改而成的。1975 年 1 月 13 日至 17 日，第四届全国人民代表大会第一次会议在北京召开。1 月 17 日，宪法修改草案经会议表决获一致通过，3 月 20 日在人民日报上正式公布。

宪法典的第二次立法性整体修改是 1978 年。1977 年，中共中央开始考虑召开五届全国人大修改宪法的问题。10 月 23 日，四届全国人大第四次常委会议召开，华国锋代表党中央向会议提出召开第五届全国人大和修改宪法的建议。此前，中共中央就已经成立了宪法修改委员会，其成员就是中央政治局的组成人员，共 26 人，华国锋任主任，叶剑英、邓小平、李先念、汪东兴任副主任。宪法修改委员会宣布成立后，中央政治局又指定了一个具体修改起草的班子。宪法修改草案起草完成后，经中央政治局讨论通过。又根据中共中央的通知精神，以召开座谈会的形式征求党内外群众对修改宪法的意见。1978 年 2 月 18 日至 23 日，党的十一届二中全会召开。会议讨论和通过了宪法修改草案，并决定提请五届全国人大一次会议审议。1978 年 2 月 26 日至 3 月 5 日，第五届全国人民代表大会第一次会议在北京举行。大会对宪法修改草案进行了认真讨论。3月5日，宪法修改草案获得会议一致通过。

宪法典的第三次立法性整体修改是1982年。1980年8月30日至9月10日，第五届全国人民代表大会第三次会议在北京召开。在会议开幕的当天，中共中央即向会议主席团提出了《关于修改宪法和成立宪法修改委员会的建议》，建议中还附有宪法修改委员会名单（草案）。9月10日，在全体会议上通过了《关于修改宪法和成立宪法修改委员会的决议》。决议同意中共中央关于修改宪法和成立宪法修改委员会的建议，同意中共中央提出的宪法修改委员会名单，决定由宪法修改委员会主持修改宪法，提出宪法修改草案，由全国人大常务委员会公布，交付全国各族人民讨论，再由宪法修改委员会根据讨论意见修改后，提交本届全国人民代表大会第四次会议审议。宪法修改委员会由106人组成，主任委员为叶剑英，副主任委员为宋庆龄、彭真。1980年9月15日下午，宪法修改委员会在北京举行了第一次会议，宣布正式成立。会议决定设立宪法修改委员会秘书处，胡乔木为秘书长，吴冷西、胡绳等7人为副秘书长。秘书处在广泛听取意见和认真调研的基础上，先后五次提出了修改宪法草案讨论稿（初稿）。1981年11月30日至12月13日，第五届全国人大第四次会议在北京举行，宪法修改委员会副主任委员彭真代表宪法修改委员会向大会作了《关于建议推迟修改宪法完成期限的说明》。大会经过讨论，在12月13日通过了《关于推迟审议宪法修改草案的决议》，同意宪法修改委员会关于宪法修改的日程安排。决议决定将宪法修改草案的审议工作推迟到第五届全国人民代表大会第五次会议进行。从1981年7月到1982年2月，宪法修改委员会秘书处在彭真副主任委员的支持下做了大量工作，在原宪法修改草案讨论稿（初稿）的基础上，于1982年2月提出了《中华人民共和国宪法修改草案（讨论稿）》。讨论稿经中共中央书记处详细讨论并做出修改，然后又经中央政治局原则批准。秘书处再次将这个讨论稿在全国范围内征求意见。1982年2月27日下午，宪法修改委员在人民大会堂召开第二次全体会议，讨论和审议秘书处拟订的《中华人民共和国宪法修改草案（讨论稿）》。秘书处又根据会议要求，在对讨论稿作各方面的修改后，形成宪法修改草案修改稿。修改稿又报经中央书记处原则批准。1982年4月12日，宪法修改委员会举行第三次全体会议，对宪法修改草案修改稿进行审议，形成了《中华人民共和国宪法修改草案》。会议于4月21日通过了给全国人大常委会《关于提请公布〈中华人民共和国宪法修改草案〉交付全国各族人民讨论的建议》。1982 年 4 月 22 日至 5 月 4 日第五届全国人大常委会第二十三次会议在北京举行。会议对宪法修改草案进行两天的分组讨论后，在4 月 26 日的全体会议上一致通过了该草案。同日还通过了关于公布《中华人民共和国宪法修改草案》的决议。该决议对全民讨论做出了明确要求。这次宪法修改草案的全民讨论，从 1982 年 4 月底到 8 月底，持续了整整四个月的时间。宪法修改委员会秘书处从 1982 年 8 月底到 10 月底，用了三个月的时间将全民讨论的意见汇集成册，并据此再次对宪法修改草案进行反复讨论和修改，形成了宪法修改草案修改稿。1982 年 11 月 4 日到 9 日，宪法修改委员会举行第四次全体会议，对宪法修改草案修改稿进行讨论。宪法修改委员会秘书处根据这次会议的讨论意见，又对宪法修改草案进行修改，形成修正稿。1982 年 11 月 23日，宪法修改委员会举行第五次全体会议，对秘书处提交的修正稿做最后的审议。会议批准了修正稿，并决定提交第五届全国人大第五次会议讨论通过。1982 年 11 月 26 日第五届全国人大第五次会议在北京召开。经过数天的讨论后，第五届全国人大第五次会议于 12 月 4 日表决通过了《中华人民共和国宪法修改草案》，当天会议主席团即发表公告予以公布。

3. 1954 年宪法的七次局部修改。1954 年宪法经 1978 年整体修改后，比1975 年宪法有了重大变化，但其产生于党的十一届三中全会之前，由于当时历史条件的限制，来不及全面总结新中国成立三十年来社会主义革命和建设中的经验教训，也来不及彻底清理和清除十年动乱中某些"左"的思想对宪法条文的影响，宪法中仍然存在许多缺陷，仍保留了"坚持无产阶级专政下的继续革命"等错误提法。1979 年 7 月五届全国人大二次会议审议并通过了第五届全国人民代表大会常务委员会提出的关于修正《中华人民共和国宪法》若干规定的议案。修改的内容主要是：县和县以上的地方各级人民代表大会设立常务委员会，将地方各级革命委员会改为地方各级人民政府，将县的人民代表大会代表改为由选民直接选举，将上级人民检察院同下级人民检察院的监督关系改为领导关系。1980 年 9 月，五届全国人大三次会议通过了关于修改宪法第四十五条的议案。主要内容是，将宪法第四十五条"公民有言论、通信、出版、集会、结社、游行、示威、罢工的自由，有运用'大鸣、大放、大辩论、大字报'的权利"修改为"公民有言论、通信、出版、集会、结社、游行、示威、罢工的自由"，取消原第四十五条中"有运用'大鸣、大放、大辩论、大字报'的权利"的规定。

1954 年宪法经 1982 年整体修改后的实施过程中，又经过了 1988 年、1993 年、1999 年、2004 年、2018 年的五次部分修改，总共通过了 52 条宪法修正案①。

4. 政治典章的变迁。对于政治典章的变迁，我们主要讨论《中国共产党章程》的变迁。党的政治典章主要通过修改制定与部分修改的方式发生变迁。世界上大多数国家的共产党都明确规定，修改制定党章的机关是党的全国代表大会；在特殊情况下，也可以由党的全国代表大会授权党的中央委员会或中央政治局起草通过。中国共产党从成立到现在共举行了 19 次全国代表大会，共修改制定了 12 部党章。除《中国共产党第三次修正章程决案》是党的五届中央政治局根据五大精神通过的以外，其余都是通过党的全国代表大会讨论通过的。自从 1982 年 9 月党的十二大修改制定《中国共产党章程》后，此后都是通过部分修改的修正案方式修改章程。现行党章是十二大修改制定的《中国共产党章程》，根据形势和任务发展变化，1987 年 11 月，党的十三大对条文做了部分修改；1992 年 10 月，党的十四大对总纲和条文做了部分修改；1997 年 9 月，党的十五大对总纲做了个别修改；2002 年 11 月，党的十六大对总纲和条文做了部分修改；2007 年 10 月，党的十七大对总纲和条文做了部分修改；2012 年 11 月 14 日，中国共产党第十八次全国代表大会通过了《中国共产党章程（修正案）》；2017 年 10 月 24 日，中国共产党第十九次全国代表大会通过了《中国共产党章程（修正案）》。

（三）国宪变迁的内容

宪法典规定了公民的基本权利和义务，立法机关、行政机关与司法机关的组织、权限和活动原则，政治典章，基本国策等。下面就从上述几方面阐

---

① 详细内容参见中华人民共和国宪法附注的宪法修正案具体条文。

述新中国国宪的内容变迁①。

1. 公民的基本权利和义务的内容变迁。1954 年宪法确定了基本权利与义务的框架，规定了以后历次宪法修改的基准，现将 1954 年宪法中的基本权利与义务的内容列表如下。

权利	参与政治生活方面的权利	平等权、选举权和被选举权、六项民主自由、控告权、赔偿权
	人身自由与信仰自由	宗教信仰自由、人身自由、住宅不受侵犯、居住、迁徙
	社会、经济、教育和文化权利	财产权（生活资料）劳动权、劳动者休息权、物质帮助权、受教育权、文化活动权利
	特定主体的权利	婚姻、家庭、母亲和儿童受国家保护，华侨的正当权益
义务		遵守宪法和法律，遵守劳动纪律，遵守公共秩序，尊重社会公德；爱护和保卫公共财产；依法纳税；依法服兵役

1954 年宪法经历了 3 次立法性整体修改，期间的权利与义务变迁的情形见下表：

	条文数目	基本权利一章的字数	增加的权利或义务	减少的权利或义务
1954 年宪法	15 条权利、4 条义务	1125 (21)②	——	——
1975 年的修改	3 条权利、1 条义务	473 (13)	通信自由、罢工自由、大鸣、大放、大辩论、大字报；拥护中国共产党的领导，拥护社会主义制度的义务	居住、迁徙、赔偿权；遵守劳动纪律、遵守公共秩序、尊重社会公德，爱护和保卫公共财产，依法纳税，依法服兵役的义务

---

① 基本国策的内容详见《基本国策》一章。
② 括号内的数字表示"权利"一词在宪法文本中出现的总次数。

	条文数目	基本权利一章的字数	增加的权利或义务	减少的权利或义务
1978年的修改	12条权利、4条义务	1013（19）	通信自由、罢工自由、大鸣、大放、大辩论、大字报、申诉权、侨眷的正当权益；拥护中国共产党的领导，拥护社会主义制度，维护祖国的统一和各民族的团结的义务	居住、迁徙、赔偿权
1982年的修改	18条权利、6条义务	1973（30）	批评和建议权、申诉权、检举权以及取得国家赔偿权、人格权、国家尊重和保障人权；劳动、受教育的义务，父母子女间的义务，维护祖国的安全、荣誉和利益的义务	居住、迁徙、罢工自由、大鸣、大放、大辩论、大字报

基本权利变迁应注意的是，大部分权利可能存在于1954年宪法修改后的历次文本中，但是其内涵和保护的程度并不一致，尤其是在部门法的规定方面。例如，赔偿权。赔偿权在1954年宪法中有规定，在1975、1978年的修改中被去除，1982年修改中再次被纳入了宪法。我们知道，1954年后的部门法中是没有关于赔偿权的规定的。1982年修改后，直至《国家赔偿法》出台前的很长一段时间也是没有规定的。而且，即使规定于《国家赔偿法》之中，国家赔偿的构成要件也并不一样。例如，自2010年12月1日起施行的修改后的国家赔偿法采用侵害结果归责标准和违法归责标准的多重原则，而非采用此前的违法归责标准。

2. 立法机关的内容变迁。我国宪典建构的国家权力框架是：由人民代表大会代表人民统一地行使国家权力，"中华人民共和国的一切权力属于人民。

人民行使国家权力的机关是全国人民代表大会和地方各级人民代表大会";国家主席、国务院、中央军委、国家监察委员会、最高人民法院和最高人民检察院,都由全国人民代表大会产生并对它负责,受它监督。国家的行政权、监察权、审判权、检察权和武装力量的领导权明确划分,在各自的职权范围内进行工作。在历次的国宪变迁中,国家权力的基本框架并没有发生太大的变化,但其具体组成部分在宪典中却有不小的变迁。

关于全国人民代表大会的地位,新中国成立以来历次宪法修改都承认全国人民代表大会是最高国家权力机关,但"最高国家权力机关"的内涵并不完全相同。1954 年宪法规定全国人大是"行使国家立法权的唯一机关",1975 年宪法修改后规定全国人大是"在中国共产党领导下的"最高国家权力机关。1982 年宪法修改时确立了了其正确的地位:最高国家权力机关、最高国家立法机关与最高国家监督机关。关于全国人大代表的来源,1954 年宪法规定:"全国人民代表大会代表名额和代表产生办法,包括少数民族代表的名额和产生办法,由选举法规定。"1975 年修宪时变成"各级人民代表大会代表,由民主协商选举产生","在必要的时候,可以邀请若干爱国人士参加"。1978 年修宪时规定"代表应经过民主协商,由无记名投票选举产生"。代表由"民主协商"产生,"可以邀请"等字眼体现出各级人民代表大会代表民主选举制度的缺失。1982 年修宪时,该问题回归正途,"全国人民代表大会由省、自治区、直辖市、特别行政区和军队选出的代表组成。各少数民族都应当有适当名额的代表","省、直辖市、设区的市的人民代表大会代表由下一级的人民代表大会选举;县、不设区的市、市辖区、乡、民族乡、镇的人民代表大会代表由选民直接选举。地方各级人民代表大会代表名额和代表产生办法由法律规定"。关于人大的任期,1954 年宪法规定的人大任期是四年,特殊情况下延长到下届人大第一次会议,1975 年修宪时把人大任期改为五年,规定"在特殊情况下,人大任期可以提前或延长"。1978 年修宪时在特殊任期上把"延长"改为"既可以延长又可以提前"。1982 年修宪时恢复为"只可以延期",并对延期的条件做了严格的限制:"非常情况结束后一年","由全国人民代表大会常务委员会以全体组成人员的三分之二以上的多数通过"。关于全国人大的职权,1954 年宪法赋予全国人大的职权有立法权、财政权、监督权与重大事项决定权等。1975 年修宪时剥夺了全国人大对宪法实施的监督权；行使其他职权时必须"根据中国共产党中央委员会的提议"。1982年修宪时恢复为立法权、财政权、监督权与重大事项决定权，等等。

3. 国家主席的内容变迁。国家主席在我国宪法变迁中经历了曲折的变化。在1954年宪法的三次全面修改中，在国家主席的设置与否、职权大小、任期长短等诸多问题上存在着显著的差别，发生了重大的变化，但这种变化在很大程度上与中国政治发展及政治民主化的进程紧密相关。1954年宪法中，中华人民共和国主席对外代表中华人民共和国；国家主席根据全国人大和全国人大常委会的决定，公布法律，任免国家机关工作人员。尽管当时的国家主席是我国的国家元首，但并不是个体元首。刘少奇在一届全国人大一次会议上作的《关于中华人民共和国宪法草案的报告》中对国家元首问题进行了说明："我们的国家元首职权由全国人民代表大会所选出的全国人民代表大会常务委员会和中华人民共和国主席结合起来行使。我们的国家元首是集体的国家元首"①。韩大元教授对于这种文本上的宪法与实践中的宪法关于国家主席的分离做了解释：尽管在实际生活中国家主席行使过某些个人元首的职权或在国际社会中被视为国家元首，但在宪法体制中仍然不具有国家元首的地位。因为，按照上述的学理解释，居于最高地位的全国人民代表大会制度之下，不存在任何与之平行的机关。由全国人民代表大会任免的国家主席无法获得独立国家机关的地位②。1975年宪法全面修改中取消了国家主席的设置，也没有规定由哪个国家机构代表中华人民共和国。国家元首的职权分解给了全国人大常委会和中共中央委员会以及中共中央主席，如"根据中国共产党中央委员会的提议任免国务院总理和国务院的组成人员""中国共产党中央委员会主席统率全国武装力量"③。1978年宪法全面修改中没有解决国家主席问题。1982年全面修改的宪法恢复了国家主席的设置。2018年修改宪法时，删除了"连续任职不得超过两届"的规定。这样修改的主要考虑是：许多地区、部门和广大党员干部群众一致呼吁修改宪法中国家主席任职期限的有关规定；党的十八届七中全会和党的十九大召开期间，与会委员

---

① 刘少奇. 刘少奇选集：下卷［M］. 北京：人民出版社，1985：157.
② 韩大元. 1954年宪法与中国宪政：第二版［M］. 武汉：武汉大学出版社，2008：315.
③ 王培英. 中国宪法文献通编［M］. 北京：中国民主法制出版社，2004：193.

代表在这方面的呼声也很强烈；党章对党的中央委员会总书记、党的中央军事委员会主席，宪法对中华人民共和国中央军事委员会主席，都没有做出"连续任职不得超过两届"的规定①。

4. 行政机关的内容变迁。国务院是我国的最高行政机关。1954 年宪法用 6 个条文规定了其组成、职权、工作原则以及内部工作制度。关于国务院的职权，1975 年修宪时由 1954 年的 17 项变为 5 项。"向全国人民代表大会或者全国人民代表大会常务委员会提出议案""改变或者撤销各部部长、各委员会主任的不适当的命令和指示""改变或者撤销地方各级国家行政机关的不适当的决议和命令""领导武装力量的建设""批准自治州、县、自治县、市的划分""保护国家利益，维护社会秩序，保障公民权利"等全部删除。"对外贸易和国内贸易""文化、教育和卫生工作""民族事务""华侨事务""对外事务"等管理的内容以"管理国家行政事务"统而括之。1982年修宪时，较之 1954 年有一定的进步，如增加国务委员一职，解决了副总理过多的问题；增加了审计长一职，国家财政监督得到加强；总理、副总理、国务委员连续任职不得超过两届，取消了领导干部终身制；规定国务院实行总理负责制，体现党政分开的原则；规定各部、各委员会实行部长、主任负责制，有助于国务院下属机构权责统一。

5. 中央军事委员会的内容变迁。中央军事委员会是中国共产党在领导中国人民进行革命斗争的过程中创建的。1925 年 10 月，为适应武装斗争的需要，中国共产党第四届中央执行委员会第二次扩大会议第一次提出，在中央委员会之下设立中央军事运动委员会。同年 12 月，改为中央军事部。1927年 11 月，根据中国共产党中央临时政治局扩大会议关于精简中央机构的决定，中央军事部改为军事科②。1928 年 6—7 月间，中国共产党第六次全国代表大会决定重新设立中央军事部，各地设立军事委员会。同年 10 月，中国共产党中央确定：中央军事部内设立军事委员会，作为就军事问题进行讨论和建议的机构。随着全国革命根据地和工农红军的迅速发展，1930 年 2 月，

---

① 王晨向十三届全国人大一次会议作关于"中华人民共和国宪法修正案（草案）"的说明（摘要）［N］. 人民日报，2018－03－07（6）.

② 王永生，李玉平. 历届中共中央军事委员会的组成及历史背景［J］. 军事历史，2007（6）.

中国共产党中央决定，中央军事部和军事委员会合一，组成中央军事委员会，直接归中央政治局领导。10 月，中国共产党中央政治局决定组成中华苏维埃共和国中央革命军事委员会。中央革命军事委员会（简称"中革军委"），既是中国共产党中央的军事领导机构，又是中华苏维埃共和国的军事部门，是革命根据地工农红军的组织、给养、教育、训练、作战行动的最高管理和指挥机关。1931 年 11 月，中华苏维埃共和国临时中央政府在江西瑞金成立。根据大会的决议和中华苏维埃共和国中央执行委员会的命令，组成中华苏维埃共和国中央革命军事委员会，中革军委作为全国红军最高领导和指挥机关，第一次正式隶属于政权系统，红军历史上的中革军委即由此开始。1937 年 7 月，抗日战争进入全面抗战阶段。1937 年 8 月决定成立中国共产党中央革命军事委员会（简称"中央军委"），作为中国共产党中央领导各抗日根据地军事建设和武装斗争的最高统率机构，中央军委又改属于中国共产党中央。解放战争时期，中国共产党中央军委的组织基本上没有变化。为适应中国人民革命战争胜利发展的需要，1948 年 11 月 21 日，中国共产党中央决定，中央军委对外公开发布命令时，使用"中国人民革命军事委员会"的名称①。

中华人民共和国成立初期，根据《中国人民政治协商会议共同纲领》和《中华人民共和国中央人民政府组织法》的规定，设中央人民政府人民革命军事委员会，作为国家最高军事领导机关，统一管辖并指挥中国人民解放军和人民公安部队。中央人民政府人民革命军事委员会成立后，仍简称"中央军委"，取代了原有的中国共产党中央军事委员会的职能，党内未再设中央军事委员会。② 1954 年宪法规定，中华人民共和国主席统率全国武装力量，担任国防委员会主席。因此，不再设立中央人民政府人民革命军事委员会。同时为加强中国共产党对中国人民解放军的领导，1954 年 9 月 28 日，中国共产党中央政治局通过《关于成立党的军事委员会的决议》指出：中央政治局认为，必须同过去一样，在中央政治局和书记处之下成立一个党的军事委

---

① 王永生，李玉平. 历届中共中央军事委员会的组成及历史背景［J］. 军事历史，
　　2007（6）.

② 王永生，李玉平. 历届中共中央军事委员会的组成及历史背景［J］. 军事历史，
　　2007（6）.

员会，领导全部军事工作。中国共产党中央"重建"军事委员会，以致出现了国家的军事机关和党的军事机关并存的局面。1954年宪法"国家机构"一章六节并没有"国防委员会"的设置，国家军事权处于一种"虚化"的状况。宪法只能规定国家的国防委员会而不可能规范党的中央军委，因此党的中央军委既大权在握，又游离于宪法之外，这是"以党代政"权力模式的特点，其弊端不仅在于党的机构架空了国家的相关机构，而且还在于这一机构置身于宪法和法律之外，而不是在其规范之内。1975年修改后的宪法第十五条规定："中国共产党中央委员会主席统率全国武装力量"；1978年修改后的宪法第十九条规定："中华人民共和国武装力量由中国共产党中央委员会主席统率"。因此，1975年和1978年修改后的宪法取消了国防委员会的设置，只规定军队是中国共产党领导的工农子弟兵，中国共产党中央主席统率全国武装力量，而没有"军队是国家军队"的条款。这些规定剥离了国家与军队哪怕是名义上和形式上的联系，把军队的性质完全定位于党的军队而不是国家的军队，也不是"党和国家"的军队。

1982年修改后的宪法规定："中华人民共和国中央军事委员会领导全国武装力量。"据此，从1983年6月第六届全国人民代表大会开始，设立中华人民共和国中央军事委员会。设立中华人民共和国中央军事委员会，是在新的历史条件下改革国家政治体制和军事体制的重大决策。中华人民共和国中央军事委员会和中国共产党军事委员会实际上是"一个机构，两个牌子"，均简称为"中央军委"。两个机构组成人员、领导机构和领导职能都是同一的①。党的中央军事委员会和国家中央军事委员会实行主席负责制。

6. 监察机关的内容变迁。各级监察委员会是行使国家监察职能的专责机关，同时监察委员会与同级纪律委员会合署办公。因此，监察机关的内容变迁与中共的纪律委员会和国家的行政监察的变迁密切相关。从中共内部来看，1927年党的中共第五次全国代表大会上，中央监察委员会真正成立。同年6月1日，中央政治局会议通过了《中国共产党第三次修正案章程议决案》中专门设立了"监察委员会"一章。然而，当时我党处于十分严峻的革

---

① 王永生，李玉平. 历届中共中央军事委员会的组成及历史背景［J］. 军事历史，2007（6）.

命关头，中央监察委员会的组成人员仅剩 2 名，无法继续开展监督工作。在
1927 年 12 月 31 日，中共中央发布了《中央通告第二十六号——关于监察委
员会的问题》，将监察委员会的存废问题留在中共六大中去解决。1928 年，
中共六大就撤销了"中央监察委员会"这一党内监督机构，取而代之的是
"中央审查委员会"①。而在 1945 年 7 月，中国共产党第七次全国代表大会通
过新的党章，设立了"党的监察机关"一章。1949 年 11 月，中共中央发出
《关于成立中央及地方各级党的纪律检查委员会的决定》，成立党内监督机
关，命名为纪律检查委员会。1955 年 3 月，中国共产党全国代表会议通过
《关于成立中央和地方监察委员会的决议》，将中央纪律检查委员会更名为中
央监察委员会。1966 年"文化大革命"爆发，中央监察委员会的工作无法开
展，1969 年 4 月，中国共产党第九次全国代表大会上，删除了党章中有关监
察委员会的所有内容。

从国家的行政监察来看，我国行政监察制度创立于新中国成立之初，历
经 20 世纪 50 年代初步构建，80 年代恢复，90 年代与纪律检查委员会合署办
公 3 个发展阶段②。1949 年 9 月 27 日中国人民政治协商会议第一届全体会议
通过的《中国人民政治协商会议共同纲领》第十九条规定："在县市以上的
各级人民政府内，设人民监察机关，以监督各级国家机关和各种公务人员是
否履行其职责，并纠举其中之违法失职的机关和人员。"同日通过的《中华
人民共和国人民政府组织法》规定在政务院下设人民监察委员会。1954 年 9
月，一届全国人大二次会议通过《中华人民共和国国务院组织法》，成立国
务院，原政务院人民检察委员会改为国务院监察部。1959 年 4 月，二届人大
一次会议做出决议撤销监察部。直至 1986 年 12 月，六届全国人大常委会决
定恢复设立中华人民共和国监察部。1987 年 6 月，国家监察部正式成立。同
年 8 月国务院发布了《关于在县级以上地方各级人民政府设立行政监察机关
的通知》，随后各地区都按要求完成了监察机关的组建工作。1990 年 11 月国
务院颁布了《中华人民共和国行政监察条例》，为加强行政监察工作、国家
公务人员廉洁奉公提供了制度保障。1997 年 5 月 9 日，《中华人民共和国行

---

① 王谦. 谈我党历史上的中央监察委员会 [N]. 北京日报, 2018 - 01 - 15.
② 纪亚光. 我国国家行政监察制度的历史演进 [J]. 中国党政干部论坛, 2017 (2).

政监察法》出台，2004年10月国务院又颁布了《中华人民共和国行政监察法实施条例》，这是我国行政监察工作走向法治化的重要里程碑①。

2016年北京市、山西省、浙江省开始开展监察体制改革试点工作，监察委员会开始设立。2016年11月，中共中央办公厅印发了《关于在北京市、山西省、浙江省开展国家监察体制改革试点方案》，部署在三省市设立各级监察委员会。2016年12月，十二届全国人大常委会第二十五次会议表决通过《关于在北京市、山西省、浙江省开展国家监察体制改革试点工作的决定》，在北京市、山西省、浙江省开展国家监察体制改革试点工作，标志着我国监察体制改革正式拉开帷幕。基于近一年的试点经验，2017年10月18日，中共十九大报告进一步明确要"深化国家监察体制改革，将试点工作在全国推开"；10月29日，中共中央办公厅印发《关于在全国各地推开国家监察体制改革试点方案》，部署在全国范围内深化国家监察体制改革的探索实践，完成省、市、县三级监察委员会组建工作，实现对所有行使公权力的公职人员监察全覆盖②；11月4日，全国人大常委会通过《关于在全国各地推开国家监察体制改革试点工作的决定》，在充分总结试点地区改革的经验基础上，决定将试点工作在全国范围内推开。2018年3月11号宪法修正案通过，其中第三十七条将宪法第三条第三款修改为："国家行政机关、监察机关、审判机关、检察机关都由人民代表大会产生，对它负责，受它监督。"第五十二条将《宪法》第三章的"国家机构"中增设一节作为第七节"监察委员会"，且增加五条。2018年3月20日，第十三届全国人民代表大会第一次会议通过了《中华人民共和国监察法》。这标志着国家监察制度正式建立。

7. 司法机关的内容变迁。司法机关包括人民法院与人民检察院。关于人民法院，1954年宪法用8个条文共计448字规定了法院系统组成、法院院长任期、案件审理原则与语言使用、上下级法院关系以及各级法院对人大及其常委会负责的原则等。1975年修宪时仅用第二十五条第1款规定了法院的相

---

① 徐德刚. 新中国行政监察法律制度回溯与前瞻［J］. 求索，2004（12）.
② 中办印发《关于在全国各地推开国家监察体制改革试点方案》［N］. 人民日报，2017 – 10 – 30.

关内容："最高人民法院、地方各级人民法院和专门人民法院行使审判权。各级人民法院对本级人民代表大会和它的常设机关负责并报告工作。各级人民法院院长由本级人民代表大会的常设机关任免。"1978 年修宪时恢复为 2 个条文共计 273 字规定了人民法院的相关内容。1982 年修宪时恢复并发展了1954 年宪法中的规定，例如强调人民法院的"独立"审判权，不受"任何行政机关、社会团体和个人的干涉"，更多是落实在对 1954 年宪法中规定的具体制度的创造性完善。

关于人民检察院。1954 年宪法用 4 个条文共计 282 字规定了检察院系统组成、检察院院长任期、检察院的工作原则、上下级检察院关系以及各级检察院对人大及其常委会负责的原则与内容等。1975 年修宪时仅用第二十五条第二、三款共计 59 字规定了人民检察院的相关内容："检察机关的职权由各级公安机关行使。检察和审理案件，都必须实行群众路线。对于重大的反革命刑事案件，要发动群众讨论和批判。"1978 年修宪时恢复为 1 个条文共计224 字规定了人民检察院的相关内容。1982 年修宪时恢复并发展了 1954 年宪法中的规定，例如完整科学地明确了人民检察院的"法律监督机关"性质，发展了人民检察院独立行使检察权，"人民检察院依照法律规定独立行使检察权，不受行政机关、社会团体和个人的干涉"①，规定了公、检、法三机关"分工负责、互相配合、互相制约"，等等。

8. 政治典章的内容变迁。从中共二大制定的第一部正式章程算起，到党的十九大，中国共产党先后 18 次制定或修改党章。建设时期党章最能体现党的性质的是八大党章。八大党章确认社会主义改造已经取得决定性的胜利，社会主义制度在我国已经基本上建立起来。无产阶级同资产阶级之间的矛盾已经基本上解决，国内的主要矛盾已经是人民对于建立先进的工业国的要求同落后的农业国的现实之间的矛盾、人民对于经济文化迅速发展的需要同当前经济文化不能满足人民需要的状况之间的矛盾。为此，党的任务，就是有计划地发展国民经济，尽可能迅速地实现国家工业化，有系统、有步骤地进行国民经济的技术改造，使中国具有强大的现代化的工业、现代化的农

---

① 1954 年宪法第八十三条规定：地方各级人民检察院独立行使职权，不受地方国家机关的干涉。

业、现代化的交通运输业和现代化的国防。八大党章是中国共产党成为执政党制定的第一部党章，对执政党建设的规律进行了有益的探索。但由于"左"倾错误的产生与逐渐发展，八大党章并没有得到正确的贯彻与坚持，并最终导致了"文革"的发生。

十一届三中全会做出"把全党工作的着重点和全国人民的注意力转移到社会主义现代化建设上来"的政策决定，奠定了中共十二大党章的修改基础。十二大党章也成为改革时期的第一部党章，此后党章都是以该党章为基础进行部分修改。十二大党章第一次提出"建设有中国特色的社会主义"的崭新命题，提出了在新时期的总任务和我国经济建设的总目标，确认了新时期的主要矛盾和现阶段的总任务。十二大党章第一次明确规定中共必须在宪法和法律范围内活动。正如彭真所说："中共领导人民制定宪法和法律，中共领导人民遵守宪法和法律，中共自己也在宪法和法律范围之内活动"。该原则写入党章，这是党的第二代领导集体确立的中国自己的宪法原则，也标志着中共步入真正意义上的执政党建设轨道。十三大党章第一次系统地阐明了社会主义初级阶段的理论，提出依靠发展党内民主、加强制度建设和改革领导、执政方式的新路进行执政建设。十四大党章写入了经济体制改革的目标：建立社会主义市场经济体制。十五大党章把邓小平理论确立为党的指导思想，论述了中共在社会主义初级阶段的基本纲领，对社会主义初级阶段的所有制结构和公有制实现形式、推进政治体制改革、依法治国等问题做出新论断。十六大党章把"三个代表"重要思想确立为中共必须长期坚持的指导思想，丰富了全面建设小康社会奋斗目标，社会主义初级阶段的基本经济制度，依法治国、建设社会主义法治国家等内容。十七大党章确立了科学发展观的指导思想地位，被认为是对党的三代中央领导集体关于发展的重要思想的继承和发展。这要求全党同志全面把握科学发展观的科学内涵和精神实质，增强贯彻落实科学发展观的自觉性和坚定性，着力转变不适应不符合科学发展观的思想观念，着力解决影响和制约科学发展的突出问题，把全社会的发展积极性引导到科学发展上来，把科学发展观贯彻落实到经济社会发展各个方面①。十八大党章将科学发展观明确列入党的指导思想，确立了"以人为本、全面协调可持续发展"的基本内涵，提出中国特色社会主义道路、中国特色社会主义理论体系、中国特色社会主义制度是中国特色社会主义三个相互联系的组成部分。强调进行经济建设、政治建设、文化建设、社会建设与生态文明建设，对深化改革开放做出新的部署，提出新的目标任务。为此，借鉴历次三中全会的改革主题，十八届中央委员会第三次全体会议发布了《中共中央关于全面深化改革若干重大问题的决定》，对于全面深化改革的若干重大问题做了部署。十九大报告指出，中国特色社会主义进入了新时代，这是我国发展新的历史方位②。十九大党章中，中国共产党的指导思想和行动指南增加了"习近平新时代中国特色社会主义思想"③。

（四）国宪变迁的路径

通过上述国宪变迁历史的论述可以看出，中华人民共和国国宪变迁的路径主要有整体修改方式、宪法修正案方式、宪法解释方式、宪法惯例方式、怠于行权方式、宪典文字自然变更等方式。

1. 整体修改方式主要体现在 1954 年宪法的 1975 年、1978 年与 1982 年修改。从总体上看，1975 年、1978 年、1982 年三次修宪的方式基本相同，都是由专门成立的宪法修改委员会对当时现行宪法文本进行整体修改，形成宪法修改草案，整体提交全国人民代表大会通过并公告后，产生当时现行宪法新的文本形式。在政治典章方面，在十二大党章以前，基本都是整体修改方式。

2. 宪法修正案方式主要体现在 1982 年以后的五次部分修改。1954 年宪法经 1982 年整体修改后，接下来的五次，即 1988 年、1993 年、1999 年、

---

① 中国共产党第十七次全国代表大会关于"中国共产党章程（修正案）"的决议 [N]．人民日报，2007 – 10 – 23．

② 习近平．决胜全面建成小康社会 夺取新时代中国特色社会主义伟大胜利——在中国共产党第十九次全国代表大会上的报告 [N]．人民日报，2017 – 10 – 28.

③ 中国共产党章程 [N]．人民日报，2017 – 10 – 29.

2004 年和 2018 年的局部修改借鉴了西方修宪技术，采用了修正案的形式。宪法典的内容结构和形式结构也随之不断丰富和完善。在政治典章方面，在十二大党章以后，都是采用修正案方式。

3. 根据我国现行宪法第六十七条的规定，解释宪法的权力属于全国人大常委会。从实践中看，如第六届全国人大常委会第二次会议通过的《关于国家安全机关行使公安机关的侦查、拘留、预审和执行逮捕的职权的决定》，就对现行宪法第三十七条、第四十条的内容作了新的说明，等等。尽管宪法解释在我国政治实践中并不多见，但宪法解释不失为我国国宪变迁的一种形式。在政治典章方面，党章的正式解释基本没有发生。但是，每次党章修改之后的大量介绍文章以及领导人在不同场合的阐述，都会对党章的字面内容加以丰富与拓展，可以视为是一种较特殊的解释。

4. 宪法惯例是一种通行的政治习惯和传统，在我国国家领导人、最高国家机关和执政党中央委员会的行为中，一些不成文的习惯做法确实存在。例如，关于宪法修正案的提案问题，现行宪法规定全国人大常委会或者五分之一以上的全国人大代表，才有权提出宪法修正案的议案，但在实践中，从1975 年修宪开始，每次修宪都是由中共中央研究、筹备修宪工作，形成共识后再向全国人大常委会提出修宪建议。又如，谁是国家元首的问题在 1954 年宪法中不明确，刘少奇所做的宪法草案报告虽然从理论上认为中国的元首是全国人大常委会与中华人民共和国主席结合起来的集体元首。但从实际生活来看，由于主席在国家机构体系中所处的位置，又由于主席从事着，特别是在程序上从事着一般应由国家元首从事的活动，而且享有国家元首的礼遇和尊严，因此，国际、国内均把国家主席视作中华人民共和国的国家元首。所以，中国的国家元首在宪法的文字上虽然并没有出现，但中华人民共和国主席乃是国家元首，这应是不争的事实，主席是存在于习惯之中的实际上的国家元首，从而形成了中国政治制度的一种特色①。还如，每届全国人大开会时，全国政协会议也同时进行，并且政协全国委员会委员全体列席全国人大的有关会议；再如，中华人民共和国中央军事委员会主席，习惯上由中国共产党中央军事委员会主席兼任，这些习惯做法已经起到了宪法惯例的作用，

---

① 许崇德. 中华人民共和国宪法史：上卷［M］. 福州：福建人民出版社，2005：204.

可以说就是中国的宪法惯例。这些宪法惯例成为国宪变迁的一种方式。在政治典章方面，照样存在惯例。例如，现在的每一届领导都将任内施政指导思想浓缩为简练的文字后进入党章；历届三中全会成为推出重大改革措施的一次会议已经成为惯例，并常常推动政治典章正式修改。此外，如党委与党代会的相互关系、党委会与党的常委会相互关系、党委与纪委相互关系等，在很大程度上是属于政治惯例调整的领域。

5. 由于语言符号所指的变化，宪法语言在词义上发生变化。例如言论自由中的"言论"，此前主要指平面媒体的语言。随着互联网的发展，"言论"加入了"网络语言"的含义，另外如"国营经济""国有经济"。我国的1954 年宪法就规定国营经济是社会主义全民所有制经济，是国民经济中的主导力量，以后三次整体修宪时都做了基本一致的文字表述，直至1993 年全国人民代表大会才通过宪法修正案将国营经济改变为国有经济，那么这是否意味着1954 年宪法所指国营经济和1993 年以前在宪法支配和规范下的国营经济含义不是一样的呢？回答当然是否定的。传统的国营经济指的是国家直接占有、直接经营、直接处分的一种经济形式，而且这种形式的成分绝对是纯而又纯的，只有国有的成分一种。自从党的十一届三中全会后中国实行改革开放政策，尤其是大力推行市场经济以来，国营经济在实践中有重大发展，在理论上有了明显的甚至是突破性的变化。比如在国营经济的实现形式上，传统的理论认识和实践做法都是单一的，那便是国家所有、国家直接经营。而现在国营经济除了上述的一种实现形式外还有国有民营、企业拥有独立产权、实行承包经营以及集体经营、合作经营、联合经营等多种实现形式①。这样一来国营经济修改为国有经济以前，虽然在宪法文本中表述如一，但其含义却自然发生变更。在政治典章方面，语言在词义上发生变化也是经常的事情。例如，毛泽东思想在党章中的指导思想虽然没有变，但是其含义在不同时期就包含不同的内容。

---

① 秦前红 . 宪法变迁论 ［M］. 武汉：武汉大学出版社，2002：170 - 171.

（五） 国宪变迁的特征

1. 国宪变迁的模式上，进化理性主义基调中的建构理性主义倾向。国宪变迁模式主要有英美法系进化理性主义国宪变迁模式和大陆法系建构理性主义国宪变迁模式。这主要是由于大陆法系与英美法系历史传统有所不同，另外还在于宪法与社会的兼容和协调性。进化理性主义国宪变迁模式植根于普通法的思想传统，其核心命题是：个人理性是十分有限和不完全的，理性在人类事务中起着相当小的作用，各种实在的制度如法律等，并不是人类智慧预先设计的产物，而是以一种累积的方式进化而来的。文明乃是经不断试错、日益积累而艰难获致的结果，其中的一部分为代代相传下来的明确知识，但更大的一部分则是体现在那些被证明为较优越的制度和工具中的经验①。建构理性主义国宪变迁模式以法、德为代表。建构理性主义假定人生来具有智识和道德禀赋，人能够根据理性原则对社会做精心规划，并尽可能地抑制乃至铲除一切非理性现象，因此制度完全可以重新设计，彻底改造。从上述国宪变迁的历程、内容与路径可以看出，新中国国宪变迁的模式主要是进化理性主义国宪变迁模式，但同时具有建构理性主义的趋向。进化理性主义主要表现在我们的宪法属于"确认型宪法"，这样的本质特征使我们的宪法偏爱过去的经验与认识，把主要的力量用于描述已经形成的政治格局；已经形成的政治事实是什么，我们的宪法就跟在后面亦步亦趋地规定什么②。而改革时代的国宪变迁更是如此，宪法变迁模式的内在理路就是从制度试验到推及全国到党的理论到宪法确认。国宪变迁，从一开始就和整个社会的大变革息息相关；无论是宪法变迁的诱因，还是宪法变迁的模式选择，都深深

---

① ［英］弗里德利希·冯·哈耶克.自由秩序原理［M］.邓正来，译.北京：生活·读书·新知三联书店，1997：63-68.
② 喻中.从"确认"到"正名"：中国百年宪法的内在逻辑［J］.现代法学，2008（4）.

地打上了改革这个大背景的烙印①。当然，在特定时期，也留下了建构理性主义倾向。1954 年宪法对社会主义改造完成后国家政治、经济、文化和社会情形的确认和对未来理想国家的规划在宪法中有明确的表述，有"浓郁的宣言式色彩"②。1975 年宪法修改、1978 年宪法修改以及 1982 年宪法修改都是采用整体修改方式，修宪机关全面修改宪法的内容。我们仅以宪法结构为例加以说明。从宪法典的篇幅上看，1975 年修改后的宪法总条文仅有 30 条，比 1954 年宪法减少了 76 条，把必须规定的内容大量地删减，如此简短疏漏，使宪法成了大纲性的文件。不仅如此，一些条文如同标语口号，甚至用毛泽东语录作为条文，出现了一些概念和文词上的含糊不清。1978 年修改后的宪法共有 4 章 60 条，在宪法典的结构上和 1954 年宪法、1975 年修改后的宪法相同，包括序言和总纲，国家机构，公民的基本权利和义务，国旗、国徽、首都等几个部分。在条文的数量上，比 1975 年修改后的宪法增加了一倍。1982 年修改后的宪法的结构体系依次是：序言，总纲，公民的基本权利和义务，国家机构，国旗、国徽、首都，共分 4 章，计有 138 条。相对于此前的各文本，1982 年修改后的宪法总条文比 1954 年宪法条文还多 32 条，分别是1975 年修改后的宪法的 4 倍多与 1982 年修改后的宪法的 2 倍多；而且，形式上突出的特征是将"公民的基本权利和义务"移到"国家机构"之前，突出了公民基本权利和义务的重要地位，反映了修宪理念的巨大变化。

2. 国宪变迁的外在表现上，政治典章催动宪法典变迁到国宪组成要素的互动。在国宪的各组成要素中，政党政策、政治典章的变动是宪法典变迁的主要动力之一。首先，成熟与定型的政党政策逐渐进入政治典章。毛泽东思想是中国共产党在中国革命与建设过程中对马克思列宁主义中国化的成果，1935 年的遵义会议确立了毛泽东的领导地位，毛泽东思想逐渐成为全党贯彻的政策。1945 年中共七大把毛泽东思想确立为党的指导思想，并在党章中成为与马克思列宁主义并列的指导思想。此后的邓小平理论、"三个代表"重要思想也遵循着类似的路径。其次，政治典章中确定的指导思想进入宪法典

---

① 常安."摸着石头过河"与"可改可不改的不改"——改革背景下的当代中国宪法变迁 [J]. 法律科学，2010 (2)．

② 何勤华，李秀清. 外国法与中国法——20 世纪中国移植外国法反思 [M]. 北京：中国政法大学出版社，2003：173.

成为宪法的指导思想。对于 1954 年宪法，董必武认为："一九五四年九月召开的我国第一届全国人民代表大会第一次会议，制定了中华人民共和国宪法。这部宪法是共同纲领的发展，是我们国家的根本法。它体现了我党在过渡时期的总路线的要求，明确地规定了实现社会主义改造和社会主义建设的方法和步骤。"① 在 1982 年全面修改宪法时，彭真所做的《关于中华人民共和国宪法修改草案的报告》中明确指出：中国共产党对这次宪法修改工作十分重视，中共中央政治局和书记处都专门讨论过。中共中央政治局和书记处的成员大都是宪法修改委员会的委员，中共中央的意见已经充分地反映在宪法修改草案中②。1988 年宪法部分修改时，中国共产党中央委员会提出修改中华人民共和国宪法部分内容的建议是"根据我国改革开放和社会主义现代化建设事业进一步发展的实践"③。1993 年宪法部分修改时，在《关于修改宪法部分内容的建议的说明》中指出："这次宪法修改，以党的十四大精神为指导，对涉及国家经济、政治、社会生活的重大问题的有关规定，必须进行修改的加以修改。修改中突出了建设中国特色社会主义的理论和党的基本路线，并根据十多年来我国社会主义现代化建设和改革开放的新经验，着重对社会主义经济制度的有关规定做了修改和补充，使其更加符合现实情况和发展的需要。"④ 1999 年宪法部分修改时，田纪云指出，1997 年召开的中国共产党第十五次全国代表大会，高举邓小平理论伟大旗帜，总结我国改革和建设的新经验，对建设中国特色社会主义事业的跨世纪发展做出全面部署。中共中央提出应当以党的十五大报告为依据，对宪法部分内容做适当修改，并提出修改的原则是，只对需要修改的并已成熟的问题做出修改，可改可不改的问题不做修改⑤。王兆国在 2004 年宪法部分修改时指出，《中共中央关

---

① 董必武. 政治法律文集 [M]. 北京：法律出版社，1986：477 – 478.

② 彭真. 关于中华人民共和国宪法修改草案的报告——一九八二年十一月二十六日在第五届全国人民代表大会第五次会议上 [N]. 人民日报，1982 – 12 – 06.

③ 中国共产党中央委员会. 中国共产党中央委员会关于修改中华人民共和国宪法个别条款的建议 [J]. 全国人大常委会公报，1988（3）.

④ 中国共产党中央委员会. 关于修改宪法部分内容的建议的说明 [J]. 全国人大常委会公报，1993（2）.

⑤ 田纪云. 关于中华人民共和国宪法修正案（草案）的说明——1999 年 3 月 9 日在第九届全国人民代表大会第二次会议上 [J]. 全国人大常委会公报，1999（2）.

于修改宪法部分内容的建议》（简称"中央《建议》"）就是在中央政治局常委会直接领导下，按照中央确定的这次修改宪法总的原则和工作方针，经过半年多工作形成的……中央《建议》经中央政治局常委会会议和中央政治局会议多次讨论研究，提请党的十六届三中全会审议通过后，由党中央提请全国人大常委会依照法定程序提出宪法修正案（草案）的议案①。王晨在2018年宪法部分修改时指出，党中央决定对宪法进行适当修改，是经过反复考虑、综合方方面面情况做出的，目的是通过修改使我国宪法更好体现人民意志，更好体现中国特色社会主义制度的优势，更好适应推进国家治理体系和治理能力现代化的要求②。最后，国宪组成要素的互动。在宪法修改过程中，政治典章制定者有时也回应宪法典修正者的呼声。如1993年宪法修改时，中国共产党中央委员会补充和调整了"中国共产党领导的多党合作和政治协商制度将长期存在和发展""国家依法禁止任何组织或者个人扰乱社会经济秩序"以及"集体经济组织实行民主管理，依照法律规定选举和罢免管理人员，决定经营管理的重大问题"等内容③。2018年宪法部分修改时，有许多单位和同志提出，应该根据党的十九大精神对我国现行宪法做出必要的修改完善，把党和人民在实践中取得的重大理论创新、实践创新、制度创新成果通过国家根本法确认下来，使之成为全国各族人民的共同遵循，成为国家各项事业、各方面工作的活动准则④。

3. 国宪变迁的时序上，政策—国策—规范的依次序变。进入改革阶段后，国宪中的条文变化一般经历了政策—国策—规范的依次序变。十一届三中全会开启了我国改革开放的伟大历史进程，将国家的建设重点转移到经济建设方面来，党的政策经过社会发展规划的贯彻成为国策，在成熟之后成为国宪的规范：1988年4月12日第七届全国人民代表大会第一次会议通过的

---

① 王兆国. 关于中华人民共和国宪法修正案（草案）的说明——2004年3月8日在第十届全国人民代表大会第二次会议上［J］. 全国人大常委会公报，2004（3）.

② 王晨向十三届全国人大一次会议作关于"中华人民共和国宪法修正案（草案）"的说明（摘要）［N］. 人民日报，2018-03-07.

③ 中国共产党中央委员会. 中国共产党中央委员会关于修改宪法部分内容的补充建议［J］. 全国人大常委会公报，1993（2）.

④ 王晨向十三届全国人大一次会议作关于《中华人民共和国宪法修正案（草案）》的说明（摘要）［N］. 人民日报，2018-03-07.

两条宪法修正案"国家允许私营经济在法律规定的范围内存在和发展。私营经济是社会主义公有制经济的补充。国家保护私营经济的合法的权利和利益，对私营经济实行引导、监督和管理"与"土地的使用权可以依照法律的规定转让"都是关于经济建设方面的。十二届三中全会研究以城市改革为重点的经济体制改革，做出《关于经济体制改革的决定》；十三届三中全会研究深化经济体制改革，提出全面深化改革特别是价格改革、企业改革的方针政策；十四届三中全会研究建立社会主义市场经济体制，做出《关于建立社会主义市场经济体制若干问题的决定》。上述关于经济体制改革的决定的大部分内容进入了国民经济和社会发展规划纲要。经过实践取得成功后，成为国宪的条款。1993 年宪法修正案规定：用"社会主义市场经济"取代"计划经济"；用"国有经济""国有企业"取代"国营经济""国营企业"；删去"农村人民公社"的提法，确立"家庭联产承包为主的责任制"的法律地位。十五届三中全会全面总结农村改革 20 年基本经验，做出《关于农业和农村工作若干重大问题的决定》，将对市场经济的新认识与对农村问题的新阐述贯彻于政策之后，吸收成熟部分进入国宪的规范条文。1999 年宪法修正案规定：发展社会主义市场经济；国家在社会主义初级阶段，坚持公有制为主体、多种所有制经济共同发展的基本经济制度，坚持按劳分配为主体、多种分配方式并存的分配制度；农村集体经济组织实行家庭承包经营为基础、统分结合的双层经营体制；在法律规定范围内的个体经济、私营经济等非公有制经济，是社会主义市场经济的重要组成部分。十六届三中全会研究完善社会主义市场经济体制，做出《关于完善社会主义市场经济体制若干问题的决定》，完善市场经济的措施与范围进入了国民经济与社会发展规划的视野，进而影响了 2004 年的宪法修正案：国家保护个体经济、私营经济等非公有制经济的合法的权利和利益。国家鼓励、支持和引导非公有制经济的发展，并对非公有制经济依法实行监督和管理；国家建立健全同经济发展水平相适应的社会保障制度。十八大的会议主题是：高举中国特色社会主义伟大旗帜，以邓小平理论、"三个代表"重要思想、科学发展观为指导，解放思想，改革开放，凝聚力量，攻坚克难，坚定不移沿着中国特色社会主义道路前进，为全面建成小康社会而奋斗①。十八届三中全会研究部署的是以经济体制改革为重点，包括政治体制、文化体制、社会体制、生态文明体制和党的建设制度改革，是推进所有领域的全面改革。十八届四中全会研究部署全面推进依法治国问题。十八届六中全会重点聚焦国家监察体制改革。上述这些内容都进入了 2018 年宪法修正案②，以及十九大修改的党章中。

4. 国宪变迁的理念上，文化基线上的理性吸纳。文化的变迁，不论是由内部的动因促成，或是由客体文化扩散的刺激引起，都在濡化的程序以内。任何文化，对于外来文化刺激总是站在自己的文化基线上做出反应。汤恩比说，外在环境只是挑战的开端与看得到的形式，接下来真正的、潜藏的挑战是文化内部的自决。国宪变迁过程中，也是必先确立当下所处的文化基线，才可能了解国宪变迁的程度与状态。在指导思想上，对马克思列宁主义、毛泽东思想、邓小平理论、"三个代表"重要思想、科学发展观和习近平新时代中国特色社会主义思想在内的中国特色社会主义理论体系的坚持与发展。在宪法制度的设计上，对人民代表大会制度的根本政治制度、中国共产党领导的多党合作和政治协商制度、民族区域自治制度以及基层群众自治制度等中国特色社会主义基本政治制度的坚持与发展，对公有制为主体、多种所有制经济共同发展的基本经济制度的坚持与发展。这些都是国宪变迁的文化基线。在坚守上述文化基线的前提下，国宪变迁也理性吸纳世界文明的普适理念。自 1954 年宪法颁布以来，虽然在某段时间内可能出现了倒退，但整体上还是走在艰难前行的道路上，这在国宪的整体修改上也是如此。至于在国宪的部分修改上，表现得更为明显。如 1999 年 3 月 15 日第九届全国人民代表大会第二次会议通过的修正案规定"中华人民共和国实行依法治国，建设社会主义法治国家"，将"反革命的活动"修改为"危害国家安全的犯罪活动"等；2004 年 3 月 14 日第十届全国人民代表大会第二次会议通过的宪法修正案规定"国家为了公共利益的需要，可以依照法律规定对土地实行征收或者征用并给予补偿""公民的合法的私有财产不受侵犯""国家依照法律规

---

① 胡锦涛. 坚定不移沿着中国特色社会主义道路前进 为全面建成小康社会而奋斗——在中国共产党第十八次全国代表大会上的报告 [N]. 人民日报, 2012 – 11 – 18.
② 中华人民共和国宪法修正案 [N]. 人民日报, 2018 – 03 – 12.

定保护公民的私有财产权和继承权。国家为了公共利益的需要，可以依照法律规定对公民的私有财产实行征收或者征用并给予补偿"以及"国家尊重和保障人权"等。2018 年修改宪法时，宪法宣誓制度正式进入宪法。关于吸纳该制度的理由是：这是世界上大多数有成文宪法的国家所采取的一种制度，在 142 个有成文宪法的国家中，规定相关国家公职人员必须宣誓拥护或效忠宪法的有 97 个。① 而凡经人大及其常委会选举或者决定任命的国家工作人员正式就职时公开向宪法宣誓具体制度的确定，也是对世界文明的遵从②。上述内容在政治典章如党章的变迁中也基本遵循上述路径，只是时间上略有先后而已。

---

① 习近平. 关于"中共中央关于全面推进依法治国若干重大问题的决定"的说明
　 ［N］. 光明日报，2014 - 10 - 29.

② 关于宪法宣誓的主体、内容、程序，各国做法不尽相同，一般都在有关人员开始履
　 行职务之前或就职时举行宣誓。习近平. 关于"中共中央关于全面推进依法治国若
　 干重大问题的决定"的说明［N］. 光明日报，2014 - 10 - 29.

参考文献

一、著作类

[1] 韩大元. 1954 年宪法研究 [M]. 武汉：武汉大学出版社，2008.

[2] 周叶中. 代议制度比较研究 [M]. 武汉：武汉大学出版社，2020.

[3] 李龙. 宪法基础理论 [M]. 武汉：武汉大学出版社，1999.

[4] 韩大元，林来梵，郑贤君. 宪法学专题研究 [M]. 北京：中国人民大学出版社，2008.

[5] 杜钢建. 外国人权思想论 [M]. 北京：法律出版社，2008.

[6] 何勤华，李秀清. 外国法与中国法——20 世纪中国移植外国法反思 [M]. 北京：中国政治大学出版社，2003.

[7] 周叶中. 宪法 [M]. 北京：高等教育出版社，北京大学出版社，2005.

[8] 杜钢建. 中国选举状况报告 [M]. 北京：法律出版社，2002.

[9] 戴学正，等. 中外宪法选编：上 [M]. 北京：华夏出版社，1994.

[10] 马克思，恩格斯. 马克思恩格斯全集：第 3 卷 [M]. 北京：人民出版社，1960.

[11] 列宁. 列宁选集：第 4 卷 [M]. 北京：人民出版社，1995.

[12] 何华辉. 比较宪法学 [M]. 武汉：武汉大学出版社，1988.

[13] 陈新民. 宪法学导论 [M]. 台北：三民书局，1996.

[14] 谢瀛州. 中华民国宪泛论 [M]. 上海：上海监狱印制，1947.

[15] 管欧. 中华民国宪泛论 [M]. 台北：三民书局，1994.

[16] 许育典. 宪法 [M]. 台北：元照出版公司，2006.

［17］吴庚. 宪法的解释与适用［M］. 台北：三民书局，2004.

［18］陈慈阳. 环境法总论［M］. 台北：元照出版公司，2000.

［19］林纪东. 民国宪法释论［M］. 台北：台湾明文印刷厂，1981.

［20］王骚. 政策原理与政策分析［M］. 天津：天津大学出版社，2005.

［21］中共中央文献研究室. 三中全会以来重要文献选编：上［M］. 北京：人民出版社，1982.

［22］中共中央文献研究室. 十二大以来重要文献选编：上［M］. 北京：人民出版社，1986.

［23］邓小平. 邓小平文选：第3卷［M］. 北京：人民出版社，1993.

［24］中共中央文献研究室. 十三大以来重要文献选编：上［M］. 北京：人民出版社，1991.

［25］何华辉. 人民代表大会制度的理论与实践［M］. 武汉：武汉大学出版社，1992.

［26］胡肖华，肖北庚. 宪法学［M］. 长沙：湖南人民出版社，湖南大学出版社，2001.

［27］张尔驹. 中国民族区域自治的理论和实践［M］. 北京：中国社会科学出版社，1998.

［28］国家民族事务委员会. 民族工作提要［M］. 北京：民族出版社，1990.

［29］"二大"和"三大"［M］. 北京：中国社会科学出版社，1985.

［30］韩延龙，常兆儒. 中国新民主主义革命时期根据地法制文献选编：第一卷［M］. 北京：中国社会科学出版社，1981.

［31］毛泽东. 毛泽东选集［M］. 北京：人民出版社，1991.

［32］北京大学法律系宪法教研室，资料室. 宪法资料选编：第一辑［M］. 北京：北京大学出版社，1982.

［33］浦兴祖. 中华人民共和国政治制度［M］. 上海：上海人民出版社，2002.

［34］刘茂林. 宪法学［M］. 北京：中国人民公安大学出版社，人民法院出版社，2003.

［35］许崇德. 中国宪法［M］. 北京：中国人民大学出版社，1996.

［36］焦宏昌. 宪法学［M］. 北京：中国政法大学出版社，1999.

［37］蔡定剑. 宪法精解［M］. 北京：法律出版社，2006.

［38］陈慈阳. 基本权核心理论之实证化及其难题［M］. 台北：翰芦图书出版有限公司，2002.

［39］陈慈阳. 宪法学［M］. 台北：元照出版有限公司，2004.

［40］［日］川岛武宜. 现代化与法［M］. 王志安，等译. 北京：中国政法大学出版社，1994.

［41］法治斌，董保城. "中华民国"宪法［M］. 台北："国立"空中大学出版社，1997.

［42］张千帆. 宪法学导论——原理与应用［M］. 北京：法律出版社，2004.

［43］许庆雄. 宪法入门［M］. 台北：月旦出版社有限公司，1993.

［44］李震山. 人性尊严与人权保障［M］. 台北：元照出版公司，2001.

［45］李建良. 宪法理论与实践：一［M］. 台北：学林文化实业有限公司，1999.

［46］黄振华. 康德哲学论文集［M］. 台北：时英出版社，1975.

［47］许志雄. 宪法之基础理论［M］. 台北：稻禾出版社，1993.

［48］丘宏达，陈纯一. 现代国际法参考文件［M］. 台北：三民书局，1996.

［49］王世杰，钱端升. 比较宪法［M］. 北京：商务印书馆，1999.

［50］王浦劬. 政治学基础［M］. 北京：北京大学出版社，1993.

［51］许庆雄. 宪法讲义［M］. 台北：知英文化事业有限公司，1999.

［52］许庆雄. 社会权论［M］. 台北：众文图书股份有限公司，1991.

［53］许志雄，陈铭祥，蔡茂寅，等. 现代宪法论［M］. 台北：元照出版公司，2000.

［54］林纪东. "中华民国宪法"逐条释义［M］. 台北：三民书局，1982.

［55］陈新民. "中华民国宪法"释论［M］. 台北：三民书局，2002.

［56］李惠宗. 宪法要义［M］. 台北：元照出版社，2004.

［57］谢瑞智. 教育法学［M］. 台北：文笙书局，1996.

[58] 蒋碧昆. 宪法学 [M]. 北京：中国政法大学出版社，1991.

[59] 周志宏. 教育法与教育改革 [M]. 台北：高等教育文化事业有限公司，2003.

[60] 董保城. 教育法与学术自由 [M]. 台北：月旦出版社，1997.

[61] 龚祥瑞. 比较宪法和行政法 [M]. 北京：法律出版社，2003.

[62] 列宁. 列宁全集：第10卷 [M]. 北京：人民出版社，1986.

[63] 毛泽东. 毛泽东选集：第1卷 [M]. 北京：人民出版社，1991.

[64] 毛泽东. 毛泽东选集：第2卷 [M]. 北京：人民出版社，1991.

[65] 李鸿禧. 宪法与议会 [M]. 台北：植根杂志社有限公司，1997.

[66] 陶百川. 比较监察制度 [M]. 台北：三民书局，1978.

[67] 吴庚. 行政法之理论与实用 [M]. 台北：三民出版社，2001.

[68] 姜明安. 行政法与行政诉讼法 [M]. 北京：北京大学出版社，高等教育出版社，2007.

[69] 陈伯礼. 授权立法研究 [M]. 北京：法律出版社，2000.

[70] 郑贤君. 宪法学 [M]. 北京：北京大学出版社，2002.

[71] 张庆福. 宪法学基本理论况 [M]. 北京：社会科学文献出版社，1999.

[72] 军事科学院《世界军事年鉴》编辑部. 世界2006军事年鉴 [M]. 北京：解放军出版社，2006.

[73] 朱建新，王晓东. 各国国家安全机构比较研究 [M]. 北京：时事出版社，2009.

[74] 丛文胜. 战争法原理与实用 [M]. 北京：军事科学出版社，2003.

[75] 许育典. 教育宪法与教育改革 [M]. 台北：五南图书出版公司，2005.

[76] 董保城，法治斌. 宪法新论 [M]. 台北：元照出版有限公司，2005.

[77] 肖蔚云. 我国宪法的诞生 [M]. 北京：北京大学出版社，1986.

[78] 林金茎，陈水亮. 日本国宪泛论 [M]. 台北：中日关系研究发展基金会，1993.

[79] 林万亿. 福利国家——历史比较的分析 [M]. 台北：巨流图书有

限公司，1994.

[80] 杨德山.中国共产党的政治学说——一个学说史视角的梳理和分析 [M].北京：中共党史出版社，2005.

[81] 许崇德，何华辉.宪法与民主制 [M].武汉：湖北人民出版社，1982.

[82] 萨孟武.中华民国宪法 [M].台北：三民书局，1993.

[83] 李震山.多元、宽容与人权保障——以宪法未列举权之保障为中心 [M].台北：元照出版公司，2005.

[84] 现代国家与宪法：李鸿禧教授六秩华诞祝寿论文集 [M].台北：元照出版公司，1997.

[85] 陈新民.宪法基本权利之基本理论：上 [M].台北：元照出版公司，2002.

[86] 中国五权宪法学会.五权宪法之研究与讨论：二 [M].台北：帕米尔书店，1981.

[87] 葛克昌.国家学与国家法 [M].台北：月旦出版公司，1996.

[88] 李建良.宪法理论与实践：二 [M].台北：学林文化事业有限公司，2000.

[89] 许宗力.法与国家权力 [M].台北：月旦出版社，1993.

[90] 刘孔中，李建良.宪法解释之理论与实务 [M].台北："中央研究院"中山人文社会科学研究所，1998.

[91] 陈继盛.劳工法论文集 [M].台北：陈林法学文教基金会，1994.

[92] 周志宏.人权理论与历史论文集 [M].台北："国史馆"，2004.

[93] 薛化元，周志宏.国民教育权的理论与实际 [M].台北：稻乡出版社，1983.

[94] 刘政.人民代表大会工作全书 [M].北京：中国法制出版社，1999.

[95] 李建良，简资修.宪法解释之理论与实务：第二辑 [M].台北："中央研究院"中山人文社会科学研究所，2000.

[96] 陈新民，刘孔中.宪法解释之理论与实务：第三辑下册 [M].台北："中研院"社科所，2002.

[97] 欧爱民. 中共共产党党内法规总论 [M]. 北京：人民出版社，2020.

[98] 蒋清华. 中国共产党党的领导法规制度基础理论研究 [M]. 北京：人民出版社，2020.

二、译著类

1. [英] 戴雪. 英宪精义·译者序 [M]. 雷宾南，译. 北京：中国法制出版社，2001.

2. [古希腊] 亚里士多德. 政治学 [M]. 吴寿朋，译. 北京：商务印书馆，2001.

3. [英] 洛克. 政府论：下册 [M]. 瞿菊农，叶启芳，译. 北京：商务印书馆，1983.

4. [法] 卢梭. 社会契约论 [M]. 何兆武，译. 北京：商务印书馆，1982.

5. [美] 弗里德曼. 法律制度 [M]. 李琼英，林欣，译. 北京：中国政法大学出版社，2004.

6. [英] 戴维·M. 沃克. 牛津法律大辞典 [M]. 北京：光明日报出版社，1989.

7. [英] 戴维·米勒，韦农·波格丹诺. 布莱克维尔政治学百科全书 [M]. 邓正来，译. 北京：中国政法大学出版社，1992.

8. [美] 查尔斯·A. 比尔德. 美国宪法的经济观 [M]. 何希齐，译. 北京：商务印书馆，1984.

9. 德国联邦宪法法院裁判选辑：二 [M]. 李震山，黄启祯，王玉楚，译. 台湾地区司法部门发行，1980.

10. [法] 来昂·狄骥. 宪法学教程 [M]. 王文利，等译. 沈阳：辽海出版社，春风文艺出版社，1999.

11. [美] 约翰·罗尔斯. 正义论 [M]. 何怀宏，何包刚，廖申白，译. 北京：中国社会科学出版社，1988.

12. [美] 弗里德里希. 超验正义 [M]. 周勇，译. 北京：生活·读书·新知三联书店，1997.

13.［日］芦部信喜. 宪法学 II：人权总论［M］. 东京：有斐阁，1995.

14.［日］芦部信喜. 宪法［M］. 林来梵，凌维慈，龙绚丽，译. 北京：北京大学出版社，2006.

15.［奥］凯尔森. 法与国家的一般理论［M］. 沈宗灵，译. 北京：中国大百科全书出版社，1996.

16.［美］罗德·哈格，马丁·哈罗普. 比较政府与政治［M］. 张小劲，等译. 北京：中国人民大学出版社，2007.

17.［日］美浓部达吉. 议会制度论［M］. 邹敬芳，译. 北京：中国政法大学出版社，2005.

18.［美］李帕特. 民主类型——三十六个现代民主国家的政府类型与表现［M］. 高德源，译. 台北：桂冠出版社，2001.

三、报刊类

［1］李伯超，邹琳. 共和国宪法变迁史研究中的几个重要问题［J］. 当代中国史研究，2010（4）.

［2］张义清. 基本国策的宪法效力研究［J］. 社会主义研究，2008（6）.

［3］温辉. 男女平等基本国策论略［J］. 法学杂志，2011（1）.

［4］林治波. 究竟什么是基本国策［J］. 人民论坛，2007（9）.

［5］陈爱娥. 自由·平等·博爱：社会国原则与法治国原则的交互作用［J］. 台大法学论丛，1997（2）.

［6］林明昕. 原住民地位之保障作为基本权利或基本国策［J］. 宪政时代，2004（3）.

［7］田平. 我国基本国策的内容及渊源［J］. 十堰职业技术学院学报，2008（4）.

［8］国务院办公厅. 人口发展“十一五”和2020年规划［J］. 国务院公报，2007（6）.

［9］周生贤. 紧紧围绕主题主线新要求，努力开创环保工作新局面——周生贤部长在2011年全国环境保护工作会议上的讲话［J］. 中国环境管理，2011（1）.

[10] 敖骏德. 新世纪初我国民族法制建设的新成果 [J]. 民族研究, 2001 (4).

[11] 许志雄. 地方自治权的基本课题 [J]. 月旦法学, 1995 (1).

[12] 杨文进. 社会主义公有制经济具有多层次内容 [J]. 福建论坛, 2005 (12).

[13] 许宗力. 基本权的保障与限制：上 [J]. 月旦法学教室, 2003 (11).

[14] 蔡维音. 论家庭之制度保障——评释字第 502 号解释 [J]. 月旦法学杂志, 2000 (63).

[15] 蔡维音. 德国基本法第一条"人性尊严"规定之探讨 [J]. 宪政时代, (1).

[16] 胡肖华, 徐靖. 论公民基本权利限制的正当性与限制原则 [J]. 法学评论, 2005 (6).

[17] 李云霖. 权利限制之临界点：权利核心 [J]. 求索, 2009 (4).

[18] 李云霖. 我国《就业促进法》第 27 条的宪法学思考 [J]. 武汉大学学报, 2009 (1).

[19] 蔡宗珍. 公法上比例原则初论——以德国法的发展为中心 [J]. 政大法学评论, 1999 (62).

[20] 秦前红. 论我国宪法关于公民基本权利的限制规定 [J]. 河南省政法管理干部学院学报, 2005 (2).

[21] 郑贤君. 基本权利的宪法构成及其实证化 [J]. 法学研究, 2002 (2).

[22] 李震山. 宪政改革与基本权利保障 [J]. 中正法学集刊, 2005 (18).

[23] 李震山. 人性尊严之宪法意义 [J]. 中国比较法学会报, 1992 (13).

[24] [日] 佐藤幸治. 个人尊严与国民主权 [J]. 法学教室, 1991 (4).

[25] [日] 押久保伦夫. 个人尊重的意义与可能性 [J]. 法学家, (1244).

[26] 林子仪. 言论自由之理论基础 [J]. 台大法学论丛, 1988 (1).

[27] 法治斌. 财产权与非财产权之宪法保障 [J]. 政大法学评论, 1981 (23).

[28] 杨志恒. 美国宪法第一修正案言论自由的图表解析 [J]. 宪政思潮, 1987 (18).

[29] 陈慈阳. 集会游行法相关规定合宪问题之研究 [J]. 政大法学评论, 1998 (59).

[30] 章惠民. 国家教育权探析 [J]. 法学家, 1997 (5).

[31] 周志宏. 教育义务与义务教育——义务教育是谁的义务? [J]. 月旦法学杂志, 2001 (75).

[32] 汤梅英. 落实教育基本法对学生学习与受教育权的保障 [J]. 教育研究月刊, 2001 (6).

[33] 蔡茂寅. 预算法之基础理论 [J]. 全国律师, 1997 (12).

[34] 张哲琛. 论政府预算制度 [J]. 今日会计, 2000 (10).

[35] 马岭. 宪法中的战争权 [J]. 政法论丛, 2011 (1).

[36] 王永生, 李玉平. 历届中共中央军事委员会的组成及历史背景 [J]. 军事历史, 2007 (6).

[37] 中国共产党第十二届中央委员会第三次全体会议——中共中央关于经济体制改革的决定 [N]. 人民日报, 1984 - 10 - 20.

[38] 赵紫阳. 政府工作报告——1987 年 3 月 25 日在第六届全国人民代表大会第五次会议上 [N]. 人民日报, 1987 - 04 - 13.

[39] 江泽民. 加快改革开放和现代化建设步伐, 夺取有中国特色社会主义事业的更大胜利——在中国共产党第十四次全国代表大会上的报告 [N]. 人民日报, 1992 - 10 - 13.

[40] 中国共产党第十六届中央委员会第五次全体会议公报 [N]. 人民日报, 2005 - 10 - 12.

[41] 第十届全国人民代表大会第四次会议——中华人民共和国国民经济和社会发展第十一个五年计划纲要 [N]. 人民日报, 2006 - 03 - 17.

[42] 胡锦涛. 高举中国特色社会主义伟大旗帜 为夺取全面建设小康社会新胜利而奋斗——在中国共产党第十七次全国代表大会上的报告 [N].

人民日报, 2007 – 10 – 16.

[43] 胡锦涛. 在庆祝中国共产党成立 90 周年大会上的讲话 [N]. 人民日报, 2011 – 07 – 02.

[44] 中华人民共和国国民经济和社会发展第十二个五年规划纲要 [N]. 人民日报, 2011 – 3 – 17.

[45] 中共中央关于完善社会主义市场经济体制若干问题的决定 [N]. 人民日报, 2003 – 10 – 15.

[46] 胡锦涛. 在纪念党的十一届三中全会召开 30 周年大会上的讲话 [N]. 人民日报, 2008 – 12 – 19.

[47] 李鹏. 政府工作报告——1988 年 3 月 25 日在第七届全国人民代表大会第一次会议上 [N]. 人民日报, 1988 – 04 – 15.

[48] 第七届全国人民代表大会第四次会议——中华人民共和国国民经济和社会发展十年规划和第八个五年计划纲要 [N]. 人民日报, 1991 – 04 – 16.

[49] 中华人民共和国国务院新闻办公室. 中国的计划生育 [N]. 人民日报, 1995 – 08 – 23.

[50] 第八届全国人民代表大会第四次会议——中华人民共和国国民经济和社会发展"九五"计划和 2010 年远景目标纲要 [N]. 人民日报, 1996 – 03 – 20.

[51] 江泽民. 高举邓小平理论伟大旗帜, 把建设有中国特色社会主义事业全面推向二十一世纪——在中国共产党第十五次全国代表大会上的报告 [N]. 人民日报, 1997 – 09 – 13.

[52] 中华人民共和国国务院新闻办公室. 中国 21 世纪人口与发展 [N]. 人民日报, 2000 – 12 – 20.

[53] 第九届全国人民代表大会第四次会议——中华人民共和国国民经济和社会发展第十个五年计划纲要 [N]. 人民日报, 2001 – 03 – 18.

[54] 朱镕基. 政府工作报告——2003 年 3 月 5 日在第十届全国人民代表大会第一次会议上 [N]. 人民日报, 2003 – 03 – 20.

[55] 中华人民共和国国务院新闻办公室. 中国性别平等与妇女发展状况 [N]. 人民日报, 2005 – 08 – 25.

［56］第十届全国人民代表大会第四次会议——中华人民共和国国民经济和社会发展第十一个五年计划纲要［N］．人民日报，2006 - 03 - 17.

［57］胡锦涛．高举中国特色社会主义伟大旗帜 为夺取全面建设小康社会新胜利而奋斗——在中国共产党第十七次全国代表大会上的报告［N］．人民日报，2007 - 10 - 16.

［58］人民日报评论．人口与计划生育事业发展的法律保障———祝贺《人口与计划生育法》颁布［N］．人民日报，2001 - 12 - 30.

［59］中华人民共和国国务院新闻办公室．中国的环境保护［N］．人民日报，1996 - 06 - 05.

［60］江泽民．高举邓小平理论伟大旗帜，把建设有中国特色社会主义事业全面推向二十一世纪——在中国共产党第十五次全国代表大会上的报告［N］．人民日报，1997 - 09 - 13.

［61］中华人民共和国国务院新闻办公室．中国的和平发展道路［N］．人民日报，2005 - 12 - 23.

［62］中华人民共和国国务院新闻办公室．中国的环境保护（1996—2005）［N］．人民日报，2006 - 06 - 06.

［63］中华人民共和国国务院新闻办公室．中国的能源状况与政策［N］．人民日报，2007 - 12 - 27.

［64］国家环境保护"十一五"规划［N］．人民日报，2007 - 11 - 28.

［65］曹远征．三次修改宪法，三次思想解放［N］．南方周末，1999 - 03 - 20.

［66］张璐晶．教育经费占 GDP 4% 目标 18 年未实现，欠账超 1.6 万亿［N］．中国经济周刊，2011 - 03 - 08.

四、学位论文类

［1］林子仪．国家从事公营事业之宪法基础及界线［D］．台北：台湾大学，1983.

［2］吴明益．国家管制教育市场的合理地位与制度因应——以教育权的保障为中心［D］．台北：台湾大学，1994.

五、外文类

［1］Vgl. Karl-Peter Sommermann，Staatszieleund Staatszielbestimmungen，Tübingen 1997，S. 350.

［2］MAVNIT T. Verfassungsauftr? Geanden Gesetzgeber，BayVB1，1975，S. 602.

［3］PeterBadura，Staatsrecht，München：Beck，1996，Rn. 42.

［4］Ingo von Munch，Grundgesetz，B. I.，（1981），S. 20；Maunz-During，Grundgesetz，B. I.（1983），Art. Ⅰ，Abs. Ⅲ，Rdnr. Glff.

［5］Vgl，dazuauch BVerfGE 39，1（41）mit Rückver weisungauf BVerfGE 7，198（205）und BVerfGE 35，79（114）mit den dortigen weiteren Rückverweisung.

［6］Hesse，Verfassungsrechtund Privatrecht，1988，S. 37f；Badura，Abeitals Beruf（Art. 12Abs1. GG），in：Festschrift für Wilhelm Herschel，1982，S. 21（34）；BVerfGE 81，242/263.

［7］Robert Alexy，Theorie der Grundrechte，1985，S. 410.

［8］Stern，Klaus，Die Grundrechte und ihre Schranken，in：Peter Badura/Horst Dreier（Hrsg.），Festschrift 50 Jahre Bundesverfassungsgericht，Bd. Ⅱ，2001，S. 1（6）.

［9］Carl Schmitt，Verfassungslehre，1928. Nachdruck 1993. S. 170 ff. Albert Bleckmann，Staatsrecht Ⅱ – Die Grundrechte，3. Aufl.，1989. S. 227ff.

［10］Christian Starck，Die Grundrechte des Grundgesetzes – zugleich ein Beitrag zu den GG，2. Aufl.（1996）Bd. I，S. 80m. Nachweisen.

［11］Stern，Klaus，Die Grundrechte und ihre Schranken，in：Peter Badura/Horst Dreier（Hrsg.），Festschrift50 Jahre Bundesverfassungsgericht，Bd. Ⅱ，2001，S. 1（9）.

后　记

　　本书由李伯超提出书名、全书框架，确定各章节名称，并负责第 1、2、3、4、8、9 章的撰写，李云霖负责第 5、6、7、10、11 章的撰写，全书由李伯超修改定稿。本书初稿成于 2011 年，当时曾先后奉送宪法学界部分知名学者审阅；2021 年修改时，肖北庚教授、欧爱民教授、周刚志教授、欧定余教授、蒋清华博士、刘建湘博士参与讨论并提出了宝贵的修改意见。修改过程中，黎宇、张倩、银鹰等同学参与第 5 章、第 8 章的部分工作，张程同学参与第 2 章、第 9 章的修改工作。本书的出版，还得到了光明日报出版社的支持和帮助。凡此一并致谢。

　　本书即将付印之际，特别感念恩师李龙先生的鼓励和教导。先生虽然已经故去，但先生的道德文章永远是我辈学习的楷模。

　　本书部分章节内容是国家社科基金课题"全国人大及其常委会授权的原理与案例集成研究"［15BFX076］的阶段性成果。

　　欢迎读者批评指正。